평생교육사 필수과목

평생
교육실습

현영섭
김선희
한수정
이은정

02
Mandatory Subject
for Lifelong Learning Educator

서 문

평생교육은 실천과 이론의 종합적 영역이나 학문분야이다. 따라서 평생교육 실천의 핵심인 평생교육사 양성은 평생교육의 핵심인력을 공급한다는 측면에 중요하다. 특히 평생교육사의 실천적 역할에서 보면, 평생교육사 양성과정 중 평생교육실습은 평생교육사의 실천적 역량을 강화하기 위한 핵심과목이다.

국가자격으로서 평생교육사 자격을 취득하기 위한 필수과목은 평생교육론, 평생교육경영론, 평생교육프로그램개발론, 평생교육방법론, 평생교육실습론의 5개 과목이다. 양성기관에서 평생교육사로서 지식과 기술을 익히고, 실습을 통해 평생학습자를 대상으로 프로그램 개발, 운영, 평가, 홍보, 기관 운영 등을 경험함으로써 균형잡힌 평생교육사를 양성한다. 평생교육실습은 160시간 동안 평생교육기관에서 평생교육사의 지도를 받으며 실무를 경험하는 과목이자 기회이다.

평생교육실습의 중요성에 비해, 실습 운영 상황에서는 다양한 문제점이 존재한다. 부실한 실습 운영으로 평생교육사 자격 취득이 취소되거나 과도한 실습비 청구가 지적되기도 한다. 이런 문제점은 평생교육실습을 원칙대로 운영하지 않는 것에서 출발하며, 이는 결국 평생교육실습이 갖는 본연의 중요성을 망각하는 처사가 된다. 이에 평생교육실습에 대한 원칙을 적용하고 실습의 목적에 부합되는 과목 운영이 더욱 중요해지고 있다. 이 책은 평생교육실습의 원리와 원칙을 다루는 동시에, 평생교육법의 기본 사항, 평생교육의 흐름 등을 함께 포함하여 평생교육실습의 원칙적 운영에 초석이 되기를 바란다.

이 책은 9개의 장으로 구성된다. 1장은 평생교육법 및 추진체계, 2장은 평생교육사 자격제도와 현황, 3장은 평생교육실습의 개요이다. 이 세 장은 평생교육실습의 도입 부분으로 평생교육, 평생교육사 제도, 평생교육실습 전반을 다루고 있다. 4장은 평생교육실습의 사전준비, 5장은 평생교육실습 오리엔테이션이다. 이 두 장은 평생교육실습을 시작하는 단계이다. 이후 6장은 평생교육실습의 진행, 7장은 평생교육실습의 평가, 8장은 평생교육실습 서류 작성으로 실습의 진행과 평가의 실무적인 절차와 방법을 설명한다. 마지막 9장은 평생교육의 현재와 미래 방향으로 평생교육에서 다뤄지는 새로운 변화 경향을 제시하고 평생교육사 제도와 관련성 등의 논의를 통해 마무리하고 있다.

이 책이 나오기까지 평생교육 분야의 전문가 네 명이 방대한 자료와 연구 경험을 통해 옥고를 집필하였다. 그리고 이 책이 나름의 역할을 할 수 있도록 도움을 준 박영스토리 관계자에게도 감사드린다. 더불어 이 책의 내용을 읽고 활용하는 독자분들께도 감사드린다.

2023년 8월
저자들을 대표하여 현영섭

목 차

CHAPTER 01 평생교육법 및 추진체제

CHAPTER 02 평생교육사 자격제도와 현황

부록

CHAPTER 01

평생교육법
및 추진체제

평생교육법 및 추진체제

01 평생교육법

1 평생교육 법규 체계

평생교육에 관한 법규 체계를 살펴보기 위해서는 법의 위계와 교육과 관련된 법의 구조를 개관할 필요가 있다. 교육 및 평생교육에 관한 사항은 헌법을 토대로 모두 「교육기본법」을 비롯한 교육 관련 법령들에 의해 규정되어 있으며, 교육 및 평생교육에 관한 행정도 모두 법령에 정해져 있는 원칙과 방법에 따른다.

[헌법]
제31조 ① 모든 국민은 능력에 따라 균등하게 교육을 받을 권리를 가진다.
② 모든 국민은 그 보호하는 자녀에게 적어도 초등교육과 법률이 정하는 교육을 받게 할 의무를 진다.
③ 의무교육은 무상으로 한다.
④ 교육의 자주성·전문성·정치적 중립성 및 대학의 자율성은 법률이 정하는 바에 의하여 보장된다.
⑤ 국가는 평생교육을 진흥하여야 한다.
⑥ 학교교육 및 평생교육을 포함한 교육제도와 그 운영, 교육재정 및 교원의 지위에 관한 기본적인 사항은 법률로 정한다.

「헌법」제31조 제1항의 '모든 국민은 능력에 따라 균등하게 교육받을 권리를 갖는다.'는 평등의 이념을 교육의 영역에서 실현하는 것으로서 '모든 국민', 즉 학령기뿐만 아니라 성인도 의무교육을 받을 권리와 의무를 갖는다는 의미이다.

「헌법」의 평생교육에 대한 법적 규정은 제5항에서 찾아볼 수 있다. 제5항은 '국가는 평생교육을 진흥하여야 한다.'라고 명시하고 있다. 헌법의 모든 조문 가운데 유일하게 '진흥'이라는 단어가 쓰인 조항이다. 국가가 국민의 평생교육을 진흥해야 할 책무를 국가의 최상위 법령인 헌법에 조항을 명시한 최초의 국가라는 자부심을 갖게 하는 조문이기도 하다(교육부·국가평생교육진흥원, 2023).

또한 제6항은 '학교교육 및 평생교육을 포함한 교육제도와 그 운영, 교육재정 및 교원의 지위에 관한 기본적인 사항은 법률로 정한다.'로 각각 평생교육진흥의 의무와 평생교육행정의 법률주의 원리를 규정하고 있다. 이는 국가의 평생교육진흥 의무를 선언하고 평생교육제도의 공교육화를 규정하는 것이며, 국민의 평생교육을 받을 권리를 규정하는 것이다. '대한민국 국민 누구나 평생 동안 교육을 받을 권리'를 국민 기본권의 하나로 확립시켰다는 데 의미가 있다(최운실 외, 2021).

「교육기본법」에서는 헌법 제31조 1항의 교육을 받을 권리와 관련된 교육당사자들의 권리와 의무를 밝힘과 동시에 제6항의 법률주의 정신에 의거하여 교육제도와 그 운영에 관한 기본 사항을 규정하고 있다. 「교육기본법」 제3조에서는 모든 국민에 대한 학습권과 교육권을 명시하였으며, 제4조 제1항과 제2항에서는 차별없이 평등한 교육을 받을 권리를 명시하고 있다. 그리고 제10조에서는 평생교육의 이수가 학교교육의 이수와 상응하게 인정받을 수 있는 동등한 것임을 규정하고 있다.

[교육기본법]
제3조(학습권) 모든 국민은 평생에 걸쳐 학습하고, 능력과 적성에 따라 교육 받을 권리를 가진다.

제4조(교육의 기회균등 등) ① 모든 국민은 성별, 종교, 신념, 인종, 사회적 신분, 경제적 지위 또는 신체적 조건 등을 이유로 교육에서 차별을 받지 아니한다.
② 국가와 지방자치단체는 학습자가 평등하게 교육을 받을 수 있도록 지역 간의 교원 수급 등 교육 여건 격차를 최소화하는 시책을 마련하여 시행하여야 한다.
③ 국가는 교육여건 개선을 위한 학급당 적정 학생 수를 정하고 지방자치단체와 이를

실현하기 위한 시책을 수립·실시하여야 한다.

제10조(평생교육) ① 전 국민을 대상으로 하는 모든 형태의 평생교육은 장려되어야 한다.
② 평생교육의 이수(履修)는 법령으로 정하는 바에 따라 그에 상응하는 학교교육의 이수로 인정될 수 있다.
③ 평생교육시설의 종류와 설립·경영 등 평생교육에 관한 기본적인 사항은 따로 법률로 정한다.

이와 같이 「헌법」－「교육기본법」－「평생교육법」으로 이어져 있는 「평생교육법」의 체계에 근거하여 「헌법」과 「교육기본법」의 정신은 「평생교육법」에서 실현되어 있다. 다음은 「평생교육법」 제1조(목적)의 내용이다.

[평생교육법]
제1조(목적) 이 법은 「헌법」과 「교육기본법」에 규정된 평생교육의 진흥에 대한 국가 및 지방자치단체의 책임과 평생교육제도와 그 운영에 관한 기본적인 사항을 정하고, 모든 국민이 평생에 걸쳐 학습하고 교육받을 수 있는 권리를 보장함으로써 모든 국민의 삶의 질 향상 및 행복 추구에 이바지함을 목적으로 한다.

「평생교육법」은 국가의 교육제도를 체계화하고 평생교육 개념을 명확히 하였다. 「평생교육법」은 「헌법」 제31조 제1항 및 제5항, 「교육기본법」 제10조 등에 근거하여 학습자의 학습권과 평생학습의 원리에 맞춘 학습자 중심의 새로운 법적 체계를 마련하고자 하였다. 또한 「평생교육법」은 지식기반사회, 창조경제사회에 있어서 '인재대국' 건설을 위한 평생학습기반을 조성한다는 의미를 지닌다. 「평생교육법」은 급변하는 세계화·정보화·창조경제 사회에서 누구나, 언제, 어디서나, 배울 수 있는 평생학습기회 확대에 이바지한다. 평생학습은 학령기에 놓친 교육기회를 보상하는 소극적 차원을 넘어서 산업사회에서 지식사회로 변화함에 따라 필연적으로 도래하는 새로운 교육문명이며, 이에 따라 총체적인 평생학습 지원체제 구축이 필요하다는 점에서 의미가 있다.

❷ 평생교육법령의 변천

「평생교육법」의 전신은 1982년에 제정된 「사회교육법」이다. 해방 직후 「사회교육법」안이 국회에 제안되었지만 통과되지 못하고, 30여년의 세월이 지난 1982년에야 비로소 「사회교육법」이 제정되었다(교육부·국가평생교육진흥원, 2014). 당시 「헌법」에 국가가 평생교육을 진흥하여야 한다는 조항이 삽입됨에 따라 제정된 「사회교육법」은 우리나라 평생교육을 체계화한 최초의 법률로서, 사회교육 진흥과 관련하여 국가와 지방자치단체의 임무를 명시하였다는데 그 의의가 있다. 또한 이 법에 의하여 '사회교육전문요원제도(현 평생교육사)'라는 평생교육 자격전문가 인정제도가 처음으로 마련되었다.

「사회교육법」 체제 하에 한국사회의 평생교육은 다음과 같은 이유로 활성화 되었다(변종임 외, 2014). 첫째, 평생교육에 대한 국민의 관심이 증가하였다. 1980년대 사회발전 및 여가 활동, 1990년대 대학의 평생교육원 급증 등에 따른 사회화 현상이다.

둘째, 한국교육제도의 본질적인 방향전환을 위한 개혁이 추진되었다. 1993년에 설치된 '대통령자문 교육개혁위원회'는 '누구나, 언제, 어디서나 배울 수 있는 열린교육사회, 평생교육사회'를 주요 내용으로 하는 교육개혁안을 발표하였고, 평생교육법 시안도 함께 제시하였다.

셋째, 1990년대 중반부터 사회적 경제적 환경의 급격한 변화가 나타났다. 사회적으로는 사회민주화와 지방자치제도가 시작됨에 따라 지역 주민에 의한 지역사회 형성이 시작되었고, 평생교육은 이를 위한 중요한 전략으로 이해되기 시작했다.

그러나 「사회교육법」은 학교교육법 중심으로 운영되어오던 「교육법」의 하위법과 같은 위상에 머물렀고, 법의 적용범위가 극도로 한정되는 등의 문제점을 안고 있었다. 따라서 1995년 교육개혁위원회는 5.31 교육개혁안에서 문제가 많은 「사회교육법」을 폐지하고 「평생교육법」을 새로 입법할 것을 제안하였다(대통령자문교육개혁위원회, 1995). 이에 따라 1997년에 기존의 「교육법」, 「초·중등교육법」, 「고등교육법」, 「사회교육법」으로 구성되어 있던 교육관련 법제를 「교육기본법」을 위에 두고 그 아래 하위법으로 「초·중등교육법」, 「고등교육법」, 「사회교육법」으로 체계화하여 정비하였다.

이후 교육개혁위원회의 노력으로 1999년에는 「교육기본법」, 「초·중등교육법」,

「고등교육법」 등 교육3법에 비하여 주변적인 법률에 머물러 있었던 「사회교육법」을 전부 개정하여 「평생교육법」으로 공포·시행되었다.

　마침내 이와 같이 「평생교육법」이 제정됨으로써 학교 교육 중심의 정규교육체제 밖에서 진행되는 교육에 대하여 법률적 기반을 갖추게 되었다. 즉, 다음 [그림 1-1] 과 같이 「헌법」 제31조와 「교육기본법」을 상위법으로 하고 「유아교육법」, 「초·중등교육법」, 「고등교육법」과 병렬 관계에 있는 평생교육에 관한 일반법으로서의 기능을 수행하게 되었다.

그림 1-1 | 「교육기본법」의 기본구조

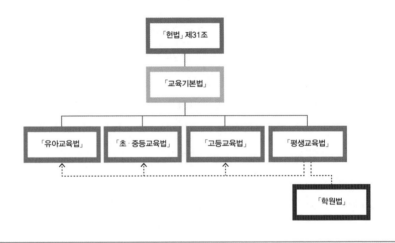

출처: 변종임 외(2014). 100세 시대 평생교육체제 구축을 위한 평생교육법 정비방안 연구. p.78.

　이후 시대적으로 많은 변화를 겪으면서 「평생교육법」 개정의 필요성에 직면하게 되었고, 2007년 12월 「평생교육법」이 전부 개정되어 2008년 2월 시행되었다. 종래 의 「사회교육법」, 1999년의 「평생교육법」과 2007년의 「평생교육법」의 특징과 한계 를 정리하면 다음 [표 1-1]과 같다. 「사회교육법」은 정규교육체제 밖에서 시행되는 교육의 선언적인 규정에 집중하였고, 추진체제 규정은 제시하지 못하였다. 그리고 국가의 평생교육 진흥 의무를 선언하였으나 추진체제와 관련된 규정은 없었다. 1999 년의 「평생교육법」은 평생교육 진흥 의무를 유지하면서 전담 조직 체제를 구축하였 으며, 평생교육시설을 세분하여 제시하였다. 또 평생교육사 자격을 도입하고, 학습휴가 및 학습지 지원 규정도 신설하였다.

표 1-1 | 「사회교육법」과 「평생교육법」의 특징 및 한계

구분	특징	한계
「사회교육법」 (1982)	▪ 평생교육의 개념을 제도적으로 처음 규정 ▪ 국가의 평생교육진흥 전략 제시 ▪ 한국평생교육제도의 기본골격 구축 ▪ 평생교육 전문가 자격인정을 위한 국가제도 신설	▪ 국가 및 지방자치단체의 사회교육진흥을 위하여 수행하여야할 임무가 선언적 수준에 머무름 ▪ 평생교육 추진체제에 대한 내용이 구체화되지 않음
「평생교육법」 (1999)	▪ 「교육기본법」하에 「초·중등교육법」, 「고등교육법」, 「평생교육법」 체제 정비 ▪ 학습휴가 및 학습비 지원에 관한 사항 신설 ▪ 평생교육사업을 추진할 수 있는 조직체제 구축 ▪ 평생교육시설 세분화 ▪ 국민의 학습관리를 위한 제도적 기반 마련	▪ 평생교육에 대한 정의와 국가와 지방자치단체에의 책무 개념에 관한 사항이 「사회교육법」 내용 그대로 유지 ▪ 여전히 선언적 의미의 평생교육진흥 조항으로 남음
「평생교육법」 (2007)	▪ 평생교육 기회균등을 보장하기 위한 수단 및 제도 체계화 ▪ 평생교육의 총괄적인 집행기구인 '평생교육진흥원' 설립 ▪ 국가와 광역·기초자치단체 단위의 평생교육추진 체제 정비 ▪ 문해교육 및 성인문해 학력인정제도와 평생학습계좌제 신설	▪ 일반자치행정과 교육자치행정간 평생교육 추진체제 혼선 발생 ▪ 평생교육사 자격제도, 평생교육시설 관리 등 시행상의 문제점 발생 ▪ 평생교육 개념 정의에 대한 모호함과 영역 제한에 대한 문제 제기

출처: 변종임 외(2014). 100세 시대 평생교육체제 구축을 위한 평생교육법 정비방안 연구. p.30.

2007년에 전부 개정된 「평생교육법」의 취지와 특징은 다음과 같다(교육부·국가평생교육진흥원, 2021). 첫째, 국가평생교육진흥원, 시도평생교육진흥원, 시군구 평생학습관으로 이어지는 평생교육 추진 체제를 구축하였다. 둘째, 한국교육개발원의 부서로 있던 평생교육센터, 학점은행본부, 한국방송통신대학의 독학학위제도 업무를 국가평생교육진흥원에서 통합하여 수행할 수 있도록 기관 독립의 법적 기반을 마련하였다. 셋째, 평생학습도시와 평생학습축제 활성화, 폭발적인 평생학습 수요 충족,

평생교육진흥기본계획추진, 지방자치단체의 평생교육임무의 원활한 수행을 위하여 교육감 중심의 평생교육 추진 체제에서 벗어나 시도 및 시군구 자치단체장의 평생교육진흥 권한과 책임을 확대하였다. 넷째, 당시 문해교육법 제정 요구를 흡수하여 별도의 장으로 문해교육을 포함시켰다. 여기에는 성인문해교육에 관한 학력인정제도와 평생학습계좌제의 법적 근거도 포함되었다.

한편, 「평생교육법」은 2007년 전부 개정 이후 지속적으로 개정되어 왔다. 특기할 만한 부분 개정은 2016년 「평생교육법」에 장애인 평생교육 관련 내용이 대거 신설되기 시작하였다는 점이다. 제19조의2(국가장애인평생교육진흥센터) ①항에 의거하여 2018년에 국가장애인평생교육진흥센터가 국립특수교육원에 설치되어 활동하고 있으며, 2020년부터는 장애인평생학습도시 선정 사업이 별도로 추진될 정도로 장애인 평생교육이 활성화되고 있다(교육부·국가평생교육진흥원, 2021).

③ 평생교육법 구성체제 및 주요 내용

현행 「평생교육법」은 다음 [표 1-2]에서 정리한 바와 같이 8장 46조와 부칙으로, 「평생교육법 시행령」은 6장 78조와 부칙으로, 그리고 「평생교육법 시행규칙」은 25조와 부칙으로 구성되어 있다.

「평생교육법」은 평생교육진흥기본계획, 평생교육전담·지원기구, 평생교육사, 평생교육기관 및 시설, 평생학습 지원제도 등을 규정하고 있다. 「평생교육법 시행령」은 평생교육진흥위원회의 구성 및 운영, 평생교육전담기구의 출연금 요구, 지급, 평생학습 지원제도의 운영방법, 학력인정 평생교육시설의 지정 또는 인가 절차, 평생교육시설의 설치 및 등록(변경) 절차, 변경신고, 평생교육사 자격요건, 등급, 배치기준, 그리고 문해교육 프로그램에 대한 지정 및 지원 관련 절차 등을 규정하고 있다. 「평생교육법 시행규칙」은 「평생교육법」과 「평생교육법 시행령」에서 위임된 사항과 그 사항에 필요한 보다 구체적인 구성 및 절차 등에 관하여 규정하고 있다.

구분	평생교육법	평생교육법 시행령	평생교육법 시행규칙
	8장 46조, 부칙	6장 78조, 부칙	25조, 부칙
구성	▪ 총칙 ▪ 평생교육진흥기본계획 등 ▪ 국가평생교육진흥원 등 ▪ 평생교육사 ▪ 평생교육기관 ▪ 문해교육 ▪ 평생학습결과의 관리·인정	▪ 총칙 ▪ 평생교육진흥기본계획 등 ▪ 국가평생교육진흥원 등 ▪ 평생교육사 ▪ 평생교육기관 ▪ 문자해득교육	▪ 평생교육실무조정위원회 ▪ 평생교육사 자격증 교부 ▪ 평생교육시설 등록(변경) ▪ 문해교육이수자 학력인정
주요 내용	▪ 평생교육 전담 지원기구 운영 - 국가평생교육진흥원 - 시도평생교육진흥원 - 시군구평생학습관 - 읍면동평생학습센터	- 출연금 요구, 지급, 관리 - 결산서 제출 등 - 전담기구 및 평생학습 지원제도의 운영방법 등	- 평생교육실무조정위원회
	▪ 학력 학위취득 기회 확대 - 초중고 학력 인정시설 - 전문대학 학력 인정시설 - 사내대학 및 원격대학 형태	- 시설의 지정 또는 인가 기준 및 절차 - 폐쇄인가 또는 신고절차	- 문해교육이수자 학력 인정 절차
	▪ 다양한 평생교육기관 운영 - 학교(학교부설)의 평생교육 - 원격형태 평생교육시설 - 사업장부설 평생교육시설 - 시민단체부설 평생교육시설 - 언론기관부설 평생교육시설 - 지식·인력개발 평생교육시설	- 시설의 설치 신고 등록 - 시설의 변경신고	- 평생교육시설의 등록, 변경 신고 절차
	▪ 다양한 평생학습지원제도 - 유급 또는 무급학습휴가제 - 전문인력정보은행제 - 평생학습계좌제 - 평생교육사 - 문해교육프로그램 지원 - 국가문해교육센터 및 시·도문해교육센터	- 평생교육사 자격요건, 등급 배치기준 등 - 학습계좌제운영, 평가인정 - 문해교육 프로그램 설치 운영, 지정 및 지원 기준 - 국가문해교육센터 및 시·도문해교육센터 수행 업무 명시	- 전문인력정보은행 운영 - 학습계좌제 운영 - 평생교육사자격증교부 - 문해교육이수자의 학력인정 또는 학습과정인정 또는 학습과정인정절차

출처: 교육부·국가평생교육진흥원(2021). 2020 평생교육백서. p.30.

02 평생교육 추진체제

① 평생교육 추진체제 개요

평생교육 추진체제는 모든 국민이 평생에 걸쳐 학습하고 교육받을 수 있는 권리를 보장하기 위해 중앙정부와 지방자치단체가 구축 및 운영하는 평생교육 정책 및 사업 관련 기구 및 단체의 체계를 의미한다. 중앙정부와 지방자치단체의 평생교육 추진체제의 구축 및 운영에 대한 사항은 「평생교육법」 등의 법령과 조례에 규정되어 있다. 「평생교육법」 제5조에 따르면 모든 국민에게 평생교육 기회가 부여될 수 있도록 평생교육정책과 평생교육 사업의 수립 및 추진의 임무가 국가 및 지방자치단체 또는 유관기관에 부여되어 있다. 따라서 평생교육 추진체제는 평생교육 사업의 수립 및 추진의 임무가 부여된 국가 및 지방자치단체 또는 유관기관을 포함한다.

[평생교육법]
제5조(국가 및 지방자치단체의 임무) ① 국가 및 지방자치단체는 모든 국민에게 평생교육 기회가 부여될 수 있도록 평생교육진흥정책과 평생교육사업을 수립·추진하여야 한다. <개정 2021. 6. 8.>

평생교육법령 및 관련법령에 의한 평생교육 추진체제는 다음의 [그림 1-2]와 같이 행정기구, 전담기구, 심의·협의기구로 구분되고 평생교육 정책 및 사업의 실행과 직접적으로 관여되는 평생교육기관과 타 법령 및 조례에 의해 평생교육을 수행하는 기관을 포함한다(교육부, 국가평생교육진흥원, 2022). 이와 같은 평생교육 추진체제는 수직적, 수평적 연계체제를 확보함으로써 행정 기능, 집행 기능, 심의 기능을 유기적으로 연계하여 정책 추진의 시너지 효과를 발휘할 수 있는 토대를 제공하고 있다.

그림 1-2 | 평생교육 추진체제

심의·협의기구	행정기구	전담기구
평생교육진흥위원회 시·도평생교육협의회 시·군·구평생교육협의회 문해교육심의위원회 학습계약자문위원회	교육부 시·도지방자치단체 시도교육청 시·군·구기초자치단체 지역교육청 직속기관	국가평생교육진흥원 국가장애인평생교육센터 시도평생교육진흥원 시군구평생학습관 읍면동평생학습센터

법정위원회(경제사회발전노사정위원회, 국가교육회의 등) 평생교육기관(평생교육시설, 도서관, 사회복지관, 지역시설 등)

출처: 교육부·국가평생교육진흥원(2023). 2022 평생교육백서. p.72.

　행정기구는 국가 및 지방자치단체로, 평생교육 진흥정책과 평생교육 사업을 수립 및 추진해야 하는 임무를 수행하는 기구이다. 행정기구에는 교육부, 시·도 광역자치단체, 시·군·구 기초자치단체, 시·도교육청, 지역교육청, 직속기관이 포함된다.

　전담기구는 평생교육 정책 및 사업 수행의 전문성 확보를 위해 행정기구에 의해서 설치·운영되는 기구이다. 교육부는 국가평생교육진흥원, 국가장애인평생교육센터, 국가문해교육센터, 중앙다문화교육센터 등을 설치·운영한다. 시·도광역자치단체와 시·도교육청은 시·도평생교육진흥원, 시·도문해교육센터, 시·도평생교육정보센터 등을 전담기구로 설치·운영한다. 시·군·구기초자치단체와 지역교육청은 시·군·구평생학습관과 읍면동평생학습센터를 설치·운영한다.

　심의·협의기구는 행정기구의 장이 평생교육진흥 정책과 사업 계획의 심의 및 자문을 구하기 위해 설치 및 운영하는 기구이다. 교육부는 평생교육진흥위원회, 시·도광역자치단체는 시·도평생교육협의회, 시·군·구기초자치단체는 시·군·구평생교육협의회를 설치 및 운영한다. 이외에 특수 목적에 따라 문해교육심의위원회, 학습계약자문위원회 등도 포함된다.

　이 외에 법령 및 조례에 따라 설치된 국가위원회 및 회의, 각종 연구기관 등이 평생교육 추진체제에 포함된다. 예를 들어, 경제사회발전노사정위원회, 국가교육회의, 한국교육개발원, 한국직업능력연구원, 광역자치단체별 발전연구원 등이 평생교육 정책 수립 및 자문을 위한 추진체제이다(교육부, 국가평생교육진흥원, 2023).

② 국가 및 중앙정부 수준의 평생교육 추진체제

• 행정기구: 교육부

교육부는 국가 행정기구로서 평생교육 주무부처이다. 평생교육 추진체제로서 교육부는 「헌법」 제31조 제5항 국가의 평생교육진흥 의무와 「교육기본법」 제3조 학습권 보장을 행정적으로 지원하고 「평생교육법」 제5조의 국가 임무를 수행한다.

• 전담기구: 국가평생교육진흥원

국가 및 중앙정부 수준의 전담기구로는 교육부 산하의 국가평생교육진흥원이 있다. 평생교육법 개정으로 2008년 개원한 국가평생교육진흥원은 「헌법」 제31조 제5항, 「교육기본법」 제3조에 기초한 「평생교육법」 제19조 제1항에 의해 국가 주도의 평생교육 진흥에 관한 업무를 수행하기 위하여 설립되었다. 「평생교육법」 제19조에 따라 국가평생교육진흥원은 평생교육 진흥과 관련된 업무를 효율적으로 수행하며, '평생교육 진흥을 통한 국민 평생학습 활성화'를 미션으로 한다.

• 전담기구: 국가장애인평생교육진흥센터

국가장애인평생교육진흥센터는 2016년 「평생교육법」이 개정되면서 장애인 평생교육에 대한 국가 책무가 추가되었고, 이를 바탕으로 2018년에 설립되었다. 「평생교육법」 제19조의2에 따르면 장애인평생교육진흥센터의 업무는 장애인 평생교육진흥을 위한 지원 및 조사 업무, 장애 유형별 평생교육프로그램 개발의 지원 등 장애인 평생교육을 개발하고 교육·운영·지원하는 업무 등을 수행한다.

• 심의·협의기구: 평생교육진흥위원회

평생교육진흥위원회는 중앙정부 수준의 심의·협의기구이다. 「평생교육법」 제10조 제1항에 따라 평생교육진흥 정책에 관한 주요사항 심의를 위해 교육부장관이 평생교육진흥위원회를 설치한다. 평생교육진흥위원회의 심의사항은 「평생교육법」 제

10조 제2항에 따라 평생교육진흥 기본계획, 평생교육진흥정책의 평가 및 제도개선, 평생교육지원 업무의 협력과 조정, 그 밖에 평생교육진흥 정책을 위하여 대통령령으로 정하는 사항이다.

❸ 지방자치단체 수준의 평생교육 추진체제

지방자치단체 수준의 평생교육 추진체제는 광역자치단체 행정기구와 기초자치단체 행정기구로 구분된다. 지방자치단체 수준의 평생교육 추진체제 역시 중앙정부와 동일하게 법령 및 조례에 따라 행정기구, 전담기구, 심의·협의기구로 구분된다. 다만 평생교육법령 및 조례에는 명시되지 않을 수 있으나, 평생교육 정책 및 사업 진행을 위해 평생교육 정책 및 사업을 실질적으로 진행하는 지방자치단체의 연구소, 위원회, 평생교육기관, 학습자 집단 등도 추진체제에 포함된다.

1) 광역자치단체

• 행정기구: 시·도광역자치단체와 시·도교육청

광역자치단체 수준의 행정기구는 시·도광역자치단체와 시·도교육청이다. 1999년 이후 평생교육법의 지속적 개정과 함께 시·도광역자치단체와 시·도교육청의 권한을 크게 강화해왔다. 이로 인하여 시·도광역자치단체와 시·도교육청의 추진체제도 함께 확장되었다. 예를 들어, 「평생교육법」에 명시된 교육부장관의 권한을 대통령령에 따라 시·도교육청의 장인 교육감이 위임받을 수 있다. 구체적으로 평생교육사 양성, 평생교육사 자격증 교부 및 재교부, 평생교육사 양성기관 지정 등의 임무가 위임될 수 있다.

• 전담기구: 시·도평생교육진흥원

광역자치단체 수준의 전담기구는 시·도평생교육진흥원이다. 「평생교육법」 제20조 등에 따라 시·도광역자치단체장은 시·도평생교육진흥원을 설치 또는 지정·운영할 수 있다. 또한 「평생교육법」 제20조 제2항에 따라 시·도평생교육진흥원은 해당 지역의 평생교육기회 및 정보의 제공, 평생교육 상담, 평생교육프로그램 운영, 장애인 대상 평생교육프로그램 운영, 평생교육기관 연계체제 구축, 국가 및 시군구 협력·연계 등의 업무를 수행한다.

- 심의·협의기구: 시·도평생교육협의회

광역지방자치단체 수준의 심의 기구는 시·도평생교육협의회이다. 시·도 지방자치단체장은 「평생교육법」 제12조 제1항에 따라 시·도지사 소속으로 시·도평생교육협의회를 설치할 수 있다. 시·도평생교육협의회의 역할은 시·도지방자치단체의 평생교육기본계획에 따라 연도별 평생교육진흥시행계획의 수립과 시행에 필요한 사항을 심의하는 것이다.

2) 기초자치단체

- 행정기구: 시·군·구기초자치단체와 지역교육청

기초자치단체 행정기구는 시·군·구기초자치단체, 지역교육청, 그리고 직속기관이다. 「평생교육법」 제5조에 따라 기초자치단체는 광역자치단체와 동등하게 평생교육 임무를 부여받는다. 지역교육청은 시·도교육청의 산하 교육지원청으로서, 시·도교육청으로부터 평생교육 사무에 대한 권한을 위임받아, 해당 지역의 학교, 도서관, 박물관 등을 활용하여 지역주민을 위한 평생교육프로그램 운영과 평생교육시설 등록 및 신고, 관리·감독의 임무를 수행한다.

- 전담기구: 시·군·구평생학습관과 읍·면·동평생학습센터

기초자치단체 전담기구는 시·군·구평생학습관과 읍·면·동평생학습센터 등이다. 「평생교육법」 제21조에 따라 시·군·구자치단체장과 시·도교육감은 해당 지역의 주민 평생교육 프로그램 운영과 평생교육 기회 제공을 위해 평생학습관을 설치 또는 지정하도록 의무 규정되어 있다. 또한 「평생교육법」 제21조의3에 따라 시·군·구자치단체장은 읍·면·동평생학습센터를 설치할 수 있다.

- 심의·협의기구: 시·군·구평생교육협의회

기초자치단체의 평생교육 심의·협의기구는 시·군·구평생교육협의회이다. 이외

에 필요에 따라 시·군·구평생교육실무협의회, 문해교육심의위원회, 학습계약자문위원회 등의 심의·협의기구가 구성 및 운영된다.

03 평생교육기관

❶ 평생교육기관 개요

평생교육기관의 주요한 기능은 시민들에게 각자의 생애주기와 학습역량에 적합한 평생학습 프로그램을 제공함으로써 다양한 학습기회에 참여를 촉진시키는 것이다. 또한, 평생교육기관은 학습자들의 학습욕구를 충족시켜 주고, 학습자들의 학습역량을 강화시켜줌으로써 국가적 차원에서 평생학습 활성화에 있어 매우 중요한 역할을 수행한다.

「평생교육법」 제2조에서는 평생교육과 평생교육기관을 다음과 같이 정의하고 있으며 「평생교육법」 외에도 다양한 법률에 근거하여 평생교육을 실시하고 있는데, 평생교육기관의 법적근거와 유형 분류는 다음 [표 1-3]과 같다.

[평생교육법]
제2조(정의) 이 법에서 사용하는 용어의 정의는 다음과 같다. <개정 2014. 1. 28., 2021. 6. 8.>
1. "평생교육"이란 학교의 정규교육과정을 제외한 학력보완교육, 성인 문자해득교육, 직업능력 향상교육, 인문교양교육, 문화예술교육, 시민참여교육 등을 포함하는 모든 형태의 조직적인 교육활동을 말한다.
2. "평생교육기관"이란 다음 각 목의 어느 하나에 해당하는 시설·법인 또는 단체를 말한다.
   가. 이 법에 따라 인가·등록·신고된 시설·법인 또는 단체
   나. 「학원의 설립·운영 및 과외교습에 관한 법률」에 따른 학원 중 학교교과교습학원을 제외한 평생직업교육을 실시하는 학원
   다. 그 밖에 다른 법령에 따라 평생교육을 주된 목적으로 하는 시설 ·법인 또는 단체

표 1-3 | 평생교육기관의 분류

법적 근거		평생교육기관	기관 유형
평생교육법	제15조	평생학습도시	비형식
	제20조	시·도평생교육진흥원	비형식
	제20조의2	장애인 평생교육시설	비형식
	제21조	시·군·구 평생학습관	비형식
	제21조의2	장애인 평생교육과정을 운영하는 학교 (유치원, 초·중등학교)	비형식
	제21조의3	읍·면·동 평생학습센터	비형식
	제29조	학교(초·중등학교, 대학교)	비형식
	제30조	학교 부설 평생교육시설	비형식
	제31조	학교 형태의 평생교육시설	비형식/준형식
	제32조	사내대학 형태의 평생교육시설	준형식
	제33조	원격대학 형태의 평생교육시설	비형식/준형식
	제35조	사업장 부설 평생교육시설	비형식
	제36조	시민사회단체 부설 평생교육시설	비형식
	제37조	언론기관 부설 평생교육시설	비형식
	제38조	지식·인력개발 평생교육시설	비형식
학원설립운영 및 과외교습에 관한 법률	제2조	학원(입시·검정 및 보충학습, 교습소 제외)	비형식
학점인정 등에 관한 법률	제3조 등	평가인정 운영기관	준형식
지방자치법	제9조 제2항	시·군·자치구의 주민자치센터	비형식/준형식 미구분
동법 시행령	제8조		
도서관법	제2조	도서관	
문화예술진흥법	제12조	문화시설	
동법 시행령	제19조		
문화예술교육지원법	제2조		
지방문화원진흥법	제8조	지방문화원	
문화예술교육지원법	제2조		
박물관 및 미술관 진흥법	제4조	박물관, 미술관	
사회복지사업법	제34조	사회복지관	
노인복지법	제36조	노인복지관	

출처: 교육부·국가평생교육진흥원(2023). 2022 평생교육백서. p.90.

평생교육기관의 유형은 비형식 평생교육기관과 준형식 평생교육기관으로 구분하고 있다. 이 두 유형은 모두 「평생교육법」에 따라 인가·등록·신고된 시설·법인 또는 단체로 정의되나, 준형식 평생교육기관은 초·중·고등교육 형태의 평생교육기관으로 직접 해당 학력을 인정하고 학위를 부여할 수 있다는 점에서 비형식 평생교육기관과 구분된다.

② 비형식 평생교육기관 현황

비형식 평생교육기관은 기관 자체에서 학력인정이나 학위 취득이 가능하지 않으며, 평생교육법에 따라 인가·등록·신고된 시설·법인 또는 단체를 말한다. 부설형, 독립형, 전담형, 복합형으로 유형을 나눌 수 있으며 각 유형별 기관에 대한 설명은 다음과 같다.

1) 부설형

- 초·중등 및 대학(원)부설: 초·중등학교, 대학(원) 및 전문대학에서 운영하는 평생교육기관
- 사업장부설: 산업체, 백화점, 문화센터 등에서 부대시설로 설립·운영하는 평생교육기관
- 시민사회단체부설: 법인으로 행정관청에 등록하여 회원이 300인 이상인 시민사회단체가 소속회원 외에 일반 시민을 대상으로 하는 평생교육기관
- 언론기관부설: 신문, 방송 등의 언론기관에서 운영하는 평생교육기관

2) 독립형

- 원격형태: 정보통신매체를 이용하여 특정 또는 불특정 다수인에게 원격교육을 실시하거나 다양한 정보를 제공하는 등의 교육을 시행하는 평생교육기관
- 지식·인력개발형태: 기업 또는 고용노동부와 연계하여 운영되는 시설로 지식정보의 제공과 교육훈련을 통한 인력개발(HRD)을 주된 목적으로 운영하는 평생교육기관

3) 전담형

- 시도평생교육진흥원: 시·도별 평생교육기회 및 정보의 제공, 평생교육 상담, 평생교육프로그램 운영 및 평생교육기관 간 연계체제 구축업무를 위해 시·도지사가 대통령령으로 정하는 바에 따라 법인으로 설립 또는 지정·운영하는 기관
- 평생학습관: 지역주민을 대상으로 평생교육프로그램 운영 등 지역평생교육센터로서의 기존의 역할과 아울러 평생교육에 관한 연구, 연수 및 정보제공의 기능을 하는 곳으로서, 교육감이 설치 및 지정한 평생교육기관 혹은 지자체에서 설치한 평생교육기관

다음 [표 1-4]는 2017년 이후 비형식 평생교육기관의 연도별·유형별 현황이다. 비형식 평생교육기관의 수는 2017년 이후 매년 증가 추세를 보이고 있으며, 2021년

표 1-4 | 비형식 평생교육기관의 연도별·유형별 현황

(단위: 개)

구분		2017년	2018년	2019년	2020년	2021년
전체		4,032	4,169	4,295	4,493	4,869
학교 부설	초·중등학교 부설	5	6	7	10	9
	대학(원) 부설	412	412	415	416	419
	소계	417	418	422	426	428
원격 형태		949	1,012	1,041	1,042	1,204
사업장 부설	유통업체 부설	383	381	379	357	352
	산업체 부설	41	39	36	36	37
	소계	424	420	415	393	389
시민사회단체 부설		515	500	492	439	423
언론기관 부설		707	741	842	1,134	1,343
지식·인력개발 형태		579	586	595	561	564
시·도평생교육진흥원		17	17	17	17	17
평생학습관		424	475	471	481	501

출처: 교육부·국가평생교육진흥원(2023). 2022 평생교육백서. p.94.

12월 기준 4,869개가 있다. 기관 유형 중 언론기관 부설은 전체 평생교육기관 중 가장 많은 27.6%를 차지하였다. 학교 부설 기관은 428개로 8.8%를 차지하였다. 원격형태는 1,204개로 전체 평생교육기관의 24.7%를 차지했다. 사업장 부설은 전체의 8.8%를 차지하였다. 시민사회단체 부설은 423개 기관이 있고, 지식·인력개발 형태는 564개로 회복하였다. 시·도평생교육진흥원은 시도별로 1개씩 운영되어 총 17개이며, 평생학습관은 501개 기관이 있다.

③ 준형식 평생교육기관 현황

준형식 평생교육기관은 초·중·고등교육 형태의 평생교육기관으로 직접 해당 학력을 인정하고 학위를 부여할 수 있는 것이 특징이며 크게 초·중등교육형태와 고등교육형태의 평생교육기관으로 나누어볼 수 있다. 각 유형별 기관에 대한 설명은 다음과 같다.

1) 초·중등교육형태 평생교육기관

- 고등공민학교: 중학교과정의 교육을 받지 못하고 취학연령을 초과한 자 또는 일반 성인에게 필요한 중등교육 및 직업교육을 실시하는 교육기관
- 고등기술학교: 중학교 이상의 학력인정자에 대한 1~3년간의 전문기술 교육기관
- 각종학교: 초·중·고·특수학교와 유사한 교육기관으로 수업연한, 입학자격, 학력인정 등을 달리하는 교육기관
- 근로청소년을 위한 특별학급: 산업체에 근무하는 청소년의 교육을 위하여 산업체에 인접한 중학교 및 고등학교에 두는 야간제 특별학급. 2015년 이후 운영현황이 없으며, 2020년부터 조사 대상에서 제외함.
- 방송통신중학교: 방송통신을 통하여 중학교 과정의 교육을 실시하는 교육기관
- 방송통신고등학교: 방송통신을 통하여 고등학교 과정의 교육을 실시하는 교육기관
- 학교형태의 학력인정 평생교육시설: 평생교육법 제31조 2항에 의하여 고등학교졸업 이하의 학력이 인정되는 학교형태의 평생교육시설

2) 고등교육형태 평생교육기관

- 방송통신대학: 정보·통신매체를 통한 원격교육으로 고등교육을 받을 기회를 부여하여 국가와 사회가 필요로 하는 인재를 양성함과 동시에 열린 학습사회를 구현함으로써 평생교육의 발전에 이바지함을 목적으로 하는 학교
- 산업대학: 산업사회에서 필요로 하는 학술 또는 전문적인 지식·기술의 연구와 연마를 위한 교육을 계속하여 받고자 하는 자에게 고등교육의 기회를 제공하여 국가와 사회의 발전에 기여할 산업인력을 양성함을 목적으로 하는 학교
- 기술대학(대학, 전문대학): 산업체 근로자가 산업현장에서 전문적인 지식·기술의 연구·연마를 위한 교육을 계속하여 받을 수 있도록 함으로써 이론과 실무 능력을 고루 갖춘 전문인력 양성을 목적으로 하는 학교
- 각종학교(대학, 전문대학): 대학수준으로 신학교·예술학교·승가학교 등의 교육기관
- 원격/사이버대학(대학, 전문대학): 정보·통신매체를 통해 제공한 교육서비스를 학습자가 시간과 공간의 제약을 받지 않고 학습하고 일정한 학점을 이수하는 경우 전문대학 또는 대학졸업자와 동등한 학력/학위를 인정하여 주는 학교
- 사내대학(대학, 전문대학): 시간적·경제적 여유가 없어 대학에 가지 못하는 근로자들을 위하여 학교법인 설립 없이 일정기간 사내교육을 이수하면 학력과 학위가 인정되는 평생교육차원의 고등교육기관
- 기능대학: 고등교육법에 따른 전문대학으로서 학위과정인 다기능기술자 과정과 직업훈련과정 등을 병설 운영하는 교육·훈련기관
- 전공대학: 「초·중등교육법」에 따라 전공과를 설치·운영하는 고등기술학교로서 교육부장관의 인가를 받아 전문대학졸업자와 동등한 학력·학위가 인정되는 평생교육시설로 전환·운영하는 학교
- 특수대학원: 직업인 또는 일반 성인을 위한 계속교육을 주된 교육목적으로 하는 대학원

2017년 이후 준형식 평생교육기관의 현황을 초·중등교육 형태와 고등교육 형태로 구분하여 보면 다음 [표 1-5]와 같다. 초·중등교육 형태 준형식 평생교육기관 수

는 2017년 179개에서 2021년 190개로 증가하였다. 기관 유형별로 차지하는 비중을 살펴보면, 각종학교(초·중·고)가 72개 기관으로 37.9%로 가장 큰 비중을 차지하고 있다. 그 다음으로는 학교 형태의 학력인정 평생교육시설이 42개 기관으로 큰 비중(22.1%)을 차지하고 있으나, 2017년 이후 꾸준히 감소하고 있다.

표 1-5 | 초·중등교육 형태 준형식 평생교육기관의 연도별·유형별 현황

(단위: 개)

구분		2017년	2018년	2019년	2020년	2021년
전체		179	189	191	191	190
고등공민학교		3	3	3	3	3
고등기술학교		7	7	7	7	7
각종학교(초·중·고)		51	60	62	72	72
근로청소년을 위한 특별학급		4	4	4	-	-
방송통신중학교		20	23	24	24	24
방송통신고등학교		42	42	42	42	42
학교 형태의 학력인정 평생교육시설	초	3	4	3	2	2
	중	5	5	5	4	4
	고	27	25	25	20	19
	통합	17	16	16	17	17
	소계	52	50	49	43	42

출처: 교육부·국가평생교육진흥원(2023). 2022 평생교육백서. p.96.

고등교육 형태 준형식 평생교육기관 수는 다음 [표 1-6]에서 보는 바와 같이 2021년에 842개의 기관이 있는 것으로 나타났다. 특수대학원은 2021년 795개이며 전체 고등교육 형태 준형식 평생교육기관의 94.4%의 비중을 차지하고 있다. 그 다음으로는 사이버대학(2.3%)이 큰 비중을 차지하고 있다.

표 1-6 | 고등교육 형태 준형식 평생교육기관의 연도별·유형별 현황

(단위: 개)

구분	2017년	2018년	2019년	2020년	2021년
전체	861	867	855	852	842
방송통신대학	1	1	1	1	1
산업대학	2	2	2	2	2
기술대학	1	1	1	1	1
각종학교	2	2	2	2	2
원격대학	2	2	2	2	2
사이버대학	19	19	19	19	19
사내대학	8	8	8	8	8
기능대학	9	9	9	9	9
전공대학	3	3	3	3	3
특수대학원	814	820	808	805	795

출처: 교육부·국가평생교육진흥원(2023). 2022 평생교육백서. p.97.

❹ 학점은행제 교육훈련기관 현황

「학점인정 등에 관한 법률」에 근거를 두고 1998년 3월부터 시행된 학점은행제 교육훈련기관의 2017년 이후 유형별 현황은 다음 [표 1−7]과 같다. 학점은행제 교육훈련기관은 2021년에는 433개 기관이 있다. 학점은행제 교육훈련기관의 다양한 유형 중 가장 큰 비중을 차지하는 기관은 대학(교) 부설 교육훈련기관으로 2021년 전체 중 44.8%에 해당하는 194개 기관이 있다. 그 다음으로 원격교육시설과 직업훈련기관은 각각 85개(19.6%), 67개(15.5%)가 있으며 K−MOOC 기관 수는 11개인 것으로 조사되었다. 그 외의 다른 유형 기관들의 기관 수는 현상을 유지하거나 감소하고 있다.

표 1-7 | 학점은행제 교육훈련기관의 연도별·유형별 현황

(단위: 개)

구분		2017년	2018년	2019년	2020년	2021년
전체		460	437	430	429	433
대학(교) 부설	대학	131	133	125	122	122
	전문대학	72	67	73	72	72
	소계	203	200	198	194	194
전공심화/특별과정		6	5	4	4	4
학원		26	18	18	13	13
직업훈련기관		80	77	71	62	67
정부관련기관		39	37	37	35	34
고등기술학교		1	1	1	1	1
특수학교		6	6	6	6	6
기타평생교육시설		21	18	19	18	18
국가무형문화재시설		2	-	-	-	-
원격교육시설		76	75	76	85	85
K-MOOC		-	-	-	11	11

출처: 교육부·국가평생교육진흥원(2023). 2022 평생교육백서. p.99.

CHAPTER 02

평생교육사
자격제도와
현황

평생교육사 자격제도와 현황

01 평생교육사의 역할 및 직무

① 평생교육사 정의

우리나라 「헌법」 제31조에 따르면 국가는 평생교육을 진흥해야 하는 의무를 가지며, 이에 따라 국가는 「평생교육법」에 근거하여 평생교육을 진흥하기 위한 전문 인력으로 평생교육사를 양성하고 있다. 양성된 평생교육사는 평생교육법령에서 규정하고 있는 평생교육기관에 일정한 기준에 따라 배치되어 평생교육 업무를 수행한다(교육부, 국가평생교육진흥원, 2022). 즉, 평생교육사는 평생교육 진흥을 위하여 평생교육 현장에서 평생교육 프로그램의 기획·진행·분석·평가 및 교수업무 등 평생교육 관련 업무의 전반적인 영역을 담당하는 평생교육 현장전문가이다(국가평생교육진흥원, 2022).

「평생교육법」 제24조 1항에서는 평생교육사란 일정 자격을 갖춘 사람에게 교육부장관이 부여하는 국가자격증을 취득한 평생교육 전문인력으로 정의하며 평생교육사의 자격 취득조건을 다음과 같이 제시하고 있다.

[평생교육법]
제24조(평생교육사) ① 교육부장관은 평생교육 전문인력을 양성하기 위하여 다음 각호의 어느 하나에 해당하는 사람에게 평생교육사의 자격을 부여하며, 자격을 부여받은

사람에게는 자격증을 발급하여야 한다. <개정 2008. 2. 29., 2009. 5. 8., 2013. 3. 23., 2019. 12. 3., 2021. 3. 23.>

1. 「고등교육법」 제2조에 따른 학교(이하 "대학"이라 한다) 또는 이와 같은 수준 이상의 학력이 있다고 인정되는 기관에서 교육부령으로 정하는 평생교육 관련 교과목을 일정 학점 이상 이수하고 학위를 취득한 사람

2. 「학점인정 등에 관한 법률」 제3조 제1항에 따라 평가인정을 받은 학습과정을 운영하는 교육훈련기관(이하 "학점은행기관"이라 한다)에서 교육부령으로 정하는 평생교육 관련 교과목을 일정 학점 이상 이수하고 학위를 취득한 사람

3. 대학을 졸업한 사람 또는 이와 같은 수준 이상의 학력이 있다고 인정되는 사람으로서 대학 또는 이와 같은 수준 이상의 학력이 있다고 인정되는 기관, 제25조에 따른 평생교육사 양성기관, 학점은행기관에서 교육부령으로 정하는 평생교육 관련 교과목을 일정 학점 이상 이수한 사람

4. 그 밖에 대통령령으로 정하는 자격요건을 갖춘 사람

이와 같이 평생교육사는 법적인 자격을 갖추고 평생교육 관련 기관에서 평생교육 업무를 수행하며 평생교육 이념을 실천하는 전문가이다. 평생교육 영역에서 고도의 전문성을 갖춘 전문가의 필요성이 제기된 이유는 평생교육이 다양한 학습배경과 목적을 가진 전(全)연령의 평생학습자를 대상으로 하며, 급격하게 변화하는 패러다임 속에서 새롭게 요구되는 학습내용을 주제로 하기 때문이다. 초지능화(superintelligence)되고 초연결(hyper-connectivity)된 지식생태계의 급격한 변화·발전에 따른 급격한 사회 변화와 미래에 대한 불확실성은 평생교육에 대한 수요 증대로 연결되어 평생교육 참여율이 높아지고 있다. 이에 평생교육 현장실천가인 평생교육사의 중요성이 더욱 부각되고 있는 것이다.

❷ 평생교육사의 역할

[평생교육법]
제24조(평생교육사) ② 평생교육사는 평생교육의 기획·진행·분석·평가 및 교수업무를 수행한다.

위와 같이 「평생교육법」 제24조 제2항에서는 평생교육사의 역할을 평생교육의 기획, 진행, 분석, 평가 및 교수업무를 수행한다고 규정하고 있는데, 이러한 법률에 근거한 평생교육사의 규범적 역할은 다음과 같다.

- 평생교육 관련 업무를 기획하고 실행계획을 수립하는 기획자로서의 역할
- 평생교육 관련 업무를 효율적으로 실행하는 진행자로서의 역할
- 평생교육 관련 업무의 효과를 분석하는 분석가로서의 역할
- 평생교육 관련 업무 전반을 평가하는 평가자로서의 역할
- 평생교육 관련 내용을 학습자에게 강의하는 교수자로서의 역할

평생교육 이론과 현장에 기초하여 학자들은 평생교육사의 역할에 대해 매우 다양하게 규정하고 있다. Knowles(1989)는 평생교육 담당자 역할을 다음과 같이 규정하였다. 첫째 학습촉진자 역할이다. 학습자가 스스로 교육요구를 발견하도록 촉진하고, 환경을 조성하여 학습동기를 유발하며, 더 다양한 학습방법과 기술을 선정하고 학습결과를 평가하며 학습을 효율적으로 진행하는 것이다. 둘째, 연구자의 역할이다. 학습자와 기관의 교육요구, 지역사회의 이해를 수렴하여 프로그램을 개발, 운영, 평가하는 프로그램 관리 기능과 더불어 직원관리와 같은 조직의 유지, 발전까지를 포함한다. 셋째, 프로그램 디렉터 역할이다. 프로그램의 개발과 운영, 교육행정업무 업무를 지원하는 역할이다.

권두승(1999)은 평생교육사의 역할을 교수자, 프로그램 개발자, 관리자, 변화촉진자, 협력자 등으로 규정하고 있다. 이는 평생교육사 역할 간의 관계를 변화와 안정을 강조하는 수직축과 집단적이거나 개인적 차원을 중시하는 수평축을 중심으로 나타낸 것이다.

현영섭(2011)은 평생교육사의 능력이나 해야 할 일에 대한 연구는 크게 역할, 직무, 역량의 순으로 발전하고 역량도 다양화하고 있음을 지적하였다. 또한 체계화된 역량모델링의 방법을 동원하고 그동안 축적된 역량에 대한 연구 결과를 활용하여 평생교육사의 역량 모델로 만들어내고, 이를 양성과정, 평가 등에서 적절하게 활용함으로써 평생교육사에 대한 내재적 전문성과 함께 외현적 전문성을 진작시키는 데 도움이 된다고 하였다.

강대중 외(2017)는 평생교육사와 학습자와의 관계에서 교수자와 학습촉진자 지역코디네이터의 역할, 조직 구성원으로서 프로그램 기획 및 개발자의 역할, 관리행정가의 역할, 변화촉진자 코디네이터의 역할, 타 조직과의 관계에서 네트워크 조정자 지역코디네이터의 역할, 그리고 전문가로서의 역할 등을 제시하였다.

이해주 외(2023)는 평생교육사의 역할을 프로그램 개발자, 프로그램 운영자, 교수자, 학습상담자, 평가 및 컨설팅 전문가, 조정자로서의 역할의 여섯 가지로 나누어 설명하고 있다.

위에서 살펴본 바와 같이 법률적 근거에 따른 평생교육사의 규범적 역할과 여러 학자들이 설명하는 평생교육사 역할에 기초하여 현재 우리 사회에 필요한 평생교육사의 역할에 대해 자세히 살펴보면 다음과 같다.

첫째, 평생교육 프로그램 기획 및 개발자로서의 역할이다. 평생교육기관이 지향하는 이념과 학습자의 요구를 바탕으로 프로그램을 기획하는 역할과 급변하는 환경 속에서 평생교육기관이 지향하는 이념과 학습자의 요구와 필요를 읽어 내고 적절한 의사결정을 통해 프로그램을 개발하는 역할을 담당한다.

둘째, 평생교육 학습자에 대한 교수자 및 상담자로서의 역할이다. 학습자의 수준을 점검하고 스스로 창의성과 성장을 도모하도록 조력하며 교수-학습 활동을 수행하고, 학습자가 가지고 있는 문제점에 대해 해결점을 찾을 수 있도록 상담도 진행할 수 있는 능력과 관련이 있다.

셋째, 평생교육 영역에서 조사분석가 및 평가자로서의 역할이다. 평생학습에 대한 요구, 특성, 자원 등을 다양한 정보를 조사하여 DB를 구축하고 분석하는 역할과 평생학습 영역별 성과지표에 근거하여 성과를 분석하고 환류·확산시키며 발전적인 방안을 제시하는 컨설팅을 수행할 수 있어야 한다.

넷째, 평생교육기관에서 운영자와 관리자로서의 역할이다. 평생교육기관의 조직, 예산, 홍보 등 자원의 효율적 집행을 관리하고 효과적인 경영전략을 추진할 수 있는 유능한 행정가로서의 능력을 갖추어야 한다.

다섯째, 평생교육 공동체 안에서 변화촉진자와 협력자로서의 역할이다. 해당 지역사회에 기반을 두고 있는 학습자, 지역사회의 인사, 다양한 평생교육기관 간의 네트워크를 구축하여 커뮤니케이션을 촉진함으로써 활발한 참여 문화를 형성하고 조정하는 것과 관련 있다.

이와 같이 지금의 평생교육 현장에서 요구되는 평생교육사의 역할은 다음과 같은 특징을 가지고 있다고 할 수 있다.

첫째, 평생교육이 확대되면서 평생교육 수요자의 요구를 충족시키고 시민의 평생학습 참여를 촉진하기 위한 평생교육사의 역할이 중요해지고 있다.

둘째, 패러다임 변화에 따라 평생교육사의 역할은 개인적 성장과 사회적 발전을 추구하는 복합적 기능을 수행해야 한다.

셋째, 다양한 사회 변화에 대응하고 변화를 촉진할 수 있도록 특성화되고 차별화된 전문적인 역할을 요구받고 있다.

③ 평생교육사의 직무

평생교육사의 직무란 평생교육사가 평생교육 현장에서 실질적으로 수행하는 사무 및 업무이다. 「평생교육법 시행령」 제17조에서는 평생교육사의 직무범위를 첫째, 평생교육 프로그램의 요구분석, 개발, 운영, 평가, 컨설팅, 둘째, 학습자에 대한 학습정보제공, 생애능력개발 상담, 교수, 셋째, 그 밖에 평생교육 진흥 관련 사업계획 등 관련 업무로 정하고 있다.

[평생교육법 시행령]

제17조(직무범위) 법 제24조 제4항에 따라 평생교육사는 평생교육 진흥을 위하여 다음 각 호에 해당하는 직무를 수행한다.
1. 평생교육 프로그램의 요구분석 · 개발 · 운영 · 평가 · 컨설팅
2. 학습자에 대한 학습정보 제공, 생애능력개발 상담 · 교수
3. 그 밖에 평생교육 진흥 관련 사업계획 등 관련 업무

이와 같이 법률에 명시된 업무 범위는 필수 업무라고 할 수 있다. 그러나 실제 평생교육 현장은 지역 및 각 기관에 따라 매우 다양하기 때문에 법률에 명시된 기본적인 업무범위가 구체화되고 추가적인 업무가 포함되어 평생교육사의 필수 업무 외에도 일반행정, 회계업무 등의 업무 범위까지 확대하여 수행하게 되는 것이 일반적인 현실이었다.

김진화 외(2008)는 평생교육 현장에 근거한 평생교육사의 직무분석을 실시하여, 평생교육 실천영역별로 평생교육사의 경험과 활동을 분석하여 평생교육사 직무모델을 개발하고 타당화하였다. 연구결과, 평생교육사의 직무는 '평생학습사업 및 프로그램과 관련하여 조사·분석·기획·설계·운영·지원·교수·평가하고, 다양한 학습주체에 대한 변화촉진과 평생학습 상담 및 컨설팅을 수행하며, 평생학습사회의 실현을 위해 기관 및 시설 간 네트워킹을 촉진시키고, 평생학습 성과를 창출 및 관리하는 것'이라고 정의하였으며, 다음 [표 2-1]과 같이 9개 책무, 72개 과업을 도출하였다. 이와 같은 평생교육사의 직무모델은 선행연구들과 비교하여 보다 구체적이고, 전문직 관점을 반영한 일 중심적인 모델로 평가되고 있는 모델이다(현영섭, 2017).

표 2-1 | 평생교육사 책무 영역별 과업 내용

책무	과업	책무	과업	책무	과업
D1. 조사·분석	▪ 학습자 특성 및 요구 조사·분석 ▪ 평생학습 참여율 조사 ▪ 평생학습자원 조사·분석 ▪ 평생학습권역 매핑 ▪ 평생학습 SWOT 분석 ▪ 평생학습 프로그램 조사·분석 ▪ 평생학습 통계데이터 분석 ▪ 평생학습자원 및 정보 DB 구축	D4. 프로그램개발	▪ 프로그램개발 타당성 분석 ▪ 프로그램 요구분석 및 우선순위 설정 ▪ 프로그램 목적/목표 설정 및 진술 ▪ 프로그램 내용 선정 및 조직 ▪ 프로그램 매체 및 자료 개발 ▪ 프로그램 실행계획 및 매뉴얼 제작 ▪ 프로그램 실행자원 확보 ▪ 프로그램 특성화 및 브랜드화	D7. 변화촉진	▪ 평생학습 참여 촉진 ▪ 평생학습자 인적자원 역량 개발 ▪ 학습동아리 발굴 및 지원 ▪ 평생학습 실천지도자 양성 ▪ 평생교육 단체 육성 및 개발 ▪ 평생교육 자원봉사활동 촉진 ▪ 평생학습 관계자 멘토링 ▪ 평생학습 공동체 및 문화조성
D2. 기획·계획	▪ 평생학습 비전과 전략 수립 ▪ 평생학습 추진체제 설계 ▪ 평생학습 중장기/연간 계획 수립 ▪ 평생학습 단위사업 계획 수립 ▪ 평생학습 축제 기획 ▪ 평생학습 공모사업 기획서 작성	D5. 운영·지원	▪ 학습자 관리 및 지원 ▪ 강사 관리 및 지원 ▪ 프로그램 홍보 및 마케팅 ▪ 학습시설·매체 관리 및 지원 ▪ 프로그램 관리운영 및 모니터링 ▪ 학습결과 인증 및 관리 ▪ 평생학습 예산관리 및 집행	D8. 상담·컨설팅	▪ 학습자 상황분석 ▪ 학습장애 및 수준 진단·처방 ▪ 평생학습 상담사례 정리 및 분석 ▪ 생애주기별 커리어 설계 및 상담 ▪ 평생학습 ON/OFF 라인 정보 제공 ▪ 평생학습 상담실 운영

	▪ 평생학습 예산 계획 및 편성 ▪ 평생학습 실행계획서 수립		▪ 기관 및 홈페이지 관리 및 운영		▪ 학습자 사후관리 및 추수지도 ▪ 의뢰기관 평생학습 자문/컨설팅
D3. 네 트 워 킹	▪ 평생학습 네트워크 체제 구축 ▪ 인적·물적 자원 네트워크 실행 ▪ 사업 파트너십 형성 및 실행 ▪ 온라인 네트워크 구축 및 촉진 ▪ 조직 내·외부 커뮤니케이션 촉진 ▪ 협의회 및 위원회 활동 촉진 ▪ 지원세력 확보 및 설득 ▪ 평생교육사 임파워먼트 실행	D6. 교 수 · 학 습	▪ 학습자 학습동기화 촉진 ▪ 강의 원고 및 교안 작성 ▪ 단위 프로그램 강의 ▪ 평생교육사업 설명회 및 교육 ▪ 평생교육 관계자 직무교육 ▪ 평생교육사 실습 지도 ▪ 평생교육 자료 및 매체 개발 ▪ 평생교육사 학습역량 개발	D9. 평 가 · 보 고	▪ 평생학습 성과지표 창출 ▪ 목표대비 실적평가 ▪ 평생학습 영향력 평가 ▪ 평생학습 성과관리 및 DB 구축 ▪ 우수사례 분석 및 확산 ▪ 공모사업 기획서 평가 ▪ 평가보고서 작성 ▪ 평가발표자료 제작 및 발표

출처: 김진화 외(2007). 평생교육사 직무모델 개발 및 타방화 연구. p.11.

이후, 평생교육사 직무모델에 대한 끊임없는 논의가 이루어지면서 국가평생교육진흥원(2011)에서는 평생교육사의 직무모델을 김진화 외(2008)가 제시한 직무모델에서 프로그램개발의 '프로그램 분류 및 유의가 창출', '프로그램 지적, 문화적 자산화', 평가·보고의 '프로그램 프로파일 생성', '지식창출 성과관리' 과업을 포함한 '행정·경영'의 책무를 새롭게 추가하여 다음 [표 2-2]와 같이 총 10개 책무, 80개 과업을 표준 직무모델로 제시하였다.

표 2-2 | 평생교육사의 책무별 과업

책무	과업	책무	과업
조 사 분 석	▪ 학습자 특성 및 요구조사 분석 ▪ 평생학습 참여율 조사 ▪ 평생학습 자원 조사 분석 ▪ 평생학습권역 매핑 ▪ 평생학습 SWOT 분석 ▪ 평생학습 프로그램 조사 분석 ▪ 평생학습 통계 데이터 분석 ▪ 평생학습자원 및 정보 DB 구축	운 영 지 원	▪ 학습자 관리 및 지원 ▪ 강사 관리 및 지원 ▪ 프로그램 홍보 및 마케팅 ▪ 학습시설, 매체관리 및 지원 ▪ 프로그램 관리운영 및 모니터링 ▪ 학습결과 인증 및 관리 ▪ 평생학습 예산관리 및 집행 ▪ 기관 홈페이지 관리 및 운영

기획계획	교수학습
▪ 평생학습 비전과 전략 수립 ▪ 핑생학습 추진체제 설계 ▪ 평생학습 중·장기/연간계획 수립 ▪ 평생학습 단위사업계획 수립 ▪ 평생학습 축제 기획 ▪ 평생학습 공모사업 기획서 작성 ▪ 평생학습 예산계획 및 편성 ▪ 평생학습 실행 계획서 수립	▪ 학습자 학습동기화 촉진 ▪ 강의 원고 및 교안 작성 ▪ 단위 프로그램 강의 ▪ 평생교육사업 설명회 및 교육 ▪ 평생교육관계자 직무교육 ▪ 평생교육사 실습 지도 ▪ 핑생교육 자료 및 매체 개발 ▪ 평생교육사 학습역량 개발

네트워킹	변화촉진
▪ 평생학습 네트워크체제 구축 ▪ 인적·물적 자원 네트워크 실행 ▪ 사업 파트너십 형성 및 실행 ▪ 사이버 네트워크 구축 및 촉진 ▪ 조직 내·외부 커뮤니케이션 촉진 ▪ 협의회 및 위원회 활동 촉진 ▪ 지원세력 확보 및 설득 ▪ 평생교육사 임파워먼트 실행	▪ 평생학습 참여 촉진 ▪ 평생학습자 인적자원 역량개발 ▪ 학습동아리 발굴 및 지원 ▪ 평생학습 실천지도자 양성 ▪ 평생교육단체 육성 및 개발 ▪ 평생교육 자원봉사활동 촉진 ▪ 평생학습 관계자 멘토링 ▪ 평생학습 공동체 및 문화 조성

프로그램개발	상담컨설팅
▪ 프로그램 개발 타당성 분석 ▪ 프로그램 요구분석 및 우선순위 설정 ▪ 프로그램 목적/목표 설정 및 진술 ▪ 프로그램 내용 선정 및 조직 ▪ 프로그램 매체 및 자료 개발 ▪ 프로그램 실행 계획 및 매뉴얼 제작 ▪ 프로그램 실행 자원 확보 ▪ 프로그램 특성화 및 브랜드화 ▪ 프로그램 분류 및 유의가 창출 ▪ 프로그램 지적, 문화적 자산화	▪ 학습자 상황 분석 ▪ 학습장애 및 수준진단·처방 ▪ 평생학습 상담사례 정리 및 분석 ▪ 생애주기별 커리어 설계 및 상담 ▪ 평생학습 온/오프라인 정보 제공 ▪ 평생학습 상담실 운영 ▪ 학습자 사후관리 및 추수지도 ▪ 의뢰기관 평생학습 자문 및 컨설팅

평가보고	행정경영
▪ 평생학습 성과지표 창출 ▪ 목표 대비 실적 평가 ▪ 평생학습 영향력 평가 ▪ 평생학습 성과관리 및 DB 구축 ▪ 우수사례 분석 및 확산 ▪ 공모사업기획서 평가 ▪ 평가보고서 작성 ▪ 평가발표자료 제작 및 발표 ▪ 프로그램 프로파일 생성 ▪ 지식창출 성과 정리	▪ 국가 및 지방정부 평생학습 공문 생성 ▪ 평생학습 공문 회람 및 협조 ▪ 평생학습 기관 및 담당부서 업무보고 ▪ 광역/기초단체장 지침과 관심 반영 ▪ 평생학습 감사자료 생성과 보관 ▪ 평생학습관 모니터링 및 감사 ▪ 평생학습기관 효율적 경영전략 추진 ▪ 평생학습 관련 기관의 경영수지 개선

출처: 국가평생교육진흥원(2011). ISSUE PAPER 평생교육사 배치활성화 방안 연구. p.22.

평생교육사의 일터인 평생교육기관의 종류나 규모는 매우 다양하다. 그러므로 평생교육사의 역할과 직무는 고정된 것이 아니라 직무환경 및 평생교육기관에 대한 요구가 변화함에 따라서 유동적인 특성을 보인다. 평생교육기관의 유형과 조직규모, 주로 운영하는 프로그램에 따라 평생교육사에게 요구되는 역량과 기능, 기대하는 역할도 차이가 발생하므로 대상별, 시설 유형별 공통 요구역량과 차별화된 역량이 필요하다(변종임 외, 2015). 즉, 평생교육 현장에서는 직무체제 모델에 명시되지 않은 새로운 내용이 있음을 간과해서는 안된다. 현장에서는 위에서 언급한 직무 및 역할과 전혀 상관없는 일이나 특정 영역에 특화된 전문적인 일을 해야 하는 경우도 있다. 예를 들면, 박물관에서 근무하는 평생교육사라면 유물관리, 전시 등 박물관의 운영 실무와 학예사 또는 문화예술사의 역할 등에 대해서 숙지하고 있어야 하며, 노인복지시설에 근무하는 평생교육사라면 노인의 신체적, 심리적, 인지적 발달에 대한 기본적인 지식과 노인을 주체로 하는 평생교육적 견해를 가지고 있어야 할 것이다. 따라서 평생교육사는 자신의 역할과 직무를 숙지해두고, 평생교육 전문가로서 현장에서 활발하게 활동할 때 어느 상황에서든 자신의 능력을 융통성 있게 발휘할 수 있어야 한다.

우리 사회는 4차 산업혁명 시대를 맞이하여 정보사회에서 창조사회로 발달하고 있다. 우리 사회가 당면한 예측할 수 없을 정도로 빠르고 폭넓은 변화의 흐름에 적절하게 대응하며 평생학습사회를 이끌어가는 평생교육 현장전문가가 되기 위해서는 평생교육사로서의 역할과 직무를 수행하며 역량을 강화하며 전문성을 갖추기 위한 노력을 계속하여야 할 것이다.

02 평생교육사 자격제도

① 평생교육사 자격제도의 변천

평생교육사 자격제도의 변천과정을 살펴보면 다음과 같다. 우리나라의 평생교육 현장의 종사자들은 미군정기에 성인교육지도자로 불리다가 이후 사회교육자, 교육간사, 성인교육자 등의 다양한 용어로 정의되어 왔다. 1982년 「사회교육법」이 제정된 후 사회교육자라는 명칭을 거쳐 사회교육전문요원으로 바뀌었다. 이후 1999년 「사회교육법」이 「평생교육법」으로 개정·시행됨에 따라 평생교육사로 변경되었고, 역할과 직무도 기획, 진행, 분석, 평가의 전담업무에 교수역할이 추가되었으며, 자격취득을 위한 학점, 시간 등이 조정되었다. 평생교육 분야가 급속하게 확장되면서 평생교육사의 전문성 향상과 효율적인 활용을 위해 자격제도를 1, 2, 3등급으로 나누어 세분화하였다.

이후 2007년 12월 「평생교육법」의 전부개정으로 평생교육사 자격제도 전반을 정비하였다. 평생교육사 1, 2급 승급과정을 시행하였으며, 대상기관별 평생교육사 배치 규정을 개정하여 구체화하였고, 평생교육 현장실습 기간을 기존 3주에서 4주로 확대하였다. 2013년 5월에는 평생교육사 자격증 발급 권한을 교육부 장관 명의로 일원화하고, 자격증 발급 실무를 국가평생교육진흥원에 위임하는 것으로 개정하였으며, 2016년 5월에는 평생교육사 배치 기관에 장애인평생교육시설을 추가하였다.

2019년 12월에는 평생교육사 자격증 명의를 빌려주는 사람에게 자격을 취소할 수 있었던 기존의 조항 외에 빌리는 사람, 빌려주는 사람 양측에게 징역 또는 벌금의 벌칙을 줄 수 있는 조항을 신설하여 자격증 명의 도용에 대한 관리를 강화하였다. 2023년 4월에는 평생교육사에 대한 현황을 파악하기 위하여 평생교육사의 배치, 보수 등의 실태조사를 3년마다 실시하는 내용을 신설하였다. 이와 같은 평생교육사 자격제도의 변천 과정을 정리하면 다음 [표 2-3]과 같다.

표 2-3 | 평생교육사 자격제도의 변천 과정

관계법령	법규의 변화	주요내용
사회교육법	사회교육법 제정 1982.12.31	▪ 사회교육전문요원 제도의 기초 ▪ 사회교육전문요원 배치 규정 ▪ 사회교육전문요원 양성, 연수기관 설립 규정
	사회교육법 시행령 1983.09.10	▪ 관련 학과 중심의 양성체제 구축 ▪ 자격 소지자 배치 의무화(강제규정 없음)
	사회교육법 시행령 일부개정 1989.02.28	▪ 학과와 상관없이 과목이수를 통한 자격취득 개방

(구)평생교육법	평생교육법 전부 개정 1999.08.31	▪ 평생교육사 자격증 명칭 변경 (사회교육전문요원 → 평생교육사) ▪ 평생교육사 배치 규정 ▪ 평생교육사 업무 확대(교수 업무 추가)
(개정)평생교육법	평생교육법 전부 개정 2007.12.14	▪ 평생교육사 자격제도의 정비 (학점 수/시간 증가, 교과목 개정) ▪ 평생교육사 1 2급 승급과정 시행 ▪ 대상기관별 평생교육사 배치 규정 개정 ▪ 평생교육 현장실습 강화
	평생교육법 시행령 전부 개정 2008.02.18	▪ 평생교육사 배치 규정 구체적 명시
	평생교육법 일부 개정 2013.05.22	▪ 평생교육사 자격증 발급 권한을 교육부 장관 명의로 일원화(국가평생교육진흥원 위탁)
	평생교육법 일부 개정 2016.05.29	▪ 평생교육사의 배치 및 채용 기관 확대 (장애인평생교육시설 추가)
	평생교육법 일부 신설 2019.12.03	▪ 평생교육사 자격증 명의 도용 관리 강화 (기존의 자격취소에 징역 또는 벌금의 벌칙 추가)
	평생교육법 일부 신설 2023.04.18	▪ 평생교육사 실태조사 실시(평생교육사의 배치 현황, 보수 수준 및 지급 실태 등에 관하여 3년마다 조사)

❷ 평생교육사 등급별 자격요건

「평생교육법 시행령」제16조 1항에서 평생교육사 등급을 1, 2, 3급으로 구분한다고 명시하였으며, 평생교육사의 등급별 자격요건은 「평생교육법 시행령」제16조 2항과 관련하여 다음 [표 2-4]와 같이 「평생교육법 시행령」<별표 1의 3>에서 규정하고 있다.

평생교육사 자격 등급은 대학 및 양성기관에서 평생교육사 양성과목의 이수와 평생교육실습, 현장경력에 따라 구분이 된다. 평생교육사 1급 자격증은 2급 취득 후, 평생교육 관련 업무를 5년 이상 수행한 경력(2급 자격취득 이후 경력만 인정)이 있는 자로서 국가평생교육진흥원에서 매년 운영하는 평생교육사 1급 승급과정을 이수하고 연수 교육내용에 대한 평가를 실시한 후 일정 기준에 충족한 자에 한하여 취득할 수 있다.

평생교육사 2급 자격증은 대학원에서 교육부령으로 정하는 평생교육 관련 과목 중 필수과목을 15학점 이상 이수하거나 대학 및 이와 같은 수준 이상의 학력을 인정할 수 있는 기관, 학점은행기관 등에서 관련 과목을 30학점 이상 이수하고 학위를 취득한 자, 그리고 평생교육사 3급 자격증을 보유하고 3년 이상 관련 경력(3급 취득 전후 경력 모두 인정)이 있는 자로 평생교육사 2급 승급과정을 이수한 자 등이 취득할 수 있다.

평생교육사 3급 자격증의 경우에는 대학 및 이와 같은 수준 이상의 학력을 인정할 수 있는 기관, 학점은행기관 등에서 관련 과목을 21학점 이상 이수하고 학위를 취득한 자, 그리고 관련 기관에서 2년 이상 근무하고 진흥원이나 지정양성기관이 운영하는 평생교육사 3급 과정을 이수하면 자격증을 취득할 수 있다.

표 2-4 | 평생교육사의 등급별 자격 요건

등급	자격기준
평생교육사 1급	평생교육사 2급 자격증을 취득한 후, 교육부장관이 정하는 평생교육과 관련된 업무(이하 "관련업무"라 한다)에 5년 이상 종사한 경력이 있는 자로서 진흥원이 운영하는 평생교육사 1급 승급과정을 이수한 자
평생교육사 2급	1. 「고등교육법」 제29조 및 제30조에 따른 대학원에서 교육부령으로 정하는 평생교육과 관련된 과목(이하 "관련과목"이라 한다) 중 필수과목을 15학점 이상 이수하고 석사 또는 박사학위를 취득한 자. 다만, 「고등교육법」 제2조에 따른 학교(이하 "대학"이라 한다)에서 필수과목을 이수한 경우에는 선택과목으로 필수과목 학점을 대체할 수 있다. 2. 대학 또는 이와 같은 수준 이상의 학력을 인정할 수 있는 기관, 「학점인정 등에 관한 법률」에 따라 평가인정을 받은 학습과정을 운영하는 교육훈련기관(이하 "학점은행기관"이라 한다)에서 관련과목을 30학점 이상 이수하고 학위를 취득한 자 3. 대학을 졸업한 자 또는 이와 같은 수준 이상의 학력이 있다고 인정되는 자로서 다음 각 목의 어느 하나에 해당하는 기관에서 관련과목을 30학점 이상 이수한 자 가. 대학 또는 이와 같은 수준 이상의 학력을 인정할 수 있는 기관 나. 법 제25조 제1항에 따른 평생교육사 양성기관(이하 "지정양성기관"이라 한다) 다. 학점은행기관 4. 평생교육사 3급 자격증을 보유하고 관련업무에 3년 이상 종사한 경력이 있는 자로서 진흥원이나 지정양성기관이 운영하는 평생교육사 2급 승급과정을 이수한 자

평생교육사 3급	1. 대학 또는 이와 같은 수준 이상의 학력을 인정할 수 있는 기관, 학점은행기관에서 관련과목을 21학점 이상 이수하고 학위를 취득한 자

평생교육사
3급

1. 대학 또는 이와 같은 수준 이상의 학력을 인정할 수 있는 기관, 학점은행기관에서 관련과목을 21학점 이상 이수하고 학위를 취득한 자
2. 대학을 졸업한 자 또는 이와 같은 수준 이상의 학력이 있다고 인정되는 자로서 다음 각 목의 어느 하나에 해당하는 기관에서 관련과목을 21학점 이상 이수한 자
   가. 대학 또는 이와 같은 수준 이상의 학력을 인정할 수 있는 기관
   나. 지정양성기관
   다. 학점은행기관
3. 관련업무에 2년 이상 종사한 경력이 있는 자로서 진흥원이나 지정양성기관이 운영하는 평생교육사 3급 양성과정을 이수한 자
4. 관련업무에 1년 이상 종사한 경력이 있는 공무원 및 「초·중등교육법」 제2조 제1호부터 제5호까지의 학교 또는 학력인정 평생교육시설의 교원으로서 진흥원이나 지정양성기관이 운영하는 평생교육사 3급 양성과정을 이수한 자

출처: 「평생교육법 시행령」 별표1의 3.

③ 평생교육사 자격 이수 과정

평생교육사 자격증은 평생교육 관련 업무의 전문적인 수행을 위해 일정한 자격을 갖춘 사람에게 부여하는 국가자격증으로 자격 등급은 1, 2, 3급으로 구분되며, 평생교육사 이수 과정을 통해 자격을 취득할 수 있다. 이수 과정은 「평생교육법 시행령」 제18조에 따라 다음 [그림 2−1]과 같이 양성과정과 승급과정으로 구분된다.

그림 2-1 | 평생교육사 이수 과정

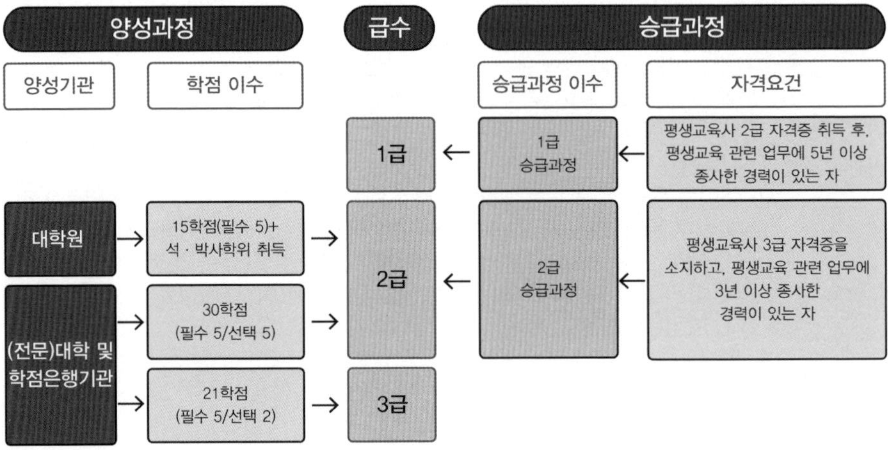

평생교육사 양성과정은 대학, 대학원과 양성기관 등에서 평생교육사 관련 교과목을 일정 학점 이상 이수하면 2급 또는 3급 자격증을 취득하는 과정인데, 「평생교육법 시행규칙」 제5조 1항과 관련하여 <별표 1>에서 평생교육 관련 과목을 정하고 있다. 평생교육사 양성 교과목은 평생교육실습을 포함한 필수과목 5과목과 선택과목 2과목 이상이고, 양성과정의 과목명칭이 동일하지 않더라도 교과의 내용이 동일하다는 국가평생교육진흥원장의 승인을 받은 경우 동일 과목으로 인정한다. 이때 과목당 학점은 3학점으로 하고, 각 과목 100점 만점에 평균 80점 이상의 성적을 취득하여야 한다.

표 2-5 | 평생교육 관련 과목

과정	구분	과목명
양성 과정	필수	평생교육론, 평생교육방법론, 평생교육경영론, 평생교육프로그램개발론
		평생교육실습(4주 이상)
	선택	아동교육론, 청소년교육론, 여성교육론, 노인교육론, 시민교육론, 문자해득교육론, 특수교육론, 성인학습 및 상담(1과목 이상 선택하여야 함)
		교육사회학, 교육공학, 교육복지론, 지역사회교육론, 문화예술교육론, 인적자원개발론, 직업·진로설계, 원격(이러닝, 사이버)교육론, 기업교육론, 환경교육론, 교수설계, 교육조사방법론, 상담심리학(1과목 이상 선택하여야 함)

비고
1. 양성과정의 과목명칭이 동일하지 아니하더라도 교과의 내용이 동일하다는 국가평생교육진흥원장의 승인을 받은 경우 동일과목으로 본다.
2. 필수과목은 평생교육실습을 포함하여 15학점 이상을 이수하여야 한다.
3. 과목당 학점은 3학점으로 하고, 성적은 각 과목을 100점 만점으로 하여 평균 80점 이상이어야 한다.
4. 평생교육실습 과목은 법 제19조부터 제21조까지에 해당하는 평생교육기관 또는 법 제39조 제2항에 따라 문해교육 프로그램으로 지정받은 기관에서의 4주 이상(총 수업일수 20일 이상, 총 수업시간 160시간 이상)의 현장실습을 포함한 수업과정으로 구성한다.

출처: 「평생교육법 시행규칙」 [별표 1].

평생교육사 승급과정은 「평생교육법 시행령」 제16조와 제18조에 따라 일정 자격요건을 갖춘 평생교육사 자격증 소지자가 상위 급수로 승급하기 위해 이수하는 연수과정이다. 평생교육사 승급과정의 교육 내용은 다음 [표 2-6]과 같다. 1급 승급과정은 평생교육기관 경영자 및 평생교육 정책 전문가로서의 평생교육사를 양성하고, 2급 승급과정은 평생교육 프로그램 전문가로서의 평생교육사를 양성하기 위한 내용으로 구성되었다.

표 2-6 | 평생교육사 승급과정 교육 내용

평생교육사 1급 승급과정			평생교육사 2급 승급과정		
영역	이수 과목명	시간	영역	이수 과목명	시간
평생교육비전과정	▪ 평생교육사의 역할 및 철학	3H	평생학습환경분석	▪ 평생교육사의 역할 및 철학	3H
	▪ 평생교육법과 정책의 이해	3H		▪ 평생교육법과 정책의 이해	3H
	▪ 평생교육사의 직업윤리	3H		▪ 국내외 평생교육 동향	3H
	▪ 평생교육 리더십	3H		▪ 요구조사분석	3H
	▪ 국내외 평생교육동향	3H			
	▪ 평생교육사 비전 워크숍	3H			
	▪ 성평등 · 인권교육	2H			
	▪ 조별프로젝트 운영 및 발표	5H			
평생교육기관경영및관리	▪ 평생교육기관 운영 및 문제해결	3H	평생학습기획	▪ 사업기획의 실제	3H
		3H		▪ 평생교육 실무행정	3H
	▪ 평생교육기관 비전 및 전략	3H		▪ 평생교육 자원관리	3H
	▪ 조직분석 및 기관역량 분석	3H			
	▪ 마케팅 및 기관홍보전략 수립	3H			
	▪ 평생교육기관 재무관리	3H			
	▪ 평생교육기관 성과관리				
평생교육사업및정책	▪ 평생교육사업 기획	3H	평생교육프로그램개발 · 운영 · 평가	▪ 평생교육 프로그램의 이해와 텍소노미	3H
	▪ 평생교육사업 타당성 분석	3H			3H
	▪ 평생교육사업 설계 및 모니터링	3H		▪ 평생교육프로그램 기획 및 분석	3H
		3H		▪ 평생교육프로그램 설계 및 개발	3H
	▪ 평생교육사업 평가 및 성과관리	3H		▪ 평생교육프로그램 운영	3H
	▪ 평생교육 정책제안 워크숍(I)			▪ 평생교육프로그램 마케팅 및 홍보	3H
	▪ 평생교육 정책제안 워크숍(II)			▪ 평생교육프로그램 평가	
변화촉진및지역디자인	▪ 평생학습과 변화촉진	3H	지역네트워크	▪ 지역사회교육의 이해	3H
	▪ 평생학습동아리 조직화	3H		▪ 지역동향 및 기관역량 분석	3H
	▪ 평생학습네트워크전략	3H		▪ 평생교육 네트워크	3H
	▪ 지역사회와 평생교육리더	3H		▪ 실천현장 사례공유	3H
	▪ 실천현장 사례공유	3H			
평생학습상담및컨설팅	▪ 생애발달과 평생학습상담	3H	교수학습기법및상담	▪ 성인학습자의 이해	3H
	▪ 진로상담과 경력개발	3H		▪ 평생교육 상담 및 학습설계	3H
	▪ 평생교육 컨설팅의 이해	3H		▪ 교수-학습기법 실습	3H
	▪ 평생교육 컨설팅 실제	3H			

평생
교육
교수
학습
	• 평생교육을 위한 효과적인 교
	  수법(I)
	• 평생교육을 위한 효과적인 교
	  수법(II)
		3H
		
		3H
			기타	• 평생교육기관 및 행사 견학
				  (조별 프로젝트 운영 및 발표)
				• 성평등·인권교육
				• 개강식 및 종강식
				• 종합시험
					3H
					
					2H
					2H
					3H

기타	• 개강식 및 종강식 • 종합시험 • 개별 프로젝트	2H 3H 6H			
교육 과정	• 6개 영역/31과목	105 H	교육 과정	• 5개 영역/21과목	70H

출처: 교육부·국가평생교육진흥원(2023). 2022 평생교육백서.

평생교육사 승급과정의 네 단계 절차는 다음과 같다. ① 승급과정 신청자격요건이 충족되는지 확인하는 것이다. 1급 승급과정은 평생교육사 2급 자격증 취득 후, 평생교육 관련 업무에 5년 이상 종사한 경력이 있는 자, 2급 승급과정은 평생교육사 3급 자격증을 소지하고, 평생교육 관련업무에 3년 이상 종사한 경력이 있는 자에 한하여 신청할 수 있다. ② 승급과정 신청 후 심사를 통해 연수 참가 대상자를 선발하는 것이고, ③ 승급과정을 이수하는 것이다. 일정 시간 진행되는 연수에 참여하고, 그 내용에 대해 평가를 실시한 후 일정기준에 충족한 자에 한하여 승급과정이 이수되었다고 할 수 있다. ④ 결격사유 해당 여부를 확인하고 이상이 없을 시에 상위 급수의 평생교육사 자격증을 교부하는 것이다.

03 평생교육사 양성과 배치

① 평생교육사 양성기관 및 자격증 발급 현황

평생교육사 양성기관 현황을 살펴보면 [표 2-7]과 같다. 전국에 323개의 평생교육사 양성기관이 있으며, 전체의 73.4%인 237개 기관이 (전문)대학 및 대학원이고, 26.6%인 86개 기관이 학점은행기관을 포함한 평생교육기관이다.

표 2-7 | 평생교육사 양성기관 누적 현황(2021. 12. 31. 기준)

(단위: 개)

구분		계	서울	부산	대구	인천	광주	대전	울산	경기	강원	충북	충남	전북	전남	경북	경남	제주	세종
대학원	일반대학원	9	1	1	-	1	-	-	-	3	1	-	-	1	-	1	-	-	-
	특수대학원	25	12	1	-	-	2	1	-	3	2	2	1	-	-	-	-	1	-
	대학원대학	14	7	-	-	1	-	1	-	4	-	-	1	-	-	-	-	-	-
대학	대학	132	35	10	2	2	7	6	-	20	7	8	12	6	3	10	4	-	1
	산업대학	1	-	-	-	1	-	-	-	-	-	-	-	-	-	-	-	-	-
	전문대학	38	3	-	3	-	1	-	-	9	3	4	1	2	3	7	2	-	-
	원격대학	18	8	2	1	-	-	1	-	2	-	-	1	-	-	3	-	-	-
학점은행기관	원격기반	35	21	2	2	-	4	-	-	1	-	-	1	2	-	1	1	-	-
	출석기반	47	7	3	3	3	2	3	-	13	-	1	4	4	-	1	2	-	1
원격대학형태평생교육시설		1	-	-	-	-	-	-	-	1	-	-	-	-	-	-	-	-	-
국가평생교육진흥원		1	1	-	-	-	-	-	-	-	-	-	-	-	-	-	-	-	-
기타		2	1	-	1	-	-	-	-	-	-	-	-	-	-	-	-	-	-
총계		323	95	19	12	8	16	12	0	56	13	15	21	15	6	23	9	1	2

출처: 국가평생교육진흥원(2022). 2021 평생교육백서.

2018년부터 2021년까지 최근 4년간 평생교육사 양성기관의 유형별 자격증 교부 현황은 다음 [표 2-8]과 같다. 양성과정을 크게 정규교육과정과 비정규교육과정으로 구분하여 보면, 2021년에는 대학, 대학원 등 정규교육과정을 통해 3,926명의 평생교육사가 양성되어 점차 감소추세에 있고, 비정규교육과정을 통해서는 2,808명이 양성되어 2019년 이후 증가추세를 보이고 있다.

양성기관 유형별로는 학점은행제를 운영하는 일반평생교육시설에서 2021년 2,766명으로 가장 많은 평생교육사를 양성하였고, 이어서 방송통신대학교에서 1,084명을 양성하였다. 최근 4년간 대학에서 양성되는 평생교육사 수는 점차 줄어들고 있는데 비해, 전문대학에서 양성되는 인원은 조금 증가하고 있는 것을 알 수 있다.

표 2-8 | 양성기관 유형별 평생교육사 자격증 교부 현황(2018~2021년)

(단위: 명)

기관 유형	2018년	2019년	2020년	2021년	계
정규교육과정	4,431	4,380	4,323	3,926	17,060
비정규교육과정	2,357	2,291	2,418	2,808	9,874
전문대학	832	864	853	886	3,435
교육대학	-	4	-	-	4
대학	1,098	1,007	954	855	3,914
방송통신대학	1,397	1,372	1,357	1,084	5,210
산업대학	95	111	138	119	463
각종학교	1	-	-	1	2
원격 및 사이버 대학	840	857	874	832	3,403
대학원대학	122	125	120	112	479
전공대학	46	40	27	37	150
국가평생교육진흥원	78	67	37	42	224
일반평생교육시설	2,279	2,224	2,381	2,766	9,650
계	6,788	6,671	6,741	6,734	26,934

출처: 교육부 · 국가평생교육진흥원(2023). 2022 평생교육백서.

연도별 평생교육사 양성 현황을 살펴보면, 2000년 이후 그 수가 꾸준히 증가하다가 2015년에 8,404명을 기점으로 감소추세에 접어들었다. 그 후 매년 약 7천여명 미만의 평생교육사가 양성되고 있으며, 2022년에는 6,693명이 양성되었다. 자격 등급별 양성 현황은 1급이 전체의 0.6%인 985명, 2급이 94.4%인 148,432명, 3급이 5.0%인 7,818명으로 양성된 평생교육사 대부분이 2급 자격을 소지하고 있다.

표 2-9 | 연도별 평생교육사 양성(자격증 발급) 현황

(단위: 명)

연도	1급	2급	3급	총계	비고
1986~1999년	0	21,007	2,008	23,015	(구)사회교육전문요원
2000년	22	1,548	344	1,914	
2001년	25	2,878	513	3,416	
2002년	38	2,957	636	3,631	
2003년	31	2,982	601	3,614	
2004년	32	2,776	551	3,359	
2005년	26	3,734	490	4,250	
2006년	33	3,735	143	3,911	
2007년	16	4,566	316	4,898	
2008년	33	5,448	273	5,754	
2009년	57	5,447	260	5,764	
2010년	55	6,697	383	7,135	
2011년	30	6,808	221	7,059	평생교육사
2012년	70	7,900	183	8,153	
2013년	58	7,633	156	7,847	
2014년	42	7,791	113	7,946	
2015년	44	8,278	82	8,404	
2016년	38	6,923	81	7,042	
2017년	43	6,386	67	6,496	
2018년	87	6,618	83	6,788	
2019년	76	6,532	63	6,671	
2020년	38	6,626	77	6,741	
2021년	44	6,625	65	6,734	
2022년	47	6,537	109	6,693	
총계	985	148,432	7,818	157,235	

출처: 교육부·국가평생교육진흥원(2023). 2022 평생교육백서.

❷ 평생교육사 배치 기준 및 배치 현황

「평생교육법」 제26조 1항에서 평생교육기관에 평생교육사를 배치하여야 함을 명시하고 있으며, 「평생교육법 시행령」 제22조 <별표 2>에서는 다음 [표 2-10]과 같이 평생교육사 배치 대상기관 및 배치 기준에 대해 정하고 있다.

평생교육사의 의무 배치는 위와 같은 법적 근거를 가지고 있음에도 불구하고 현재는 모든 평생교육기관이 이를 적용하고 있지 못한 실정이고, 여전히 약 20%에 해

당하는 기관에 평생교육사가 배치되어 있지 않다. 그러나 점차 평생교육기관에서의 평생교육사 배치비율이 증가하고 있는 추세이다. 학습자에게 양질의 평생교육을 제공하기 위해 평생교육사 배치 기준의 개편과 평생교육사 배치 위반 사항을 관리할 수 있는 법·제도적 기반 마련이 필요하다.

[평생교육법]
제26조(평생교육사의 배치 및 채용) ① 평생교육기관에는 제24조 제1항에 따른 평생교육사를 배치하여야 한다.
② 「유아교육법」, 「초·중등교육법」 및 「고등교육법」에 따른 유치원 및 학교의 장은 평생교육프로그램 운영에 필요할 때에는 평생교육사를 채용할 수 있다. <개정 2021. 3. 23.>
③ 제20조에 따른 시·도평생교육진흥원, 제20조의2에 따른 장애인평생교육시설 및 제21조에 따른 시·군·구평생학습관에 평생교육사를 배치하여야 한다. <개정 2016. 5. 29.>
④ 제1항부터 제3항까지의 규정에 따른 평생교육사의 배치대상기관 및 배치기준은 대통령령으로 정한다.

표 2-10 | 평생교육사 배치 대상 기관 및 배치 기준

배치 대상	배치 기준
1. 진흥원, 시도진흥원	1급 평생교육사 1명 이상을 포함한 5명 이상
2. 장애인평생교육시설	평생교육사 1명 이상
3. 시군구 평생학습관	정규직원 20명 이상: 1급 또는 2급 평생교육사 1명을 포함한 2명 이상 정규직원 20명 미만: 1급 또는 2급 평생교육사 1명 이상
4. 법 제30조에서 제38조까지의 규정에 따른 평생교육시설(학력인정 평생교육시설은 제외한다), 「학점인정 등에 관한 법률」 제3조 제1항에 따라 평가인정을 받은 학습과정을 운영하는 교육훈련기관 및 법 제2조 제2호 다목의 시설·법인 또는 단체	평생교육사 1명 이상

출처: 평생교육법 시행령 [별표 2].

다음 [표 2−11]에서 평생교육기관 유형별 평생교육사 전체 배치율을 살펴보면 전체 4,869개 평생교육기관 중 3,770개 기관에 배치되어 배치율 77.4%로 나타났다. 배치 현황을 구체적으로 살펴보면, 시·도평생교육진흥원의 경우 모든 기관에 평생교육사가 배치되었으며, 시·군·구평생학습관의 경우 81.6%인 409개 기관에 배치되어 있었다. 평행교육시설 중에서는 사업장 부설 평생교육시설의 평생교육사 배치율이 94.9%로 가장 높았으며, 시민사회단체 부설 평생교육시설은 74.9%로 다른 평생교육시설에 비해 배치율이 낮았다.

표 2-11 | 평생교육기관 유형별 평생교육사 배치 기관 현황

(단위: 개, %)

구분		총기관 수	배치 기관 수	배치율
평생교육기관	시·도평생교육진흥원	17	17	100.0
	시·군·구평생학습관	501	409	81.6
	학교 부설 평생교육시설 · 초·중등학교	9	7	77.8
	학교 부설 평생교육시설 · 대학(원)	419	333	79.5
	사업장 부설 평생교육시설	389	369	94.9
	언론기관 부설 평생교육시설	1,343	973	72.4
	지식·인력개발 형태 평생교육시설	564	432	76.6
	시민사회단체 부설 평생교육시설	423	317	74.9
	원격 형태 평생교육시설	1,204	913	75.8
	소계	4,869	3,770	77.4

출처: 교육부·국가평생교육진흥원(2023). 2022 평생교육백서.

다음 [표 2−12]에서 평생교육기관에 배치된 평생교육사 현황을 보면, 4,869개 기관에 5,869명이 배치되어 있어서 평생교육기관당 평균 1.2명의 평생교육사가 있는 것으로 나타났다. 17개 시도평생교육진흥원에는 208명의 평생교육사가 배치되어 기관당 평균 평생교육사 수가 12.2명으로 가장 많았다. 반면에 언론기관 부설 평생교육시설은 기관당 0.8명, 초·중등학교 부설 평생교육시설은 기관당 0.9명으로 기관당 평균 1명 미만의 평생교육사가 배치되어 있는 것으로 나타났다.

표 2-12 | 평생교육기관 유형 및 평생교육사 자격 등급별 배치 현황

(단위: 개, 명)

구분		총 기관 수	평생교육사 수				기관당 평생 교육사 수
			계	1급	2급	3급	
평생 교육 기관	시·도평생교육진흥원	17	208	43	162	3	12.2
	시·군·구평생학습관	501	926	113	799	14	1.8
	학교 부설 평생교육시설 — 초·중등학교	9	8	-	7	1	0.9
	학교 부설 평생교육시설 — 대학(원)	419	645	33	601	11	1.5
	사업장 부설 평생교육시설	389	478	20	448	10	1.2
	언론기관 부설 평생교육시설	1,343	1,105	40	859	206	0.8
	지식·인력개발 형태 평생교육시설	564	615	17	568	30	1.1
	시민사회단체 부설 평생교육시설	423	440	23	393	24	1.0
	원격 형태 평생교육시설	1,204	1,444	61	1,323	60	1.2
	소계	4,869	5,869	351	5,162	362	1.2

출처: 교육부·국가평생교육진흥원(2023). 2022 평생교육백서.

평생교육사 자격제도는 전문적 자질과 능력을 갖춘 평생교육사를 양성, 배치하여 질 높은 평생교육을 실시하고, 평생학습을 사회적으로 확산하기 위함이다. 평생교육 관련 업무의 책임의식을 높이고, 전문성을 축적하기 위해서 국가에서 인정받은 자격을 갖춘 평생교육사들을 대상으로 현장 중심의 교육과정 운영에 대한 전문성 평가 및 관리가 필요하다. 즉, 평생교육사 양성과정에서는 교육과정의 전문성 강화 및 현장실습의 강화를 통해 전문성을 확보하고, 평생교육사 자격 취득자의 배치는 법적 기준에 의함으로써 평생교육기관, 시설, 단체에 고용될 수 있는 기회가 확대되어야 할 것이다.

LIFELONG
EDUCATION

평생교육
현장실습의
개요

평생교육 현장실습의 개요

01 평생교육 현장실습 개요

1 평생교육 현장실습 개념 및 의미

평생교육사는 법이 정한 평생교육사 양성기관에서 관련 과목을 일정 학점 이상 이수한 후 국가로부터 자격증을 부여받은 자로서 평생교육진흥을 위해 평생교육 현장에서 평생교육 프로그램의 기획, 진행, 분석 평가 및 교수업무 등 평생교육 관련 업무의 전반적인 영역을 담당하는 평생교육 현장전문가이다.

평생교육사는 평생교육 이론을 바탕으로 현장에서 평생교육을 실천하는 역할을 하므로 평생교육사에게 평생교육 현장은 활동의 장(場, field)으로서 중요한 의미를 가진다. 따라서 평생교육 현장전문가가 되기 위한 역량을 개발하기 위해 실시하는 교육과정인 평생교육 현장실습은 매우 중요하다.

평생교육 현장실습은 평생교육 현장의 적응력과 전문성을 가지고 있는 인재양성을 위해 평생교육사 양성기관과 평생교육기관, 즉 실습 기관이 공동으로 참여하여 정해진 기간 동안 평생교육 현장에서 교육을 실시하고 이를 통해 학점을 부여하는 제도이다(교육부, 2015). 실습생은 평생교육 현장실습이라는 제도를 실행하는 동안 평생교육기관에서 실제적인 활동(평생교육기관에서 이루어지는 평생교육활동을 위한 모든 과정, 즉 기획, 관리, 실행, 평가의 전 과정)에 참여하거나 참관할 수 있고, 이를 통해서 강의실에서 이론적으로 학습한 내용을 평생교육기관이라는 실제 상황에 적용하고 체험해보는 기회를 가지게 된다.

정리하면, 평생교육 현장실습은 평생교육사 자격증을 취득하기 위해서 그동안 수강했던 평생교육 관련 과목들의 학습내용을 실제 현장에서 적용하고 체험하는 경험을 통해 평생교육사로서의 정체성과 책무성 및 사명감을 기르는 과정으로서 의미가 있다고 할 수 있다.

그림 3-1 | 평생교육 현장실습의 기대효과

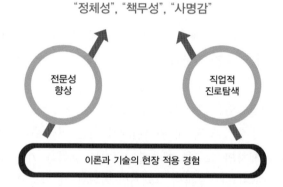

출처: 평생교육진흥원(2009). 평생교육 현장실습 매뉴얼. p.13.

❷ 평생교육 현장실습 목적

평생교육 현장실습의 목적을 좁은 의미로 정의하면 평생교육사 자격증 취득을 위해 필수과목을 이수하는 과정에서 실무교육을 통해 현장을 경험하는 것이라고 할 수 있다. 반면에 넓은 의미로는 평생교육 현장실습을 통해 평생교육사로서의 역량을 개발하고 전문적 능력을 갖추는 것이라고 할 수 있다.

평생교육의 영역은 매우 광범위하기 때문에 4주 동안의 현장실습에서 모든 영역을 체험해 본다는 것은 현실적으로 한계가 있지만, 실습생은 현장실습을 통하여 자신이 관심을 갖는 세부영역에 집중하여 경험을 쌓을 수 있다. 현장실습은 평생교육사가 수행하는 업무에 적합한 전문적 능력과 자질을 갖추기 위한 교육단계와 교육적 문제해결능력 향상을 위한 교육과정을 제공한다.

그리고 평생교육 현장실습은 평생교육사가 수행하는 업무의 추진과정을 구체적이고 체계적으로 경험해보는 기회를 제공한다. 평생교육 현장의 구체적인 상황에서 평생교육사의 업무를 직접 체험하는 과정을 통해 업무를 이해하고 배우면서 평생교육사로서의 전문성을 습득할 수 있고, 자신의 직업적 진로를 체계적으로 탐색해 볼 기회도 가질 수 있다. 또한 현장실습은 실습 기관 조직 안에서 이루어지는 다양한 인간관계 속에서의 의사결정 방식 및 이에 영향을 미치는 요인들, 그리고 이해관계자들 간의 역학관계 등 실제적인 경험을 몸으로 체득할 수 있다는 데에 그 목적을 둔다.

이와 같은 평생교육 현장실습의 구체적인 목표는 다음과 같다.

- 평생교육 관련 이론을 평생교육 실습현장에 반성적으로 적용하고 실천할 수 있다.
- 평생교육사로서 필요한 전문적 능력(지식, 기술, 태도 등) 및 자질을 함양할 수 있다.
- 교육적 문제해결능력을 향상시킬 수 있다.
- 평생교육 실습현장의 조직 내 인간관계가 갖는 역동성을 이해할 수 있다.
- 다양한 이해관계자의 요구를 이해할 수 있는 능력을 키울 수 있다.
- 실습현장의 전문적으로 분화된 구체적인 기능과 그 기능이 어떻게 수행되는지를 학습하고 이해할 수 있다.
- 평생교육사로서의 삶의 준비와 소질과 적성이 갖추어졌는지 스스로 평가할 수 있다.
- 평생교육사로서 자신의 직업적 적성을 확인하고 구체적인 경력개발 계획을 세울 수 있다.

위에서 살펴본 평생교육 현장실습의 구체적인 목표를 포괄하는 궁극적인 목적은 평생교육 현장에 바로 투입되어 전문성을 발휘할 수 있는 평생교육 전문가로서의 능력을 갖추게 하는 것이다. 즉, 평생교육 현장실습을 통해 실천적 지식(knowledge)과 기술(skill)을 개발하고, 전문가로서의 태도(attitude)를 배양시킴으로써 평생교육사에게 요구되는 실제적이고 통합적인 능력을 갖추는 것이다. 이를 그림으로 제시하면 다음 [그림 3-2]와 같다.

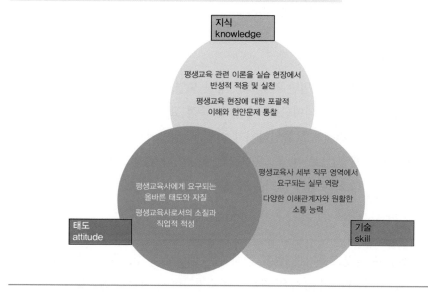

그림 3-2 | 평생교육사로서 필요한 전문적 능력(지식, 기술, 태도)

지식
knowledge

평생교육 관련 이론을 실습 현장에서
반성적 적용 및 실천

평생교육 현장에 대한 포괄적
이해와 현안문제 통찰

평생교육사 세부 직무 영역에서
요구되는 실무 역량

다양한 이해관계자와 원활한
소통 능력

평생교육사에게 요구되는
올바른 태도와 자질

평생교육사로서의 소질과
직업적 적성

태도
attitude

기술
skill

③ 평생교육 현장실습 유형

평생교육 현장실습의 유형은 실습시기에 따라 학기 중 실습과 방학 중 실습으로 구분할 수 있고, 실습 시간 운영에 따라 시간제 실습과 근무지 실습으로 구분할 수 있다. 시간제 실습은 시간을 탄력적으로 운영하는 것이고, 근무지 실습은 평생교육 기관 현직종사자를 대상으로 하는 재직기관에서의 실습을 말한다. 다음에서는 학기 중 실습과 시간제 실습 그리고 근무지 실습에 대해서 살펴보자.

1) 학기 중 실습

학기 중 실습은 학기 중 4주간, 총 160시간 실습에 참여하는 것이다. 실습은 일반적으로 주5일(월~금)이며, 매일 8시간 정도 실습한다. 학기 중 현장실습의 장점으로는 학기 중에 실습이 이루어지므로 즉각적인 피드백이 가능하며, 학기 중에 배우는 평생교육이론을 바로 현장에 적용해 볼 수 있는 기회 및 실습생들의 다양한 기관에서의 업무수행경험을 공식적으로 공유할 수 있다. 또한 실습 기관의 다양한 업무 및 회의에 참여하여 실습 기관 고유의 기관 특성 및 문화를 체득할 수 있는 기회를 가질 수 있으며 일정 기간 동안 지속적으로 기관업무에 참여함으로써 단위 업무의 진행 흐름을 연속적으로 체험할 수 있다.

2) 시간제 실습

시간제 실습은 직장 및 특별한 사정으로 특정 요일, 특정 시간, 야간 시간을 이용하여 실습을 진행하는 것을 의미한다. 야간 및 특정 요일, 특정 시간에 실습이 이루어지기 때문에 실습에 전적으로 몰입하기가 어렵고, 일반적으로 평생교육 업무의 특정 부분만을 체험하게 되므로 평생교육기관의 현황이나 평생교육사 업무를 전반적으로 파악하기에는 다소 무리가 있다는 단점이 있을 수 있다.

3) 근무지 실습

근무지 실습은 평생교육기관 현직 종사자를 대상으로 한 재직기관에서 실습을 진행하는 것을 의미한다. 이 유형은 직장인 학습자들에게 실습의 편의를 도모하면서도 양질의 실습을 제공하는 방식이다. 일반적인 실습생에게 허용되지 않는 범위의 업무도 실습할 수 있다는 장점이 있으나 실습생의 업무와 실습이 엄격하게 구분되지 않아 현장실습의 원래 목적이 퇴색될 수 있다는 단점이 있을 수 있다. 이 경우에는 현장실습의 목적에 맞는 내용의 실습을 실시하여야 한다.

02 평생교육 현장실습 운영

❶ 평생교육 현장실습 운영기준

「평생교육법 시행규칙」 제5조 제1항과 관련하여 <별표 1>에 평생교육 관련 과목에 대한 규정으로 평생교육실습 과목은 4주 이상(총 수업일수 20일 이상, 총 수업시간 160시간 이상)의 현장실습을 포함한 수업과정으로 구성한다고 정해놓았다. 실습의 실효성을 고려하여 실습 기관의 근로환경과 동일한 여건하에서 실습하는 것을 전제로 1일 8시간(9:00~18:00), 주 5회(월~금)의 통상 근로시간 내 진행하는데, 점심 및 저녁 등의 식사시간은 총 160시간의 실습 시간에서 제외한다. 다만, 현장실습 기관의 특성 및 실습생의 상황(직장인 등을 고려하여 야간 및 주말시간)을 이용한 현장실습도 가능하다.

다음에 해당하는 경우 현장실습으로 인정하지 않는다.

① 직장(현장)체험/사회봉사 등 단기 체험활동 또는 인턴(단기근로자 형태)을 수행하는 경우

② 외국 소재 기관에서 현장실습을 실시하는 경우

③ 평생교육사 자격증 외의 다른 자격 취득을 위한 실습과 중복하는 경우

④ 두 개 이상의 기관에서 현장실습을 실시하는 경우

단, 다음 어느 하나에 해당하는 경우에는 현장실습 기관 재선정이 가능하도록 규정하였다.

- 현장실습 기관이 폐쇄되거나 운영이 정지된 경우
- 실습 지도자의 퇴직, 부서 이동 등으로 실습 지도자의 자격을 갖춘 자가 부재한 경우
- 개인의 질병 및 사고, 자연재해 등의 사유로 현장실습이 지속될 수 없음이 판단될 경우(이때 실습생이 최초 선정한 기관에서 일부 실시한 현장실습 기간을 인정받고자 할 경우 실습과목 담당교수는 이들 전부 인정해야 함)

❷ 평생교육 현장실습 선수과목 및 이수요건

현장실습 선수과목이란 실습생이 현장실습을 나가기 전에 평생교육 관련 과목 중에 반드시 이수해야 하는 과목을 의미한다. 실습 선수과목을 이수해야 하는 이유는 평생교육과 관련하여 기초적으로 습득해야 하는 이론 및 기술 등에 대한 기본적인 이해가 있어야 더욱 효율적인 현장실습을 수행할 수 있기 때문이다.

따라서 이와 같은 취지를 고려하여 선수과목을 반드시 이수한 학생에 한하여 실습 교과목을 수강할 수 있는 교과목 이수요건을 두고 있다. 즉, 대학 및 기관 등의 양성기관은 평생교육 실습과목을 제외한 필수과목 4과목, 대학원에서는 필수과목 3과목 이상의 선수과목을 현장실습을 신청하기 전에 반드시 이수해야 한다(시간제등록운영대학, 학점은행기관 평가인정 학습과정 포함).

또한, 현장실습 실시와 관련하여 다음과 같은 이수요건을 두고 있다. 평생교육실습 교과목으로 편성된 실습오리엔테이션을 이수한 학생에 한하여 현장실습을 실시할 수 있으며, 현장실습은 평생교육실습 교과목의 성적 산출 및 학점 부여 이전에 종료해야 한다는 것이다.

❸ 평생교육 현장실습 교과목 운영

현장실습 담당교수는 실습과목의 교과과정을 각 양성기관의 운영규정에 따라 운영해야 한다. 실습오리엔테이션 및 4주간의 현장실습을 필수적으로 포함하여 운영하며, 실습세미나, 실습 최종 평가회 등도 실시한다.

실습오리엔테이션은 현장실습 참여 및 학점 이수의 필수조건으로 운영해야 하는데 실습의 목적, 실습 진행절차, 평생교육사의 직무 이해 등 현장실습과 관련된 전반적인 사항에 대한 안내를 주요 내용으로 하여 수강생 전원 출석수업 1회를 필수적으로 진행한다. 실습 기간 동안 실습생들이 안전하고 성실하게 실습에 참여할 수 있도록 하기 위해서 실습오리엔테이션에서는 다양한 실제사례를 예시로 들어 구체적인 주의사항을 제공하여야 한다.

평생교육 현장실습 담당교수는 출석수업을 통해 실습세미나를 실시해야 한다. 실습세미나의 주요 내용은 실습의 목적, 실습 기관의 유형별 특성 및 유의사항, 실습일지 작성방법 등이며, 현장실습은 4주간(160시간 이상) 필수적으로 실시하도록 구성한다. 또한 현장실습 담당교수는 현장실습 기간 중 일정한 시기에 실습 기관을 방문하여 실제 현장실습 프로그램 운영 현황, 실습에 참여한 학생들의 실습수행 태도 및 상태 등을 점검한다. 방문점검 시에는 실습 운영에 관해 실습 기관과 업무 협의를 진행하고, 실습 기관과의 지속적 협력관계 유지를 위해 실습 기관의 애로사항 및 건의사항을 적극적으로 수용한다.

현장실습 담당교수는 현장실습이 종결된 후에도 자체 평가회를 실시하여 실습결과를 보고하고 공유하도록 한다. 현장실습생들의 실습경험을 공유하면서 실습 과정에서 발생한 문제와 상황에 대한 토론을 통해 실습생 각자가 해결방안을 스스로 발견하도록 지도하고 그 결과를 피드백한다. 현장실습 담당교수는 실습 지도자가 평가한 실습평가서의 평가내용을 바탕으로 실습과목 수업 참여도 및 4주 이상의 평생교육 현장실습 실시내용 등에 따라 실습생들에게 성적을 부여하며, 학점은 실습 기간을 기준으로 각 양성기관의 학점인정 기준에 따라 부여한다.

표 3-1 | 평생교육 실습과목 수업과정 편성(예시)

평생교육실습 과목 개설 → 실습과목 담당교수 배정			
⇩			
사전 교육 (4주)	실습 오리엔 테이션 (1주)		▪ 현장실습의 목적 ▪ 실습생의 자세와 태도(예절 지도) ▪ 평생교육사의 직무이해 ▪ 실습매뉴얼-실습진행과정 이해 　※ 실습 오리엔테이션은 수강생 전원 대상 출석수업(1회) 운영 　　필수
	실습 세미나 (3주)	I	▪ 실습 기관별 특성 및 주요 실습 내용 공유
		II	▪ 주요 실습 내용 및 실습일지 작성 지도
		III	▪ 실습 기관 사전분석 및 실습 일정 발표(실습생 전원발표) ▪ 학생별 실습계획 문제점과 개선점 토의
			※ 실습세미나는 총 9시간(3회) 권장
⇩　(사전교육 이후 현장실습 시작)			
현장 실습 (4주 이상)	현장실습 중간점검		▪ 현장실습 기관의 실습운영 형태 및 여건 등 ▪ 실습생의 현장실습 수행 태도 및 상태 등 　※ 실습과목 담당교수의 실습 기관 방문점검 필수
⇩			
보고 및 평가 (2주)	실습최종 평가회 I · II		▪ 실습생 전원 실습결과 발표 및 공유 　※ 실습최종평가회는 총 6시간(2회) 권장
⇩　(성적산출 이전 현장실습 종료)			
성 적 산 출			

출처: 교육부(2015). 「평생교육실습」 과목 운영지침. p.6.

지금까지 현장실습을 위한 교과목을 운영하는데 필요한 항목과 내용을 현장실습 담당교수의 역할 중심으로 설명하였다. 실습과목 수업과정 편성 예시는 위의 [표 3-1]과 같다.

아울러 평생교육 현장실습의 전체적인 운영절차를 실습생, 양성기관(현장실습 담당교수), 실습 기관(현장실습 지도자)의 주요 역할을 중심으로 나타내보면 [그림 3-3]과 같다. 운영절차 각 항목의 구체적인 내용에 대해서는 본 교재의 다른 장에서 상세하게 알아볼 것이다.

그림 3-3 | 평생교육사 현장실습 운영절차

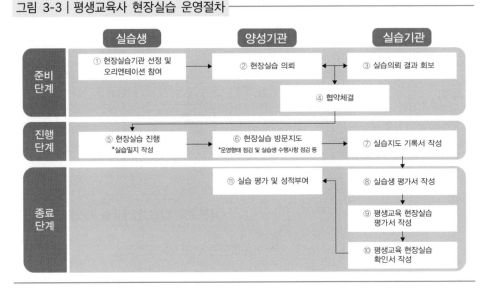

출처: 국가평생교육진흥원(2022). 평생교육사 자격취득 안내자료. p.27.

03 평생교육 실습 기관

① 평생교육 현장실습 기관 현황

평생교육 현장실습 기관은 「평생교육법」 제19조에 따른 국가평생교육진흥원, 「평생교육법」 제20조에 따른 시·도평생교육진흥원, 평생교육법 제21조에 따른 시·군·구평생학습관, 평생교육법 시행령 제69조 제2항에 따라 문자해득교육 프로그램으로 지정받은 기관, 평생교육법 제2조 제2항에 따른 평생교육기관으로 평생교육법에 인가·등록·신고된 시설, 법인 또는 단체 그리고 학원의 설립, 운영 및 과외교습에 관한 법률에 따른 학원 중 학교 교과교습 학원을 제외한 평생직업교육을 실시하는 학원과 그 밖에 다른 법령에 따라 평생교육을 주된 목적으로 하는 시설 법인 또는 단체이다. 실습 기관은 10개의 유형으로 나누어 볼 수 있는데 유형별 기관, 설립근거 및 기관에 대한 소개는 다음 [표 3-2]와 같다.

표 3-2 | 평생교육 현장실습 기관 유형

▶ 1군 평생교육기관 유형

구분	기관유형	설립근거	기관소개
제1유형	국가평생교육진흥원	평생교육법 제19조	▪ 평생교육진흥과 관련된 업무를 효율적으로 수행함으로써 국민의 평생교육 활성화에 기여함을 목적으로 설립된 기관
	시·도 평생교육진흥원	평생교육법 제20조	▪ 시·도지사는 대통령령으로 정하는 바에 따라 시·도평생교육진흥원을 설치 또는 지정·운영할 수 있으며, 해당 지역의 평생교육기회 및 정보의 제공과 평생교육 상담, 평생교육프로그램 운영 등의 업무 수행
	시·군·구 평생학습관	평생교육법 제21조	▪ 관할 구역 안의 주민을 대상으로 평생교육프로그램 운영과 평생교육 기회를 제공하기 위하여 설치 또는 지정된 기관
	읍·면·동 평생학습센터	평생교육법 제21조의3	▪ 관할 구역 안의 주민을 대상으로 평생교육프로그램을 운영하고 상담을 제공하기 위하여 설치 또는 지정된 기관
제2유형	장애인 평생교육시설	평생교육법 제20조의2	▪ 국가·지방자치단체 및 시·도교육감이 관할 구역 안의 장애인을 대상으로 평생교육프로그램 운영과 평생교육 기회를 제공하기 위하여 설치 또는 지정·운영하는 기관
제3유형	문자해득교육 프로그램 지정기관	평생교육법 시행령 제69조 제2항	▪ 교육감은 대통령령으로 정하는 바에 따라 관할 구역 안에 있는 초·중학교에 성인을 위한 문자해득교육 프로그램을 설치·운영하거나, 지방자치단체·법인 등이 운영하는 문자해득교육 프로그램을 지정할 수 있음
제4유형	평생학습도시	평생교육법 제15조	▪ 지역내 평생학습 주체간 인적, 물적 자원 연계를 통해 '지역을 하나의 학습공동체로 구축'하는 인프라 확충을 위해 국가에서 지정된 학습도시

	국가 및 지자체 평생학습추진 기구	평생교육법 제5조	▪ 국가 및 지방자치단체는 모든 국민에게 평생교육 기회가 부여될 수 있도록 평생교육진흥정책을 수립·추진하여야 하며, 그 소관에 속하는 단체·시설·사업장 등의 설치자에 대하여 평생교육의 실시를 적극 권장하여야 함.
	평생교육협의회	평생교육법 제12조	▪ 시·도 내 평생교육진흥시행계획을 수립·시행해야 하며 이에 필요한 사항을 심의하기 위해 둔 시·도지사 소속의 시·도평생교육협의회
		평생교육법 제14조	▪ 지역주민을 위한 평생교육의 실시와 관련되는 사업간 조정 및 유관기관 간 협력 증진을 위하여 시·군 및 자치구에 둔 시·군·자치구평생교육협의회
제5유형	학교의 평생교육 (평생교육 관련사업 수행학교)	평생교육법 제29조	방과후학교 사업 수행 학교 — ▪ 정규교육과정을 제외한 방과후학교 교육프로그램을 운영하고 있는 학교
			대학의 평생교육체제 지원사업 — ▪ 성인학습자를 대상으로 적합한 교육과정과 체계적 학사관리를 제공할 수 있게 지원·선정된 대학
제6유형	학교부설 평생교육시설	평생교육법 제30조	초·중등학교 부설 평생교육시설 (평생교육 시범학교) — ▪ 학부모와 지역주민을 주된 교육대상으로, 초·중등학교에 평생교육원 설치·운영이 가능하며 전국 15개 시·도교육청에서 평생교육 시범학교를 지정하여 운영함.
			대학(교) 부설 평생교육시설 — ▪ 대학생 또는 대학생 외의 자를 대상으로 자격취득을 위한 직업교육과정 등 다양한 평생교육과정을 운영하는 기관
	학교형태의 평생교육시설	평생교육법 제31조	학력 인정 — ▪ 정규 학교교육과 동등한 학력이 인정되는 초, 중, 고등학교/대학형태의 평생교육시설
			학력 미인정 — ▪ 일정기준 이하의 요건을 갖춘 경우 학력미인정 평생교육시설로 교육감에 등록가능
	사내대학형태의 평생교육시설	평생교육법 제32조	▪ 학교법인 설립 없이 일정기간 사내교육을 이수하면 학력·학위가 인정되는 평생교육차원의 기관
	원격대학형태의 평생교육시설	평생교육법 제33조	원격교육형태의 평생교육시설 — ▪ 10인 이상의 불특정 다수인을 대상으로 학습비를 받고 30시간 이상의 원격교육과정을 실시하는 기관

		원격대학형태의 평생교육시설	▪ 원격교육으로 전문대·대학졸업과 동등한 학력·학위가 인정되는 기관으로 교육부장관의 인가 필요
	사업장부설 평생교육시설	평생교육법 제34조	▪ 사업장에서 고객을 대상으로 설치·운영하는 평생교육시설
	시민사회단체부설 평생교육시설	평생교육법 제36조	▪ 시민사회단체가 소속 회원 외에 일반시민을 대상으로 설치·운영하는 평생교육시설
	언론기관부설 평생교육시설	평생교육법 제37조	▪ 일간신문·통신·주산신문 또는 월간잡지인 정기간행물을 발간하는 기관과 방송을 행하는 법인의 부설 평생교육기관
	지식· 인력개발관련 평생교육시설	평생교육법 제38조	▪ 지식정보의 제공과 교육훈련을 통한 인력개발을 주된 내용으로 하는 지식·인력개발사업 기관

▶ 2군 평생교육기관 유형

구분	기관유형	설립근거	기관소개
제7유형	평생직업교육학원	학원의 설립·운영 및 과외교습에 관한 법률	▪ 학교교과교습학원 외에 평생교육이나 직업교육을 목적으로 하는 학원
제8유형 (기관형)	주민자치기관	지방자치법령	▪ 주민 편의 및 복리 증진을 도모하고 지역공동체 형성에 기여하고자 설치된 시설로서, 교육·체육·문화·예술의 진흥 등에 관한 사무를 포함함. ▪ 시·군·구민회관, 주민센터 등
	문화시설기관	도서관법	▪ 도서관자료를 수집·정리·분석·보존하여 공중에게 제공함으로써 정보이용·조사·연구·학습·교양·평생교육 등에 이바지하는 시설
		박물관 및 미술관진흥법	▪ 국립박물관(미술관), 공립박물관(미술관), 사립박물관(미술관), 대학박물관(미술관)이 해당됨.
		과학관의 설립·운영 및 육성에 관한 법률	▪ 국립과학관, 공립과학관, 사립과학관 등 과학기술자료를 수집·조사·연구하여 이를 보존·전시하며, 각종 과학기술교육프로그램을 개설하여 과학기술지식을 보급하는 시설
		지방문화원 진흥법	▪ 지방문화원 등지역문화의 진흥을 위한 지역문화사업을 수행하기 위하여 이 법에 따라 설립된 법인으로 사업수행내용 중 지역문화에 관한 사회교육 활동을 포함함.

	문화예술진흥법 시행령 [별표 1]	▪ 문화의 집 등 지역문화복지시설 중 하나로 지역주민이 생활권역에서 문화예술을 이해하고 체험하며 직접 참여할 수 있도록 하기 위한 것으로서 관련 프로그램과 지식 및 정보를 제공하는 복합문화공간
	문화예술교육지원법	▪ 「문화예술진흥법」에 따른 문화시설, 「청소년활동진흥법」 청소년활동시설, 「평생교육법」에 따른 평생교육시설, 대통령이 정하는 시설 중 문화예술교육을 실시하는 시설 또는 문화예술교육을 주된 기능의 하나로 실시하는 법인 또는 단체
아동 관련 시설	아동복지법	▪ 국가 또는 지방자치단체는 아동복지시설 설치가 가능하며, 국가 또는 지방자치단체 외의 자는 관할 시·군·구에 신고하고 아동복지시설을 설치할 수 있음. ▪ 아동복지시설, 지역아동(정보)센터 등
여성 관련 시설	양성평등기본법	▪ 국가와 지방자치단체가 설치·운영하는 여성의 권익과 복지를 증진하고 여성을 교육하기 위한 여성 관련 시설 ▪ 여성인력개발센터, 여성발전센터, 여성(복지, 문화)회관 등
청소년 관련 시설	청소년기본법 청소년활동진흥법	▪ 국가 및 지방자치단체는 청소년시설을 설치·운영하여야 하며, 국가 및 지방자치단체외의 자는 따로 법률이 정하는 바에 의하여 청소년시설을 설치·운영할 수 있음. ▪ 청소년지원센터, 청소년육성전담기구, 청소년수련시설, 청소년문화의집 등
노인 관련 시설	노인복지법	▪ 노인교실 등 노인들에 대하여 사회활동 참여욕구를 충족시키기 위하여 건전한 취미생활·노인건강유지·소득보장 기타 일상생활과 관련한 학습프로그램을 제공함을 목적으로 하는 시설
		▪ 노인의 교양·취미생활 및 사회참여활동 등에 대한 각종 정보와 서비스를 제공하고, 건강증진 및 질병예방과 소득보장·재가복지, 그 밖에 노인의 복지증진에 필요한 서비스를 제공함을 목적으로 하는 시설 ▪ 노인복지(회)관
장애인 관련 시설	장애인복지법	▪ 장애인 지역사회재활시설, 장애인 직업재활시설 등

다문화가족 관련 시설	다문화가족지원법	▪ 여성가족부장관이 특별시장·광역시장·도지사 또는 특별자치도지사에게 위임하여 지정된 다문화가족지원센터는 전문 인력을 두어 다문화가족을 위한 교육·상담 등의 사업을 실시할 수 있음. ▪ 다문화가족지원센터
사회복지 관련 시설	사회복지사업법	▪ 종합사회복지관 등 지역사회를 기반으로 일정한 시설과 전문인력을 갖추고 지역주민의 참여와 협력을 통하여 지역사회복지문제를 예방하고 해결하기 위하여 종합적인 복지서비스를 제공하는 시설
제9유형 (훈련 및 연수형)	직업훈련기관	근로자직업 능력개발법
		▪ 공공직업훈련시설 등 국가·지방자치단체 및 대통령령으로 정하는 공공단체가 직업능력개발훈련을 위하여 설치한 시설로서 제27조에 따라 고용노동부장관과 협의하거나 고용노동부장관의 승인을 받아 설치한 시설
		▪ 직업능력개발훈련을 위하여 설립·설치된 직업훈련원·직업전문학교 등의 시설로서 제28조에 따라 고용노동부장관이 지정한 시설
	연수기관	공무원교육 훈련법
		▪ 공무원연수기관(중앙공무원교육원, 감사교육원, 자치인력개발원, 국세공무원교육원, 중앙소방학교, 건설교통인재개발원, 통계교육원, 중앙경찰학교, 경찰대학, 법무연수원, 정보통신공무원교육원, 교육인적자원연수원, 국제지식재산연수원, 철도인력개발원, 농업연수원, 전자정부지원센터 정보화교육과, 외교안보연구원 교수부, 국립중앙도서관 사서능력발전과, 병무청 교육담당관실, 국립산림과학원 임업연수부, 국립수산과학원 연수부, 국립환경연구원 환경연수부, 기상청 기상교육과, 한국농업전문학교 기술연수과, 국회사무처 연수국, 비상기획위원회 비상관리국 등)
	각 법령	▪ 평생교육법이 아닌 타 법령에 근거하여 설립된 기업체, 금융투자업 등의 일반 연수기관(인력개발원, 인재개발원, 교육원 등)
제10유형 (시민사회 단체형)	비영리 민간단체	비영리민간단체 지원법
		▪ 영리가 아닌 공익활동 위주의 평생교육을 주된 목적으로 하는 민간단체 ▪ 평생교육실천협의회, 전국문해·성인기초교육협의회, 한국평생교육학회 등
	비영리 사(재)단법인	사(재)단법인
		▪ 평생교육을 주된 목적으로 하는 비영리 사(재)단법인 ▪ 한국평생교육총연합회, 한국평생교육사협회, 한국문해교육협회 등

청소년 관련 단체	청소년기본법/ 사(재)단법인	• 청소년활동, 청소년복지 또는 청소년보호를 주요 사업으로 하는 단체 • 한국청소년연맹, 청소년단체협의회 등
여성 관련 단체	여성발전기본 법/사(재)단 법인	• 남녀평등의 촉진, 여성의 사회참여 확대 및 복지 증진을 주된 목적으로 설립된 법인 또는 대통령령 으로 정하는 단체 • 여성회, 여성단체협의회 등
노인 관련 단체	노인복지법/ 사(재)단법인	• 노인의 사회참여 확대를 위하여 노인의 지역봉사 활동기회를 넓히고 노인에게 적합한 직종의 개발 과 그 보급을 위한 시책을 강구하며 근로 능력 있 는 노인에게 일할 기회를 제공함을 목적으로 하는 기관 • 대한노인회, 전국노인평생교육, 단체연합회 등
시민단체	사(재)단법인	• 경제, 노동, 인권, 환경, 교육, 소비자, 여성, 평화 등 다양한 사회 영역에 걸쳐 활동하고 있는 시민 성함양단체 • NGO, YMCA, YWCA 환경운동연합 등
기타	사(재)단법인	• 기타 평생교육법 상이 아닌 타 법령상에 근거하여 평생교육을 주된 목적으로 하는 단체

출처: 국가평생교육진흥원(2022). 평생교육사 자격취득 안내자료. p.50-53.

❷ 평생교육 현장실습 기관의 역할

평생교육사 실습 기관의 중요성은 다음과 같다. 평생교육사 양성기관 및 현장실 습 담당교수는 다음의 네 가지 사항을 고려하여 현장실습 기관을 선정하고, 협약을 체결하는 것이 필요하다.

첫째, 평생교육 실습 기관은 평생교육법 또는 그 밖에 다른 법령에 따라 평생교 육을 주된 목적으로 하는 기관이어야 한다. 즉, 평생교육기관으로서의 비전과 정체 성을 가지고 있어야 한다. 현장실습은 강의실에서 이론적으로 학습한 것을 평생교육 기관의 실제 상황에 적용해보는 과정이며, 현장실습 기관은 이 과정을 통해 실습생 을 평생교육 전문가로서 훈련하고 실무기능을 익히게 하는 역할을 수행해야 하기 때 문이다.

둘째, 평생교육 현장실습 기관은 평생교육기관의 특성을 반영한 사업 및 프로그 램을 운영하고 있는 기관이어야 한다. 다양한 목적과 필요성을 가진 평생교육기관은 독자적인 사업과 프로그램을 가지고 차별성을 드러낸다. 실습생이 예비 평생교육사로서의 역할을 수행해 볼 수 있도록 독자적이고 차별적인 기회를 제공해야 하며, 현장실습교육이 이루어질 수 있는 공간이나 시설 등의 물리적인 여건 확보와 함께 현장실습 분위기를 조성해야 하는 것이다. 또한 실습생의 보건, 위생 및 안전을 보장할 수 있는 기관이어야 한다.

셋째, 평생교육 현장실습 기관은 실습생의 현장교육 및 실습 지도가 가능한 기관이어야 한다. 그러기 위해서는 현장실습의 목적을 충분히 달성할 수 있는 체계적이고 전문적인 교육과정과 노하우를 실습 기관이 보유하고 있어야 한다. 그리고 교육자적 자질과 경력을 갖춘 실습 지도자를 선발해야 한다. 특히 실습 지도자에게는 실습운영에 있어서의 자질과 능력을 함양할 수 있도록 격려하고 재교육기회를 제공해 주어야 한다.

마지막으로, 평생교육 현장실습 기관은 평생교육사 양성기관과 네트워킹하여, 실습과 관련한 각종 계약들이 순조롭게 이루어질 수 있도록 해야 한다. 그리고 긴밀한 협조체제를 구축하여 실습 지도 과정 중 실습생과 관련하여 발생하는 다양한 문제해결을 효과적으로 돕도록 해야 한다.

③ 평생교육 현장실습 지도자의 역할

평생교육 현장실습 기관은 평생교육 현장실무능력 배양을 위한 실습계획을 수립하며, 실습생을 선발하고 지도하며 출결관리, 교육, 평가 등을 실시한다. 결과적으로 평생교육 현장실습은 양성기관에 소속된 실습생과 현장실습 담당교수, 행정관리자와 현장실습 기관에 소속된 실습 지도자의 역할수행 및 평생교육 전문가로서 가지고 있는 역량에 따라 현장실습의 성과가 좌우된다.

현장실습 지도자는 일정 기간 동안 평생교육기관에서 실습생에게 평생교육 현장에서 필요로 하는 업무수행능력을 지도하는 사람이다. 실습 지도자의 자격요건은 평생교육사 1급 자격증 소지자, 평생교육사 2급 자격증을 보유하고 관련업무 2년 이상 종사한 자, 평생교육사 3급 자격증을 보유하고 관련업무 3년 이상 종사자이다. 또한, 동일 시간대를 기준으로 실습 지도자 1인당 실습생은 가능한 5명의 범위 내에서 지도·관리하도록 한다.

현장실습 지도자가 하는 역할은 다음과 같다. 첫째, 현장실습 지도자는 사전면담 자료에서 파악한 내용을 기초로, 4주간 진행될 실습 전 과정에 대한 실습계획서를 작성하는 등 실습 지도 일정을 안내한다. 둘째, 현장실습 지도자는 실습 기관 소개 및 실습 일정 기간 동안 자세 및 태도 등에 관해 실습 오리엔테이션을 실시한다. 셋째, 실습생과 현장실습 지도자는 4주(160시간) 동안 실습자와의 교육적 관계를 맺게 된다. 현장실습 지도자는 현장에서 이루어지고 있는 평생교육사의 역할과 개념적으로 알고 있던 평생교육사의 역할에 대해 사례를 중심으로 설명하고, 체계적이고 구체적인 수준에서 체험해 볼 수 있도록 지도해야 한다. 따라서 현장실습 지도자는 실습자에게 이러한 경험을 통해 평생교육 전문가로서의 사명감을 고취시킬 수 있도록 지도해야 한다. 넷째, 실습 지도자는 실습생에게 평생교육 관련 기획부터 평가에 이르기까지 전 과정에 보조자로 직접 참여할 수 있게 함으로써 평생교육 현장업무를 좀 더 쉽게 학습할 수 있도록 해 주어야 한다. 또한, 실습생이 현장실습 과정 도중 돌발상황으로 인해 생기는 문제를 해결하도록 도움을 주는 자문 역할을 하거나 실습 내용을 유연하게 조정하여 운영하도록 해야 한다.

양병찬(2018)은 평생교육실습을 구성하는 세 주체를 평생교육사 양성기관(현장실습 담당교수), 현장실습생, 평생교육 현장실습 기관(현장실습 지도자)이라고 하였으며, 현장실습 기관에서 실습 지도자의 역할의 중요성을 강조하였다. 실습 지도사의 구체적인 역할은 첫째, 현장 교사이다. 지식을 실천 속에서 통합할 수 있도록 실습생을 교육해야 한다. 둘째, 역할 모델이다. 실습생에게 전문적인 기술을 가진 역할 모델이 되어 실천가로서 전문적 기술을 활용하고 시연할 수 있어야 한다. 셋째, 촉진자이다. 실습생의 전문적 성장을 격려하고, 적극적으로 도와주는 지지자이자 촉진자가 되어야 한다. 평생교육실습은 세 주체의 만남에서 이루어진다. 이러한 만남을 통해 평생교육의 철학 논리에 기초하여 평생교육 현장에서 교육적으로 변화를 시키는 상호 유기적 관계를 형성한다고 하였다.

평생교육 현장실습은 평생교육사 양성기관(현장실습 담당교수)과 현장실습 기관(현장실습 지도자)의 상호 협력하에 이루어지는 학습이다. 따라서 현장실습에 대한 책임은 평생교육 양성기관과 현장실습 기관 양측 모두에 있다는 책임감을 가지고, 각자의 역할을 충실하게 수행하여 평생교육 현장실습이 성공적으로 목적을 달성할 수 있도록 노력하는 마음가짐과 업무태도가 필요하다.

평생교육실습

CHAPTER 04

평생교육실습의
사전 준비

평생교육실습의 사전 준비

평생교육 현장실습은 현장 적응력 증진과 전문적 인재 양성을 위해 양성기관과 평생교육기관이 공동으로 참여하여 정해진 기간 동안 실습교육을 실시하고 이를 통해 학점을 부여하는 제도이다. 즉, 평생교육 현장실습은 실습생, 양성기관, 실습 기관의 협력적인 상호작용을 기반으로 준비단계, 진행단계, 종료단계 등 일련의 과정을 거쳐 진행된다.

실습생은 양성기관에서 평생교육실습 과목을 수강한 후 현장실습을 신청하고 수행하는 예비평생교육사이다. 실습생은 학생의 신분과 앞으로 미래 평생교육을 이끌어갈 예비 전문가로서의 역할을 수행한다. 양성기관은 평생교육사 양성을 목적으로 「평생교육법」에 따라 정하여진 교과목을 개설·운영하는 대학 또는 학점은행기관을 말한다. 한편, 실습 기관은 평생교육 현장에서 「평생교육법」에 의해 교육과 실습을 진행하는 평생교육기관을 말하며, 실습 기관의 실습 지도자는 실습생이 양성기관에서 습득한 지식을 현장에 통합할 수 있도록 교육하는 역할을 한다. 이처럼 평생교육실습은 양성기관, 실습생, 실습 기관 등 세 주체의 만남에서 이루어진다(양병찬, 2018). 따라서 본 장에서는 현장실습을 진행하기 전 현장실습 기관, 실습생, 양성기관의 역할과 실습 전 점검 내용을 살펴본다.

01 구성원별 역할

평생교육 현장실습 양성기관, 실습생, 실습 기관은 현장실습의 목표를 달성하고 성공적으로 운영하기 위하여 사전에 준비해야 하는 역할들이 있다. 즉, 양성기관은 학생들에게 평생교육사 현장실습을 수강하기 전 이수해야 하는 선수교과목을 개설하여 제공하고, 실습 담당 지도교수와 행정 담당 조교를 배정한다. 또한 실습생은 실습 전 실습 선수과목 이수와 자격 가능 여부를 가장 먼저 확인해야 한다. 실습 기관은 현장실습이 이루어질 수 있는 공간이나 시설 등 물리적인 여건이 확보되어야 하며, 자격을 갖춘 실습 지도자를 배치하여야 한다. 현장실습에 참여하는 각 구성원들이 실습 여건을 갖추게 되면 실습 준비단계에서 각각의 역할을 수행하고 점검함으로써 성공적인 현장실습이 가능하다. 평생교육 현장실습 준비단계에서 이루어지는 각각의 역할은 다음과 같다.

표 4-1 | 현장실습 준비단계에서의 역할

양성기관의 역할	실습생 역할	실습 기관의 역할
• 실습생 및 실습 기관 모집 • 실습 기관 선정 • 현장실습계약 체결 • 사전교육 실시	• 실습 기관 선정 • 실습기초자료 수집 • 실습오리엔테이션 • 기관 사전 방문(실습계획서, 자기소개서) • 실습계약서 체결(실습계약 내용/실습 일정)	• 평생교육 현장실습 연간계획 수립 • 실습생 모집 및 실습 지도자 배정 • 세부 지도계획 수립 • 현장실습 계약 체결 • 행정절차 및 준비사항 점검

❶ 평생교육사 양성기관의 운영 조건 및 역할

1) 양성기관의 기본 조건

양성기관은 평생교육 현장실습을 운영하기 위하여 기본적으로 실습 관련 선수 교과를 개설하여, 제공하고 평생교육사 양성을 지도할 수 있는 지도교수와 행정 업무 담당 조교를 배치해야 한다.

(1) 교육과정 개설

양성기관은 「평생교육 현장실습」 교과목을 개설하기 전에 관련 선수교과목을 개설해야 한다. 실습 선수과목은 현장실습 전에 이수해야 하는 평생교육 필수과목으로 현장실습에서 요구되는 기본적인 이론과 기술을 포함하는 교과목이다. 양성기관 지도교수는 실습생의 선수과목 이수 여부를 반드시 확인해야 한다. 실습 선수과목은 대학(교)에서는 평생교육실습을 제외한 필수과목 4개 과목이며, 대학원에서는 평생교육실습을 제외한 필수과목 중 3개 과목이다.

(2) 담당 지도교수 배정

현장실습 지도교수는 실습과목의 교과과정을 각 양성기관의 운영 규정에 따라 운영한다. 실습오리엔테이션 및 4주간의 현장실습, 실습세미나, 실습 최종평가회 등을 실시한다. 실습오리엔테이션은 수강생 전원 출석 수업 1회로 진행하며, 주요 내용으로 실습의 목적, 실습 진행 절차, 실습 기관의 유형별 특성 및 유의사항, 실습일지 작성 방법 등 현장실습과 관련된 전반적인 사항으로 구성한다. 또한, 실습오리엔테이션은 현장실습 참여 및 학점 이수의 필수조건으로 운영한다. 이러한 교육은 혹시나 발생할 수 있는 미연의 사고 등을 방지하고, 실습 기관과의 대외적 관계 유지를 위해서도 필수적으로 운영해야 한다.

> 참고: 양성기관에서는 평생교육 현장실습을 운영하기 위하여 실습 지도교수를 배치한다. 평생교육 실습 지도교수는 다음과 같은 자격을 갖추고 있어야 한다.

> **평생교육 실습 지도교수의 배치**
> - 평생교육 관련 학과의 경우 해당 학과의 전임강사 이상
> - 관련 학과가 없는 경우, 평생교육(유사 전공)을 전공한 박사학위 소지자로서 평생교육 분야에서 3년 이상의 현장 경험이 있는 자

(3) 행정 조교 배정

양성기관의 행정 조교는 실습 기관에 의뢰서를 보내고 실습 기관에서 회신한 회보서를 검토하는 등 현장실습에 필요한 서류 작성 및 발송하는 역할을 한다. 또한 현장실습의 시작과 종결 시기 등을 검토·확인하여 실습 일정을 조율하며, 실습 지도교수가 진행하는 오리엔테이션을 반드시 참석하도록 안내한다. 더불어 4주간(160시간)의 현장실습이 종료되면, 실습과목 담당교수가 학점을 부여하였는지 확인하여 실습학점에 대한 최종 결과를 등록한다. 현장실습이 종료된 후에는 최종평가회를 실시하여, 각 실습 기관에 대한 자체 평가를 진행하고, 평가결과를 다음 예비 실습생들에게 공유하여 실습 기관 선정 시 주요한 자료로 활용할 수 있도록 한다.

2) 양성기관의 준비 사항

양성기관은 현장실습 시행계획을 수립하고, 관련 규정을 제·개정하는 등 현장실습 전반에서 총괄적으로 조정하고 관리한다. 즉, 실습생과 실습 기관을 선정하여 관련 서류를 작성하고 발송하며, 실습 기관과의 협약을 체결한 후 사전교육을 실시하는 역할을 한다.

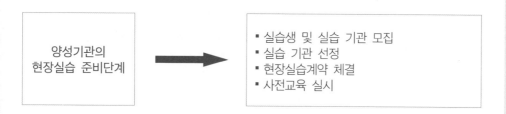

양성기관은 평생교육 현장실습을 준비하는 실습생에게 체계적인 정보 제공과 행정 지원을 한다. 즉, 실습생의 역량 및 진로·경력과 관련된 실습 기관 선정을 지원하고, 실습생이 한 기관에 과다하게 지원하지 않도록 적정 인원을 배치하는 등의 지원한다.

평생교육사 양성기관은 현장실습을 성공적으로 운영하기 위하여 준비단계에서 추진 시기별로 체계적인 계획을 수립하고 추진한다(오명숙, 2019).

- 1단계(실습 3개월 전): 국가평생교육진흥원에서 제공하는 실습 기관 목록을 활용하여 실습 기관을 선정한다.
- 2단계(실습 2개월 전): 실습 기관의 실습 지도자의 자격을 확인한 후 실습 예정 기관을 3배수로 선정한다.
- 3단계(실습 1개월 전): '실습의뢰서'를 해당 기관에 전달하고, 실습 준비 관련 내용을 조율한다.
- 4단계(실습 2주 전): 실습 기관이 확정되면 양성기관에 '실습의뢰서' 송부를 위한 행정을 요청한다. 실습 지도교수는 '실습의뢰서'에 서명한다.
- 5단계(실습 개시): 4주간의 실습 기간 일정을 협의하고, 실습생은 실습목표 및 평가기준을 실습 지도자와 공유하고 실습을 수행한다.

다음은 양성기관에서 시기별 추진내용의 예이다.

표 4-2 | 양성기관의 평생교육 현장실습 준비단계

단계	추진 시기(예)	추진내용
1	실습 3개월 전	▪ 평생교육 실습 기관 공문 접수
2	실습 2개월 전	▪ 실습 기관 선정 및 학생 공지
3	실습 1개월 전	▪ 실습 의뢰 공문 발송
4	실습 2주 전	▪ 평생교육 실습 기관 확정 및 실습의뢰서 송부
5	실습 개시	▪ 실습 기간 일정 협의

출처: 평생교육진흥원(2009). 평생교육 현장실습 매뉴얼.

(1) 실습생 및 실습 기관 모집

양성기관에서는 실습생이 현장실습을 나가기 전 실습 가능 기관인지 기본 조건을 확인해야 한다. 현장실습은 평생교육사가 수행해야 하는 직무를 학습하는 과정이기 때문에 실습 기관의 지도자는 자격증을 소지할 뿐만 아니라 실습생을 지도할 수 있는 역량을 가지고 있어야 한다. 특히 실습 지도자의 자격은 국가평생교육진흥원에서 관리, 감독하는데 실습 지도자의 자격이 충족되지 않은 상태에서 실습을 진행하게 되면, 그 실습은 인정받지 못하므로 특별히 주의해야 한다. 실습 지도자는 다음과 같은 자격을 갖추어야 한다.

① 평생교육사 1급 자격증 소지자
② 평생교육사 2급 자격증을 취득한 뒤 관련 업무에 2년 이상 종사한 자
③ 평생교육사 3급 자격증을 취득한 뒤 관련 업무에 3년 이상 종사한 자

또한 국가평생교육진흥원에서 제시한 실습 지도자 선정 시 고려해야 할 사항은 다음과 같다.

실습 지도자 선정 시 고려사항

▪ 실습 지도자의 기본적인 자격요건에 대해 법적으로 정해진 바는 없으나 유사 관련 자격증의 경우를 고려하여 볼 때 2년 이상의 평생교육 실무경험을 했거나 해당 기관에 적어도 1년 이상 근무한 평생교육사 자격증 소지자를 기본으로 하는 것이 바람직하다. 평생교육사는 기본 자격조건 이외에 다음과 같은 자질을 갖추는 것이 바람직하다.
  - 평생교육사로서의 자질과 능력을 갖추고 있으며 동시에 실습생의 진취적 도전에 기꺼이 응하고 이를 권장하는 교사로서 자질이 요구된다.
  - 실습 기관의 목적, 기능, 정책, 프로그램, 기관의 서비스 대상 집단의 특성을 잘 파악하고 있으며, 기관의 행정조직 및 자원을 유용하게 사용할 수 있는 기본 능력을 갖추는 것이 필요하다.
  - 실습교육계획서, 실습계약서, 실습평가서 등을 작성하여 제시할 수 있어야 한다.
  - 실습일지 및 과정 기록을 검토하고 평가하는 등 구체적인 실습 지도를 개별적으로 할 수 있도록 시간과 노력을 할애할 수 있으며, 규칙적으로 실습생을 지도할 수 있어야 한다.

출처: 평생교육진흥원(2009). 평생교육 현장실습 매뉴얼.

실습 지도자가 자격과 경력을 갖추었더라도 현장실습이 인정되지 않는 경우를 고려하여 이에 대한 확인도 필요하다(김동일, 2013). 즉, 현장실습 인정 범위는 평생교육기관 종사자가 근무지(재직기관)에서 실습 지도를 하는 경우 현장실습의 목적에 맞는 내용으로 실시하여야 한다. 하지만 다음에 해당하는 경우는 현장실습으로 인정하지 않는다.

- 직장(현장)체험/사회봉사 등 단기 체험활동 또는 인턴(단기근로자 형태)을 수행하는 경우
- 외국 소재 기관에서 현장실습을 실시하는 경우
- 평생교육사 자격증 외의 다른 자격취득을 위한 현장실습과 중복하는 경우
- 2개 이상의 기관에서 현장실습을 실시하는 경우

다음 어느 하나에 해당되는 경우 현장실습 기관을 재선정할 수 있다.

- 현장실습 기관이 폐쇄되거나 운영이 정지된 경우
- 실습 지도자의 퇴직, 부서 이동 등으로 실습 지도자 자격을 갖춘 자가 부재한 경우
- 개인의 질병 및 사고, 자연재해 등의 사유로 현장실습이 지속될 수 없음이 판단될 경우(단, 이때 실습생이 최초 선정한 기관에서 일부 실시한 현장실습 기간을 인정받고자 하면 실습과목 담당 교수는 이를 전부 인정하여야 한다).

(2) 실습 일정 검토

실습의 시작과 종결 시기 등을 검토하고 확인한다. 공휴일과 실습이 겹치면 기관의 지시에 따른다는 점과 시험 기간 중의 일정에 대한 구체적인 정보도 미리 공지한다.

참고: 실습 기간 일정

<실습 기간> 실습은 최소 4주간(최소 20일, 총 160시간) 이상 실시해야 하며, 실습의 실효성을 고려하여 실습 기관의 근로환경과 동일한 여건하에서 실습하는 것을 전제로, 1일 8시간(9:00~18:00), 주 5회(월~금)의 통상 근로시간 내 진행한다. 단, 점심 및 저녁 등의 식사 시간은 총 160시간의 실습 시간에서 제외한다. 다만, 현장실습 기관의 특성 및 실습생의 상황(직장인 등)을 고려하여 야간 및 주말 시간을 이용한 현장실습도 가능하다.

(3) 실습 기관 선정 및 배정

양성기관은 실습생들에게 실습과 관련하여 충분한 정보를 제공한다. 실습생의 실습 요구에 맞는 동시에, 실습 기관 업무에 도움이 될 수 있도록 실습생과 실습 기

관을 연결해 주는 것 또한 중요한 역할이다. 특히, 실습 기관 선정 시 한 기관에 지나치게 많은 실습생이 모이지 않도록 적정 인원을 배정한다.

실습 기관에 실습생을 위탁할 때, 실습을 위한 협조문과 실습에 필요한 모든 서류를 준비하여 발송해야 한다. 또한 실습 기관에 관련 서류만 발송하기보다 전화와 중간 점검 등을 통해 의사소통하고, 실습 지도자가 준비할 수 있도록 실습생의 신상 정보를 사전에 보내주는 것이 좋다. '실습의뢰서'를 해당 기관에 전달하고, 실습 준비 관련 내용을 조율한다.

> 실습을 의뢰하기 전 협약서에 포함해야 하는 내용은 다음과 같다.
> 첫째, 현장실습 기간 및 일일 근무 시간
> 둘째, 현장실습 기간 중 실습생의 위생 및 산업재해 예방 사항
> 셋째, 실습 시 지켜야 할 윤리강령 및 행동 수칙

(4) 현장실습계약 체결

실습 기관을 확정하고 난 후 현장실습을 위한 기관 간 공식적인 협약을 진행한다. 즉, 양성기관의 공식 의사를 전달하고, 실습 지도교수가 서명한 '실습의뢰서' 송부를 위한 행정 요청을 한다.

(5) 사전교육실시

양성기관은 평생교육 현장실습 이수 요건에 따라 4주간 사전교육을 실시한다. 양성기관은 실습생의 현장실습 참여 및 학점 이수의 필수조건으로 실습오리엔테이션을 실시하고, 실습생은 평생교육 현장실습을 성공적으로 수행하기 위하여 현장실습 전 오리엔테이션을 이수한다.

사전교육은 현장실습의 목적과 목표, 실습생의 자세와 태도, 윤리강령, 실습매뉴얼의 이해, 평가기준 등을 포함하는 실습오리엔테이션 1회와 실습세미나 총 9시간(3회)을 권장한다. '실습세미나 I'는 실습 기관별 특성 및 주요 실습 내용 공유, 실습목표 설정 및 실습현장에 대한 이해, '실습세미나 II'는 주요 실습 내용 및 실습일지 작성 지도, 평생교육기관의 법적 설치기준 및 직무 책임 이해, '세미나 III'는 실습 기관 사전분석 및 실습 일정 발표(실습생 전원발표), 실습 과정에서 발생할 수 있는 문제 대

처 방안 및 지침, 학생별 실습계획의 문제점과 개선점 토의 등으로 진행한다.

실습오리엔테이션을 포함하여 4주간 진행하는 사전교육 내용은 다음과 같다.

표 4-3 | 사전교육 진행 내용

사전교육 (4주)	실습 오리엔테이션 (1주)		• 현장실습의 목적과 실습생의 실습 목표 • 실습생의 자세와 태도(예절 지도) • 평생교육사의 직무 이해 및 윤리강령 교육 • 실습매뉴얼 이해 • 실습 진행과정에서 평가 기준 및 학점 이수 안내
	실습세미나 (3주)	I	• 실습 기관별 특성 및 주요 실습 내용 공유
		II	• 주요 실습 내용 및 실습일지 작성 지도
		III	• 실습 기관 사전분석 및 실습 일정 발표(실습생 전원발표) • 학생별 실습계획 문제점과 개선점 토의
			※ 실습세미나 시간 총 9시간(3회) 권장

출처: 교육부(2015). 「평생교육실습」 과목 운영지침.

교육부(2015)는 양성기관의 실습 지도교수가 진행하는 평생교육 현장실습의 오리엔테이션 운영 기준을 다음과 같이 제시하고 있다.

오리엔테이션 주요 내용
• 실습일지 작성에 관한 사항
• 실습 기관별 사전 준비 사항(서류, 지참물 등)
• 실습 기관 내 직장 예절에 관한 사항
• 출퇴근 등의 시간 관리, 복장, 언어, 인사 예절 등 직장 내 예절에 관한 사항

② 실습생의 역할

현장실습의 주체는 실습생이다. 실습생은 현장실습을 통해 평생교육사로서의 전문적인 역량, 인간관계 능력, 협상 능력 및 문제해결 능력 등을 증진할 수 있으며, 평생학습 분야에서 자신의 적성을 확인하고 경력개발 계획을 수립할 수 있다. 따라

서 실습생이 주도적이고 능동적으로 참여하여야 한다. 평생교육 현장실습을 통하여 실습생은 다음과 같은 목표를 달성할 수 있다.

- 실습 활동을 통해 전문가적 능력을 습득한다.
- 다양한 이해관계자와의 조율과 합의 등 인간관계 역량과 협상 능력을 습득한다.
- 평생교육사의 직무 특성을 이해하고, 업무수행 방법을 습득한다.
- 실습현장 내 조직 문제에 대한 문제해결 능력을 함양한다.
- 실습생은 직업적성을 확인하고 경력개발 계획을 수립할 수 있다.

출처: 평생교육 현장실습, 오명숙, 2019.

1) 평생교육사 현장실습 신청 조건

평생교육사 자격증을 취득하기 위하여 평생교육 현장실습을 신청한 실습생이 가장 먼저 챙겨야 할 사항은 관련 선수교과목 이수와 자격 가능 여부이다. 모든 조건이 충족된 이후에는 일련의 과정을 거치면서 실습을 진행하게 된다.

(1) 실습시기

실습시기란 양성기관의 운영 여건과 교육과정상 상이할 수 있으나 일반적으로 평생교육사 양성과정을 이수 중인 학생이 교육과정 운영과 관련하여 평생교육 현장을 나갈 수 있는 적절한 시기를 의미한다. 따라서 각 예비평생교육사들은 양성기관의 유형에 따라 실습시기를 결정한다. [표 4-4]에서 제시하는 기준을 충족한 후 현장실습을 수행하는 것이 효과적이다.

표 4-4 | 양성기관 유형에 따른 실습 조건

양성기관 유형	실습 조건
대학(2년제)	2학년 1학기 이상 이수한 학생
대학교(4년제)	3학년 1학기 이상 이수한 학생
대학원	석사(박사)과정 2학기 이상 이수한 학생

▪ 대학(교) <시간제 등록생> ▪ 학점은행기관 <표준교육과정 이수생>	전문대학 이상의 학위 취득자로 관련 과목만 이수하여 자격증 취득할 경우		평생교육 관련 과목 중 평생교육 실습과목을 제외한 필수과목을 모두 이수한 학생
▪ 학점은행기관 <표준교육과정 이수생>	고등학교 졸업자로 관련 과목 이수와 함께 학점은행제를 통해 학위를 취득할 경우	전문학사 학위(2년제)	학위수여조건인 총 이수학점 80학점 중 40학점 이상을 이수한 학생
		전문학사 학위(3년제)	학위수여조건인 총 이수학점 120학점 중 60학점 이상을 이수한 학생
		학사학위	학위수여조건인 총 이수학점 140학점 중 70학점 이상을 이수한 학생

출처: 평생교육진흥원(2009). 평생교육 현장실습 매뉴얼.

(2) 평생교육사 필수 선수교과목 이수

평생교육 현장실습을 이수하기 전 필수 선수과목 4과목(평생교육론, 평생교육방법론, 평생교육경영론, 평생교육 프로그램 개발론)을 이수해야 한다. 선택과목은 실천영역과 방법영역에서 각각 1과목 이상을 포함하여 2급은 선택 5과목, 3급은 2과목을 이수하여야 한다.

과목 이수 시 유의해야 할 할 사항은 다음과 같다(참고: 평생교육사 자격취득 안내 자료, 국가평생교육진흥원, 2022).

- 과목당 학점은 3학점으로 이수한다.
- 이수 과목의 백분이 성적은 100점 만점으로 하여 전체 이수과목 성적 총합의 평균이 80점 이상이어야 한다.
- 필수과목은 평생교육실습을 포함하여 15학점을 이수하여야 한다.
- 평생교육 관련 과목과 동일하지 않은 과목은 국가평생교육진흥원장의 승인을 받은 경우에 한해 동인 과목으로 인정된다.

현장실습 기관의 유형 및 성격에 따라 현장실습을 수행하는데 특정 과목이 도움이 될 수 있다. 따라서 실습 기관의 유형이나 성격에 맞는 해당 과목을 이수하고, 이러한 과목에서 배운 지식을 평생교육 현장에서 적극적으로 활용한다. 예를 들어 청소년 분야에 관심이 있는 실습생이 청소년수련관으로 실습을 나갈 경우에 선택과목 중 청소년교육론을 이수한다.

2) 실습생 준비 사항

실습생이 평생교육 현장실습을 계획할 때 실습의 의미나 목적 등 사전 준비 없이 신청할 때 중간에 포기하는 경우가 발생한다. 따라서 실습생은 평생교육 분야 중에서 자신이 관심 있는 영역을 결정하고, 이와 관련 있는 후보 기관을 선별한 후 그 기관들의 특성을 파악하고, 무엇에 초점을 맞추어 실습을 진행할 것인가에 관해 사전 목록을 작성하는 것이 좋다.

표 4-5 | 실습생 준비단계 목록

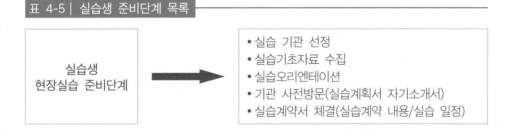

(1) 실습 기관 분석 및 선정

평생교육의 여러 기관 중 자신의 관심 영역과 관련되는 분야, 평생교육사로서 어느 영역으로 진로를 희망하는지 고려한 후 실습 기관을 선정한다. 실습생 자신의 관심 영역을 결정하고 난 후에는 이와 관련성이 있는 기관의 정보를 체계적으로 수집하고 정리하는 작업을 한다. 즉, 기관이 위치한 지역, 기관의 유형, 기관의 특성 등에 대한 체계적인 정리가 필요하다. 이러한 작업은 평생교육 현장실습 및 평생교육사로서의 진로를 위한 준비작업으로 매우 중요하다.

실습 기관에 대한 정보를 수집할 때 다음과 같은 기준을 고려한다.

- 평생교육기관으로서의 정체성과 비전이 있어야 한다. 실습 대상 시설은 기본적으로 평생교육법에 제시된 평생교육기관 범주에 포함되어야 하며, 평생교육 수행을 주목적으로 하는 기관이어야 한다. 실습생은 이를 확인하기 위하여 평생교육기관의 비전을 함께 살펴본다.
- 평생교육기관의 특성을 반영한 사업 및 프로그램을 운영하여야 한다. 각 평생 교육기관은 그 필요성과 목적이 다양하다. 평생교육기관을 잘 운영하기 위한 조건 중 하나는 시설의 특성을 반영한 사업과 프로그램을 운영하여 차별화를 추구하고 있어야 한다.
- 현장실습의 목적을 달성할 수 있는 정도의 교육과정과 노하우를 갖추고 있어야 한다. 즉, 평생교육 현장실습은 평생교육사 양성과정이기 때문에 전문적이고 체계적인 교육과정과 운영방식을 갖추고 있어야 한다.
- 기관이 실습 지도를 여러 프로그램이나 직무 중 하나로 진행함으로써, 실습생과 실습지도자가 안정된 상황에서 현장실습에 임할 수 있어야 한다.
- 현장실습은 평생교육의 현장 실무를 학습하기 위한 것이기 때문에 실습생에게 단순업무를 과도하게 배정하지 않도록 업무구조와 분위기를 갖춘 기관이어야 한다.

실습생은 성공적인 현장실습을 위하여 평생교육기관 자체를 분석할 필요가 있다. 예를 들어, 실습 기관의 지리적 위치가 너무 먼 경우, 기관의 가치가 본인과 맞지 않을 경우, 프로그램이 본인의 흥미와 맞지 않을 때는 실습목표를 달성하기 어렵다. 따라서 다음과 같은 내용을 분석하여 기관 선택 시 활용한다.

표 4-6 | 평생교육기관 분석 내용

- 평생교육기관별 설립목적 및 연혁
- 평생교육기관별 지역사회
  - 지리적 배경
  - 사회경제적 배경
  - 역사문화적 배경
  - 인구학적 배경
- 평생교육기관별 비전 및 중장기계획
- 평생교육기관별 조직
- 평생교육기관별 지원 현황
- 평생교육기관별 운영 사업내용 및 프로그램 현황

(2) 학습계획서 작성

배우고 싶은 내용을 중심으로 학습목록과 계획서를 작성한다. 현장실습을 준비하면서 실습 기간 동안 무엇을 배우고 싶은지, 현재 자신의 수준에서 무엇을 더 배워야 하는지 등을 분석하여 자신만의 학습목록을 작성한다. 작성한 학습목록을 바탕으로 실습생으로서의 계획·목표 등을 정리해야 하며, 이러한 작업을 통해 왜 평생교육사를 준비하는지, 실습을 통해 무엇을 얻고 싶은지, 그것을 달성하기 위해 어떻게 할 것인지에 대한 명확한 방향을 제시할 수 있다.

(3) 실습기초자료 수집

평생교육사로서 탁월한 현장이해능력을 갖추기 위하여 학습계획서를 작성하고 난 후 현장실습을 하게 될 기관에 대한 자료를 수집하고 분석한다. 예를 들어, 기관이 가지는 주요 특성이나 기관에서 제공하는 평생교육프로그램, 지역사회 내에서의 평생교육기관의 역할, 평생교육실무와 연계하여 제공하는 사업 등에 대한 기초 자료를 수집하여 분석함으로써 현장적응력을 증진시킬 수 있는 실습을 준비할 수 있다.

(4) 실습오리엔테이션

실습생은 성공적으로 실습을 수행하기 위해서는 사전에 충분히 준비하고, 현장실습에 대한 기초 지식을 습득하고, 실습 과정 중 요구되는 실습생의 자세와 태도 등을 포함한 오리엔테이션을 수강한다. 오리엔테이션은 실습 기관별 사전 준비사항(서류, 지참물 등)과 시간관리, 언어, 복장, 인사예절 등 실습 기관 내 직장 예절에 관한 사항을 포함한다.

(5) 기관 사전방문

실습생은 실습을 진행하기 전 기관을 사전 방문한다. 먼저 실습생은 기관과 일정을 고려하여 방문 날짜와 약속 시간을 정하고, 기관 방문 시 약속 시간 전에 도착한다. 주변에 사람이 없다고 해도 면접을 준비하는 자세를 유지하며, 되도록 침착하면서도 밝은 표정으로 예의를 지킨다.

면접 시 실습의사를 분명히 하고, 긍정적인 이미지를 줄 수 있도록 방문 전에 홈페이지를 검색하여 기관과 관련된 정보를 습득한다. 또한 기관의 적극적인 협조를 얻기 위하여 성실하게 실습에 임하고 열심히 배우겠다는 의사를 분명히 한다.

실습 기관을 방문할 때는 현장실습신청서, 자기소개서(참고: 양식), 현장실습협조 의뢰서 등의 서류를 구비하여 방문하며, 다음과 같은 내용을 확인한다.

- 실습생으로서 정식 인사와 지도 요청
- 실습 일정과 내용실습에 필요한 물품 및 준비 사항
- 실습 당일 집합 장소와 시간
- 추가 제출 서류
- 실습 시 복장과 식사

(6) 실습계약서 체결

실습생은 실습 수락을 확정한 후 실습시기, 실습 지도자 배정, 실습과 관련된 목표 및 실천방안을 도출하기 위하여 실습계약서를 체결한다. 실습계약서는 현장실습을 수행하기 전 실습생이 실습 기간 동안 수행해야 하는 내용을 구체화하여 실습 지도자와 수행하는 약속이다. 실습생과 실습 지도자는 실습계약서를 체결함으로써 실습목표, 자신의 역할, 실습 과정 등을 명확하게 할 수 있다.

실습생은 실습계약서를 통해 다음과 같은 사항을 확인할 수 있다(참고: 평생교육 현장실습 매뉴얼, 국가평생교육진흥원. 2009).

- 실습목표
- 실습생으로서의 역할
- 실습목표에 따른 실습 진행 과정
- 실습 지도자부터의 정기적인 피드백
- 실습 종료 후 평가

❸ 평생교육사 실습 기관의 역할

1) 현장실습 기관의 기본 조건

현장실습은 실습생이 습득한 이론을 실제 상황에 적용해 봄으로써 평생교육 전문가로서 훈련하고 실무능력을 익힐 수 있도록 하는 과정이다. 따라서 평생교육 실습 기관은 실습생이 예비 평생교육사로서의 역할을 수행할 수 있도록 공간이나 시설 등 물리적인 여건을 확보해야 하고 더불어 현장실습 분위기를 조성해야 한다.

또한 평생교육 실습 기관은 교육자적 자질과 경력을 갖춘 실습 지도자를 선발해야 한다. 실습 기관에 평생교육사 자격증 소지자가 있을 때는 실습 지도자로 우선적으로 배정하여 전담하게 하는 것이 바람직하지만, 그렇지 않을 때는 관련 업무와 가장 근접한 팀장급 이상 또는 실무 경력 2년 이상 등 실습 지도 역량을 지닌 자로 배정한다. 더불어 실습 지도자는 양성기관과의 긴밀한 협조체제를 구축하여 실습 지도 과정 중 발생하는 문제를 효과적으로 해결할 수 있어야 한다.

다음과 같은 실습 지도자의 업무 내용에 기초하여 실습 지도자를 배정한다(오명숙, 2019).

- 실습 지도자는 동일 시간대에 최대 5명의 실습생을 교육할 수 있다.
- 실습 지도자는 실습생의 일과를 관리하고 평가하여야 한다.
- 실습 지도자는 실습생의 교육지도를 지도·편달할 수 있어야 한다.
- 실습 지도자는 실습생에게 실습교육의 평가기준을 제시하여야 한다.

실습 지도자 선정 시 고려사항

▪ 실습 지도자의 기본적인 자격요건에 대해 법적으로 정해진 바는 없지만, 유사 관련 자격증의 경우를 고려해 볼 때, 2년 이상의 평생교육 실무경험을 가지고 있으며, 해당기관에 적어도 1년 이상 근무한 평생교육사 자격증 소지자를 기본으로 하는 것이 바람직하다. 평생교육사는 위에서 제시한 기본적인 자격조건 외에도 다음과 같은 점을 갖추는 것이 바람직하다.

- 평생교육사로서의 자질과 능력을 갖추고 있으면서 동시에 실습생의 진취적 도전에 기꺼이 응하고 이를 권장하는 교사로서의 자질도 갖추는 것이 필요하다.
- 실습 기관의 목적, 기능, 정책, 프로그램, 기관의 서비스 대상 집단의 특성을 잘 파악하고 있으며, 기관의 행정조직 및 자원을 유용하게 사용할 수 있는 기존 능력을 갖추는 것이 필요하다.
- 실습교육계획서, 실습계약서, 실습생평가서 등을 작성, 제시해 줄 수 있어야 한다.
- 실습일지 및 과정 기록의 검토와 평가를 포함하는 구체적인 개별 실습 지도에 시간과 노력을 할애할 수 있어야 하며, 규칙적인 지도시간을 내서 실습생을 지도할 수 있어야 한다.

출처: 평생교육 현장실습 매뉴얼, 국가평생교육진흥원. 2009.

2) 실습 기관의 준비 사항

실습 기관은 실습생의 성장을 지원하여 실습목적을 달성하고, 현장적응력을 증진할 수 있도록 관리하기 위하여 양성기관 못지않게 실습생을 위한 철저한 준비를 갖추어야 한다. 즉, 평생교육 실습 기관은 현장실습을 진행하기 전 평생교육 현장실습 연간계획을 수립하고, 평생교육사가 수행해야 하는 직무와 갖추어야 하는 태도를 포함한 세부 실습계획을 수립하며, 실습생을 선발, 지도, 관리 및 평가하는 역할을 한다. 평생교육사 1인당 5명의 실습생을 지도할 수 있다. 그러나 실습 기관의 현실적 여건을 고려하여 실습생을 배정한다.

표 4-7 | 현장실습 준비단계의 목록

현장실습 기관의 준비단계		▪ 평생교육 현장실습 연간계획 수립 ▪ 실습생 모집 및 실습 지도자 배정 ▪ 현장실습 세부 지도계획 수립 ▪ 현장실습계약 체결 ▪ 행정절차 및 준비 사항 점검

(1) 현장실습 연간계획 수립

평생교육 실습 기관은 현장실습을 수행할 수 있는지에 대한 내부 검토를 거친 후 실습 지도를 기획하고 준비한다. 기관의 연간 사업 일정 및 기관 특성에 따른 업무 내용에 따라 실습생을 언제 어떻게 모집할 것인지 등에 대한 "평생교육 현장실습 연간계획"을 수립한다. 연간계획을 수립할 때 다음과 같은 내용을 포함한다.

- 실습 목적 및 주제
- 연간 실습 횟수 및 기간
- 회차별 실습의 주요 내용
- 실습생 모집 인원 및 모집 방법
- 기대 효과

양성기관 및 실습지원자들이 실습 기관 선정 시 참고할 수 있도록 현장실습 연간 모집계획을 기관 홈페이지 등에 공지한다.

(2) 실습생 모집 및 실습 지도자 배정

실습생 모집은 기관이 주체가 되어 모집하는 방법과 양성기관의 요청에 따라 실습 여부를 결정하는 방법이 있다. 양성기관의 요청에 따라 실습생을 모집할 때는 기관 홈페이지 및 평생교육 관련 주요 홈페이지에 실습생 모집 안내문을 공지하고, 각 대학에 실습생 모집 공문([기관-1] 실습신청의뢰서 참조)을 보낸다.

실습 기관은 4주 일정의 현장실습을 지도할 실습 지도자를 배정한다. 실습 지도자는 실습생을 배정받은 후 사전면담을 통해 실습 준비 정도, 능력 수준, 적성, 교육적 필요 등의 사항을 확인한다. 실습 지도자는 실습생에게 주어지는 기본 업무 및 특성 등을 설명할 동영상, 책자, 지도안을 준비한다.

(3) 현장실습 세부 지도계획서 수립

현장실습 과정을 지도하는 실습 지도자는 실습생이 현장실습 목표를 달성하도록 실습 전 과정에 대한 실습 일과를 관리하고 평가한다. 이를 위해 실습 지도자는 평생교육 현장 실무능력 증진을 위한 실습 지도 계획을 수립한다. 실습 지도 계획은 실습 일정 및 단위시간이나 주제에 따라 실습생이 습득해야 하는 지식, 전문가로서 숙련해야 할 기술, 평생교육사로서 갖추어야 할 태도 등을 포함한다.

실습 지도자가 실습의 세부 계획을 수립할 때 고려해야 하는 내용은 다음과 같다.

- 실습지원자들의 성별, 연령, 전공, 현장 경력 여부 등 개인적인 특성
- 실습 지도자로서의 역할과 책임
- 실습생이 실습 기관에서 수행할 내용
- 실습 지도를 통해 달성하고자 하는 최종 목표
- 목표 달성을 위하여 실습 지도자로서 수행해야 하는 직무
- 실습 평가 시기 및 내용

(4) 현장실습 계약 체결

협약체결은 실습 기관 섭외 후 현장실습 참여에 관한 업무협의가 완료되면 실시한다. 즉, 실습 지도자는 실습생들과의 면담을 통해 예비 평생교육사로서의 자세와 역량을 확인하여 실습 허가 여부와 배치 업무를 최종적으로 판단하고, 그 결과를 해당 대학(또는 해당자)에 통보한다. 협약체결은 현장실습 운영에 관한 사항을 포함한 협약서, 공문 등을 통하여 이루어지며, 현장실습의 실제 운영/개설에 대한 증빙으로 협약에 관한 문서 등을 구비하여야 한다.

실습 수락을 통보받은 실습생은 실습 시기 및 실습 지도자 배정, 실습과 관련한 개괄적인 목표 및 실천방안 등을 도출하기 위하여 실습 계약을 체결한다. 상황에 따라 현장실습 계약은 오리엔테이션 및 전체일정 조정 시기에도 이루어질 수 있다.

실습 계약은 실습생이 실습 기간 동안 수행하여야 하는 내용을 구체화하여 현장실습을 수행하기 전 실습 지도자와 실습생이 함께 수행하는 일종의 약속이다. 실습 계약은 실습목표, 실습 내용과 방법, 실습 평가 영역 등을 포함한다.

현장실습 계약에 포함되어야 하는 구체적인 내용은 다음과 같다.

- 실습목적에 관한 상호 합의 및 실습교육의 절차 등 기준 제시
- 현장실습에 대한 증빙자료의 종류 안내
- 협약 일시
- 양성기관과 실습 기관의 장과 행정담당자 연락처 교환
- 양성기관의 실습 지도교수와 실습 기관의 실습 지도자 간 방문 상담

현장실습 협약은 다음 내용을 포함한 협약으로 체결한다.

- 현장실습 실시기간 및 장소
- 실습생에 대한 평가 관련 사항
- 현장실습 기간 중 학생의 보건·위생과 산업재해 예방 관련 사항
- 기타 현장실습 교육에 필요한 사항

평생교육 실습 기관에서 시기에 따라 추진해야 할 내용을 정리하면 다음과 같다.

표 4-8 | 실습 기관의 평생교육 현장실습 추진단계

단계	추천시기(예)	추진내용
1	실습 3개월 전	공지
2	실습 2개월 전	서류접수
3	실습 1개월 전	사전면담
4	실습 3주 전	실습생 확정
5	실습 2주 전	수락서 발송

02 구성원별 점검 내용

평생교육 현장실습을 실행하기 전 양성기관, 실습생, 실습 기관별로 준비해야 하는 사항을 점검한다.

① 양성기관의 점검 내용

양성기관은 실습을 진행하기 전 기관이 평생교육 실습 기관으로서 적절한지, 실습 전 제출해야 할 서류를 작성·완료하였는지, 실습 지도에 적절한 자격을 갖춘 실습 지도자를 배치하였는지에 대해 점검한다.

- 평생교육기관의 기본 조건과 특성
- 제출 양식 점검
- 실습 지도자 자격 점검

첫째, 실습 기관과 관련하여 점검해야 할 내용을 살펴보면 다음과 같다.

- 평생교육법 또는 그 밖에 다른 법령에 따라 평생교육을 주된 목적으로 하는 기관 여부
- 평생교육기관의 특성을 반영한 사업 및 프로그램 운영 여부
- 실습생의 보건, 위생 및 안전 보장 여부
- 실습생의 현장 교육 및 실습 지도 가능 여부

둘째, 실습 전 양성기관이 수행해야 하는 역할에 따라 제출해야 하는 서류(양식)를 점검한다. 즉, 현장실습협약서나 실습의뢰서와 같은 양식을 작성하여 제출하였는지 점검한다.

셋째, 자격 기준과 실습 운영 경험을 갖춘 실습 지도자를 배치하고 있는지, 실습 지도자가 해당 분야에서의 전문 지식과 관리 능력을 갖추고 지도 역량이 있는지 등을 검토한다.

넷째, 실습 내용에 따른 프로그램 적절성 여부를 점검한다.

따라서 양성기관에서 실습 지도 전 점검해야 할 체크리스트는 다음 [표 4-9]와 같다.

표 4-9 | 실습 기관 선정 시 체크리스트

내용	확인
자격을 갖춘 실습 지도 담당자가 배치되어 있는가?	
현장실습 내용과 실습교과목의 내용이 일치하는가?	
실습생이 실습 과정에서 수행해야 할 직무를 설정하고 있는가?	
실습 과정에 대한 전체적인 시간과 프로그램이 마련되어 있는가?	
실습 내용을 조직 내 구성원들과 공유하고 있는가?	
실습 지도계획서 등 실습 과정이 현장 수업의 방식으로 구성되어 있는가?	

❷ 실습생 점검 내용

실습생은 현장실습을 신청하기 이전에 대학에서 개설한 필수과목을 이수하였는지와 실습 충족 요건을 갖추었는지 확인해야 한다. 실습생은 실습 준비단계에서 다음과 같은 사항을 점검하여야 한다.

첫째, 평생교육사 자격 기준은 이수 기관, 이수 시기 등에 따라 달라질 수 있다. 따라서 실습생 본인에게 맞는 평생교육사 자격 기준을 확인하고자 할 때는 이수 과목명, 이수 시기 등을 확인할 수 있는 성적증명서 등의 서류를 통해 점검한다.

둘째, 배치된 평생교육사가 실습생을 지도할 수 있는 다음과 같은 자격을 갖추었는지 점검한다.

- 평생교육사 1급 자격증 소지자
- 평생교육사 2급 자격증을 보유하고 관련 업무 2년 이상 종사한 자
- 평생교육사 3급 자격증을 보유하고 관련 업무 3년 이상 종사한 자
※ 관련 업무 경력은 자격증 취득 이전 경력도 인정 가능

셋째, 학습계획서 내용을 점검한다. 즉, 실습을 통해 달성하고자 하는 목표 및 관심 영역, 실습 내용 등을 포함하였는지 점검한다.

넷째, 단기 체험활동이나 인턴 등은 실습으로 인정되지 않기 때문에 현장실습을 진행하기 위한 커리큘럼이 개발되어 있는지 점검한다.

실습생이 현장실습을 나가기 전 점검해야 할 체크리스트는 다음과 같다.

내용	확인
• 기관이 평생교육의 특성을 반영한 사업이나 프로그램을 운영하는가?	
• 실습 기관의 특성이 실습생의 요구와 일치하는가?	
• 현장실습의 목표, 기대, 관심 등을 포함한 학습계획서를 작성 완료하였는가?	
• 현장실습 신청서, 실습지원서 및 자기소개서를 제출하였는가?	
• 추가 제출 서류를 준비하였는가?	

- 실습 시 복장을 준비하였는가?
- 실습비나 추가 비용을 확인하였는가?
- 실습에 필요한 물품이나 자료를 준비하였는가?
- 실습 지도자, 실습 기간 및 실습 장소 등을 확인하였는가?
- 실습 당일 집합 장소와 시간을 확인하였는가?

③ 실습 기관 점검 내용

실습 기관은 현장실습 진행을 위해 실습 전 꼼꼼히 점검한다. 양성기관의 실습의뢰서, 실습생의 지원서 및 자기소개서 등의 서류접수를 확인하고, 실습의뢰에 대한 회신 공문 처리나 실습계약 체결을 비롯해 실습생 출근부, 실습 지도 기록서 등의 서류를 구비하였는지 확인한다. 실습 전, 실습사실을 기관 내 모든 부서에 공지하여 직원 모두가 실습 내용을 확인하고 협조할 수 있도록 준비하며, 실습생에 대한 예의를 갖출 수 있도록 요청한다. 실습생의 원활한 실습 진행을 위한 환경을 구축하여 실습 시 빈자리를 돌아다니는 일이 없도록 한다. 또한 실습생의 명찰을 준비하여 기관 내 구성원들이 실습생을 알아볼 수 있도록 돕는다.

현장실습 진행 전 실습 기관에서 점검해야 할 체크리스트는 다음 [표 4-10]과 같다.

표 4-10 | 평생교육 현장실습 전(前)단계에서의 체크리스트

항목	준비여부
- 평생교육에 대한 연간계획이 수립되어 있는가?	
- 현장실습 지도계획서가 수립되어 있는가?	
- 실습생 모집에 대한 행정절차가 완료되었는가?	
- 실습진행에 따른 필요 서류가 구비되었는가?	
- 실습 진행 사실을 기관 내 모든 직원이 알고 있는가?	
- 실습생을 위한 물리적인 환경(책상, 전화, 컴퓨터 등)이 조성되었는가?	
- 실습생의 명찰이 준비되었는가?	

출처: 평생교육진흥원(2009). 평생교육 현장실습 매뉴얼.

이 외에도 원만한 실습진행을 위하여 실습 지도자가 실습 전날 점검해야 할 사항은 다음과 같다.

표 4-11 | 실습 전 체크리스트

영역	항목	준비 여부
실습장소는 잘 준비되어 있는가?	▪ 실습장소는 지정된 날에 사용할 수 있는가?	
	▪ 실습장소의 크기, 밝기, 환기, 온도는 적정한가?	
	▪ 책상 및 의자의 수는 적당한가?	
	▪ 명찰 준비와 실습장소 표시는 되어 있는가?	
필요한 교구 준비는 잘 되어 있는가?	▪ 칠판 준비(청결상태, 지우개 및 분필 준비 등)는 좋은가?	
	▪ 필요한 기자재는 준비되어 있는가? (VTR, 전자칠판, 마이크, 빔 등)	
필요한 자료는 준비되어 있는가?	▪ 실습생 수만큼 자료 준비가 되어 있는가?	
	▪ 실습생을 위한 종이, 필기도구 등이 준비되어 있는가?	
장소의 배치는 적절한가?	▪ 책상, 의자, 칠판, 스크린, 마이크의 위치가 실습 진행에 적절하게 배치되어 있는가?	
	▪ 프로그램 실행에 적절한 배치인가? 예를 들어, 토의 혹은 기타 활동의 경우 적절한 배치	
실습생들에게 통지는 잘 되었는가?	▪ 일시 및 장소 등에 대한 공지가 정확하게 되었는가?	
	▪ 준비물 및 미리 조사해 올 항목에 대한 공지가 되었는가?	
	▪ 강사, 자원봉사자 등에 대한 연락을 제대로 하였는가?	

LIFELONG
EDUCATION

평생교육실습
오리엔테이션

평생교육실습 오리엔테이션

　현장실습은 양성기관에서 습득한 이론을 구체적으로 적용하는 과정으로 실습생은 실습의 목적과 중요성을 충분히 이해하고, 실습계약 사항을 이행하여야 한다. 무엇보다 실습 기간 동안 책임감 있게 적극적인 태도로 임하여야 하며, 실습생으로서 실습 과정에서 기관의 정책이나 규정을 이해하고 준수한다.

　그러나 실습생이 사전준비 없이 현장실습을 시작하면 새로운 상황에 대한 적응은 물론, 인간관계에서의 어려움, 실습의 목적과 의미에 대한 확신 부족 등 여러 가지 어려움을 겪게 된다. 즉, 실습 기관에 출근하는 것으로만 성공적인 실습을 보장할 수 없고, 사전 오리엔테이션을 통하여 실습생이 실습목표를 설정하고, 실습생으로서의 역할과 임무 등을 익힐 수 있도록 준비시키는 것이 중요하다.

　따라서 본 장에서는 실습생이 성공적인 현장실습을 위하여 실습 기간 동안 지켜야 할 기본자세 및 역할 및 준비 사항, 언어 및 인사 예절과 전화예절, 시간관리, 인간관계 형성 등의 내용을 다룬다.

01 실습생의 기본자세

　양성기관의 실습 지도교수는 실습 준비단계에서 실습생들에게 현장실습에 도움이 되는 기본자세와 태도를 지도한다. 실습생은 다양한 평생교육 현장에서 예비 평생교육사로서 어떤 일을 해야 하며, 그 일들을 어떻게 습득해야 할지를 배우기 때문에 실습 지도교수는 현장실습을 왜, 어떠한 태도로 임해야 하는지 기본자세와 마음가짐을 지도하는 것이 무엇보다 중요하다.

무엇보다 현장실습에서 주체가 되는 실습생은 자신의 성공적인 실습을 위해서 적극적이고 능동적인 자세로 임해야 한다. 실습생의 적극적이고 주도적인 자세는 실습 및 학습에 긍정적인 영향을 미치며 자신에게 평생교육 전문가로서의 시야를 확장하는 효과도 줄 수 있다. 더불어 실습생은 실습 기관에서 이루어지는 업무처리 및 협조와 관련하여 어떻게 처리되고 진행되는지 관찰하고 그 일에 조력할 수 있어야 한다. 따라서 실습생은 기본적으로 적극적인 자세와 배우는 자세, 실습 관계자들과의 친밀한 인간관계를 형성하는 자세 등을 갖추어야 한다.

① 적극적인 자세

실습 시 중요한 자세 중 하나는 적극적으로 참여하는 것이다. 현장에서 예비 평생교육사로서 적극적으로 직무를 익혀야 실질적인 경험을 습득할 수 있고, 나아가 평생교육사가 자신의 적성에 맞는 직종인지 발견할 수 있다. 실습 중 최선을 다하고, 모르는 것이 있을 때 문의하는 것이 중요하다.

② 배우는 자세

실습생이 양성기관에서 습득한 이론을 현장에서 적용하거나 통합하기 위해서 기본적으로 배우는 자세가 요구된다. 실습 지도자가 지시한 사항을 실행하되, 시키는 직무만으로는 평생교육사 직무를 파악하기 어렵다. 실습 지도자가 지도하는 것에만 머무르지 않고 스스로 더 배우고 습득해야 하는 직무를 점검하며, 실습 내용을 성찰하여 성장하는 자세를 취해야 한다. 또한 실습 지도자가 과제를 지시했을 때 업무의 전체적인 맥락 속에서 어떤 관련이 있는지를 파악하면서 실습에 임해야 많은 것을 배울 수 있다.

❸ 친밀감 형성

실습생은 양성기관의 대표성을 가지고 기관 내 실습 관련 실무자들과의 원만한 인간관계를 형성하는 것이 중요하다. 즉, 기관의 직원, 외부자, 기관의 성인학습자 등과 친밀감을 형성하는 것이 중요하다.

02 실습생 역할과 임무 안내

실습 지도교수는 실습생이 실습을 위하여 사전에 충분히 준비하고, 실습 기간 동안 실습생으로서 적극적으로 참여해야 하며, 실습에서 경험하는 것을 반성적으로 사고하여 기록할 수 있도록 지도해야 한다.

❶ 실습 사전 준비

현장실습에 수행하기에 앞서 다음 준비사항을 점검하도록 지도한다.

1) 자신의 관심 영역에 대한 성찰

실습 기관을 선정하기에 전에 실습생 스스로 어떤 영역에 관심이 있는지 분석하도록 한다. 평생교육의 여러 영역 중에서도 자신이 어떤 영역에 관심을 두고 있는지, 실습을 마친 후 어떤 기관으로 취업을 희망하는지를 고려하여 이와 관련되는 기관으로 선정해야 한다.

2) 실습 기관에 대한 정보수집 및 정리

자신의 관심 영역에 대한 분석이 끝나면, 이와 관련 있는 기관의 정보를 수집하고 정리한다. 즉, 해당 기관의 위치, 유형, 기관의 특성 등에 대한 정보를 조사한다. 이와 같이 관심 영역에 대한 정보를 체계적으로 정리함으로써 실습과 취업을 위한 준비작업을 할 수 있다.

3) 무엇을 배울 것인가에 대한 학습목록 작성

실습 전에 실습 과정 동안 무엇을 배우고 싶은지, 그리고 현재 자신의 상태를 고려해 볼 때, 좀 더 배워야 할 내용들이 무엇인지 등을 정리하는 학습목록을 작성한다.

② 실습목표 설정

현장실습 전에 가장 먼저 해야 할 일은 참여하게 될 현장실습에 대한 자신의 믿음과 기대, 계획을 정리하는 것이다. 따라서 실습 지도교수는 향후 참여하게 될 기관에 대해 실습생으로서 알고 있는 것은 무엇인지를 정리해 보고, 실습에 대한 믿음과 기대를 기록하도록 도와야 한다. 더불어 실습목표와 계획 등을 정리하도록 지도한다. 이러한 작업은 실습생으로서 자신이 왜 실습에 참여하고자 하는지, 실습에서 궁극적으로 무엇을 얻으려고 하는지, 그리고 그것을 달성하기 위해서 어떻게 해야 하는지에 대한 보다 명확한 방향을 제시해줄 수 있다.

따라서 실습에 대한 자신의 믿음과 실습목표를 정리하도록 지도한다(참고: 부록 I, II, III, IV).

03 준수(지원)사항

실습생들이 실습 기간 동안 다음과 같은 사항들을 유의하고 지킬 수 있도록 지도한다.

- 실습 기간 중 모든 실습 내용은 실습 기관의 내부 규정과 규칙에 따라 운영한다.
- 실습 기관의 모든 내규를 잘 숙지하여 위반하는 일이 없도록 한다.
- 기관의 생활이나 내부사항에 대해 대외적으로 비밀을 지킨다.
- 실습 기관 또는 실습 지도자의 허락을 받지 않은 개인적인 행동을 하지 않는다.
- 근무 시간은 실습 기관의 근무 시간과 동일하게 근무한다.
- 실습생은 실습 기간 중 실습매뉴얼을 지참한다.
- 출근 즉시 출근부에 날인하고 그날 실습 일정에 필요한 준비를 한다.

- 결근이나 조퇴 및 지각하는 경우 사전에 실습 지도자에게 보고한다.
- 예비 평생교육사로서 품위에 맞는 단정한 복장과 용모를 갖춘다.
- 실습생 간 혹은 기관 내 직원들에게 존칭을 사용한다.
- 실습생은 기관 내에서 개인의 신분에 대해 정확히 알 수 있도록 이름표를 지참한다.
- 안전관리 기준을 숙지하고 준수한다.

또한 현장실습 중 다음과 같은 일이 발생하였을 때 양성기관 담당자에게 연락하도록 지도한다.

- 무단결근을 할 경우
- 개인 사정이나 다른 이유로 중도 포기를 할 경우
- 안전사고 발생 시
- 양성기관의 계획과 달리 운영(단순 업무, 복사 등의 허드렛일을 시키는 경우)되어 조치가 필요한 경우
- 실습 과정에서 상해나 부상을 당했을 때
- 실습 기관의 재산을 파손하는 경우 등

04 실습 예절

① 언어예절

사회생활을 하려면 의사소통을 해야 하고 말은 의사소통의 수단이다. 말이란 의미가 담긴 소리로서 말에 담긴 의미와 밖으로 나타내려는 의사가 일치해야 비로소 그 말이 가치가 있다. 말은 일정한 생활문화권에서 약속된 어휘와 말씨이며, 말에 대한 사회적 약속을 언어예절이라 한다. 대화 상대에 따라 말씨가 달라지고 나타내려는 의사에 따라 사용되는 어휘가 바르며 말하는 자세와 듣는 태도에 이르기까지 우리 사회에 통용되는 방법이 이미 정해져 있다(참고: http://www.yejeol.or.kr/book/book_3_s2.php).

언어는 뜻을 전달하는 수단이기도 하지만 그 사람의 품성과 태도를 알 수 있는 중요한 척도이기도 하다. 잘못된 언어 표현은 의도와 다르게 상대방의 오해를 살 수 있고, 명확한 의사 표현을 어렵게 한다. 특히 실습생에게 인간관계의 가장 기본이 되는 언어예절은 실습 기간 중 현장실습 담당자나 기관의 구성원 등과의 의사소통을 위해서도 매우 중요하다.

실습생은 현장실습 중 업무를 관찰하고, 프로젝트를 진행하여 결과를 도출하는 모든 과정에서 동료, 실습담당자, 관계자들과 언어를 통해 대화한다. 대화는 상대방을 올바로 이해하는 가장 기본적인 방법으로, 겸손한 자세로 이야기를 잘 듣는 것이 중요하다. 더불어 상대의 이야기에 적절한 반응을 보임으로써 진정성을 나타내는 것도 필요하다.

따라서 언어예절을 지키는 것이 성공적인 실습으로 이어질 수 있다. 원활한 대화를 통해 목표를 성취할 수 있고, 상대방에게 불쾌감을 줄 수 있는 비매너적인 언행은 목표를 방해한다. 전달하려는 메시지에는 보편적인 신뢰가 바탕이 되어야 하고, 논리가 타당해야 하며 동시에 상대의 감정에 영향을 미칠 수 있어야 한다. 이를 위해서는 첫째, 명확하고 생동감 있는 표현으로 정확한 메시지를 전달해야 한다. 또렷한 목소리와 명확한 의사 표현은 듣는 사람에게 신뢰감을 준다. 둘째, 언어예절은 상대방과의 관계에서 시작되고 상대방이 기준이다. 즉, 이야기의 주인공은 상대방이라는 사실을 기억해야 한다. 상대방에게 도움이 되는 것은 무엇인지 상대방이 얻게 될 이득은 무엇인지를 고려하며 대화를 진행해야 한다. 따라서 대화할 때 메시지를 명확하게 이해하고 적절한 반응을 통해 상대방에게 공감을 전달해야 한다. 셋째, 솔직하고 진정성 있는 태도를 보여주어야 한다. 마음에서 우러나오는 진심이 담겨 있어야 상대방의 마음을 움직일 수 있다. 즉, 실습생이 성공적인 현장실습을 하기 위해서 타인에게 불편함을 줄 수 있는 무례한 언사나 언행을 삼가고, 언어는 곧 나를 표현하는 일임을 명심하고, 해야 할 말과 하지 않아야 하는 말을 구분하며, 정제된 언어를 사용한다. 또한 상대방의 기분을 헤아릴 줄 아는 기본적인 태도도 필요하다. 현장실습 중 감사를 전할 경우에도 구체적으로 한다. 예를 들어, "팀장님 덕분에 성인학습자를 어떻게 대하여야 할지 배우게 됐습니다.", "팀장님 덕분에 다양한 평생교육기관의 역할과 기능에 대해 알게 되었습니다." 등 구체적으로 하는 것이 효과적이다 (참고: https://webzine.glovis.net/4424/).

언어예절 중 가장 중요한 것은 확실한 의사표현이다. 말하고자 하는 내용을 상대방에게 정확하게 전달하는 것이 무엇보다 중요하다. 즉, 주제를 명확하게 인지하고 간결한 언어로 전달한다. 사족을 붙이거나 쓸데없는 말로 주제를 흐리게 되면 전달하려는 의도를 변질시킬 수 있다.

이 외에도 현장실습 중 상대방을 부르는 호칭에 대해서도 유의할 필요가 있다. 실습은 평생교육 현장에서 요구되는 직무와 태도를 습득하기 위한 것으로 기관에서 정해준 공식적인 호칭을 지키는 것이 좋다. 상대방의 이름에 공식적인 직책을 불러 호칭하던지, '선생님' 등의 호칭을 부르는 것이 적절하다.

실습 기관이나 예의를 차려야 하는 장소에서 주의해야 할 언어 예절로 다음과 같은 내용을 들 수 있다.

- 악의 있는 말을 해서는 안 된다.
- 기관 내에서 큰 소리로 떠드는 것을 피해야 한다.
- 자리에 없는 사람을 악평해서는 안 되며, 확실하지 않은 단정적 표현도 피한다.
- 기관 관계자들과의 대화 시 예의와 격식을 갖추어 정중한 표현을 한다.
- 실습 중에 긴급한 경우를 제외하고는 사적인 대화나 전화사용을 자제한다.

② 전화예절

평생교육기관 유형은 국가평생교육진흥원과 같은 전담기구부터 시·군·구의 평생학습센터, 시민단체형 교육기관 등 다양하며, 평생교육기관에 소속된 학습자나 관계자 역시 매우 다양하다. 다양한 기관의 담당자들과 학습자들을 대상으로 이루어지는 전화 예절은 실습생이 지켜야 하는 예절 중 하나이다. '전화는 기관의 얼굴이다.' 라고 할 정도로 전화응대 방법에 따라 기관의 이미지가 좌우되고, 전화를 거는 방법이나 태도에 따라 실례가 되기도 하고, 지나치면 상대방의 기분을 상하게도 하기 때문이다. 그러나 전화를 통한 의사소통은 매체적 특성상 상대방의 모습을 볼 수 없고, 말로만 의사소통을 하기 때문에 자칫 소홀하기 쉽다. 따라서 실습생은 올바른 전화 예절을 갖출 필요가 있다.

전화를 걸 때 유의사항으로는 전화를 건 목적에 대해 미리 준비한 후 전화를 건다. 또한, 첫인사와 함께 자신과 기관을 먼저 소개하고, 상대방의 반응을 기다린다. 전화를 건 목적을 간략하게 이야기하고, 통화내용을 요약·정리한다. 메모를 부탁할 때는 상대방의 이름을 꼭 확인한다. 감사의 인사를 하고 상대방이 끊은 것을 확인한 후 전화기를 내려놓는다.

예를 들어, 전화를 걸 경우에 "안녕하십니까? 저는 ○○평생학습관 실습생 ○○○입니다. ○○○팀장님 계십니까?"와 같이 인사를 하고 신분을 밝히는 것이 기본적인 예절이다. 만약 통화하고 싶은 사람이 부재할 때 "말씀 좀 전해주시겠습니까?", "죄송합니다만 ○○○에게 전화 왔었다고 전해주시겠습니까?"라는 말을 쓰는 것이 좋다. 전화를 끊을 때에는 "안녕히 계십시오." 하고 인사하고 끊는 것을 생활화해야 한다.

전화 받을 때의 유의사항으로는 먼저 소속과 이름을 밝힌다. 그다음 용건을 경청하고 전화 내용을 메모하면서 중요사항을 확인한다. 실습생의 입장에서 처리 불가능한 내용의 경우 신속하게 관련 담당자를 바꿔 준다. 통화내용 마무리 후 감사의 끝인사와 이름을 이야기하고 상대방이 전화 끊은 것을 확인한 후 전화기를 내려놓는다. 예를 들어, "예, ○○부서 실습생 ○○○입니다."라고 구체적으로 응답한다. 만약 상대방이 찾는 사람이 없을 때 "지금 안계십니다. 들어오시면 뭐라고 전해드릴까요?"라고 정중하게 말한다. 잘못 걸려온 전화에 대해서는 "아닌데요, 전화 잘못 걸렸습니다."라고 말하는 것이 좋다.

1) 전화 응답의 네 가지 기본방법
- 정확하게 말한다.
- 요령 있고 간략하게 말한다.
- 기관의 첫 수화, 끝 수화를 익혀서 사용한다.
- 공손하게 예의 바르게 말한다.

2) 전화 걸 때 유의사항
- 전화 목적에 대해 적절한 준비를 한 후 전화를 건다.
- 조사를 필요로 하는 등의 시간이 걸리는 전화일 때는 한번 끊고 다시 건다.
- 첫인사와 함께 먼저 자신과 기관을 소개하고, 상대방(성인 학습자나 관계자)의 반응을 기다린다.
- 친근감 있고 매너 있게 소개하며 전화응대를 한다.

- 통화목적을 이야기하고, 용건은 간략하게 말한다.
- 통화하는 동안 이루어진 내용을 요약, 정리하고 다음 단계를 약속한다.
- 감사의 끝인사를 한다.
- 메모를 부탁할 경우 상대방의 이름을 확인한다.
- 고객이 끊은 것을 확인 후 끊는다.

3) 전화 받을 때 유의사항

- 벨이 세 번 울리기 전에 수화기를 받는다.
- 4회 이상 울리고 받을 시는 상대방의 불편을 공감하는 인사말을 실시한다.
- 기관의 첫 수화로 시작하여, 소속과 성명을 말한다.
- 용건을 경청하고 긍정적 맞장구를 표현한다.
- 전화 내용을 메모하면서, 주요 사항을 확인한다.
- 자신이 처리 불가능한 전화는 기관의 담당자(직원)에게 바꿔 준다.
- 마무리 후에 감사의 끝인사와 이름을 얘기한다.
- 상대방이 전화를 끊은 후 수화기를 내려놓는다.

다음은 전화 응답 시 유의 사항이다.

적용하기

다음 순서에 따라 말해 보자
- 수신자: (벨이 울리자 전화를 받으며)
  "여보세요? ○○학습관 ○○○입니다."
- 송신자: (○○○와 통화하고 싶다는 용건을 밝히며)
  "여보세요? 저는 ○○강의를 수강하려는 학습자입니다. 교과목 관련하여 묻고 싶은 것이 있는데요. 담당자와 통화할 수 있을까요?"
- 수신자: (○○○가 자리에 없다는 것을 알리며)
  "지금 안계십니다. 성함과 묻고 싶은 내용을 알려주시면 전해드릴까요?"
- 송신자: (전화를 끊으며) "죄송합니다만 ○○강의를 수강하려는 ○○○입니다. 강의 개설 기간과 내용을 여쭈어보려고 전화하였다고 전해주시겠습니까? (상대방의 대답을 듣고) 그럼 안녕히 계십시오."

③ 인사

실습생이 실습 기관에서 하는 말 한마디, 부드러운 눈빛, 활기찬 목소리, 긍정적인 자세, 적극적인 노력 등 사소한 습관이 자신의 이미지를 만든다. 특히 예의를 갖추어서 하는 인사는 사람들 사이에서 지켜야 할 예절의 기본이다. 인사는 만나거나 헤어질 때 예를 갖추기 위한 행동으로 많이 하면 할수록 좋고, 인간관계를 부드럽게 하는 윤활유 역할을 한다. 원만한 사회생활과 인간관계를 유지하기 위해서 인사만큼 중요한 것은 없다. 즉, 인사는 현대사회에서 성공적인 대인관계와 경쟁력을 갖추기 위하여 반드시 갖추어야 할 능력인데 특히, 새로운 조직에 적응하는 실습생에게는 더욱 중요하다. 실습생은 실습 기관의 실습 지도자와 일반 직원에 이르기까지 모든 구성원에게 정중하고 예의 바르게 인사함으로써 친밀한 인간관계를 만들어 갈 수 있다. 그러나 상황과 대상에 맞도록 예의를 갖추지 않으면 오히려 부정적인 영향을 미칠 수 있다. 따라서 처음에는 쑥스럽고 어렵겠지만 실습생답게 밝은 모습으로 인사하는 습관을 갖도록 한다. 인사 시 유의사항은 다음과 같다.

> **인사 시 유의사항**
> - 인사의 시작은 상대와 눈을 마주치는 것이다.
> - 몸을 구부리면서 인사말을 하고 인사말이 끝났을 때 몸을 일으킨다.
> - 땅을 보거나 고개만 꾸벅 숙이며 인사해서는 안 된다.
> - 상대방을 굽어보는 식으로 인사해서는 안 된다.
> - 길을 앞지르면서 인사해서는 안 된다.

1) 인사의 종류

인사의 종류에는 세 가지가 있다.

(1) 목례

목례는 미소 짓는 표정으로 가볍게 인사하는 것이다. 상대방의 얼굴을 향하여 15도 각도로 3초 정도 인사를 한다. 예를 들어, "아까 인사를 했는데 또 인사해야 하나?" 묻는 경우 피하기보다는 미소와 함께 가벼운 목례로 대신할 수 있다. 다음과 같은 상황에서 목례를 할 수 있다.

- 가까운 동료나 아랫사람에게 인사하는 경우
- 좁은 공간에서 제대로 인사할 수 없는 경우(엘리베이터, 계단, 복도 등)
- 하루에 여러 번 만나서 인사하는 경우
- 낯선 어른에게 인사하는 경우
- 친절에 대해 가볍게 감사의 뜻을 표현하는 경우
- 대화 중 인사를 하는 경우

(2) 보통례(일반적인 인사)

보통례는 평상시 사람을 맞이할 때나 배웅할 때 30도 각도로 "안녕하세요?" 혹은
"안녕히 가세요." 등의 인사를 말한다. 상대방과 눈을 마주칠 수 있고, 어느 정도 대화
가 가능할 때 하는 인사이다. 예를 들어, 다음과 같은 상황에서 보통례를 할 수 있다.

- 상사에게 인사하는 경우
- 고객을 맞이하거나 배웅하는 경우

(3) 정중례(깊은 감사와 사죄)

정중례는 감사의 뜻을 표할 때나 사과하는 경우, 어른을 맞이하거나 전송하는 경
우 45도 각도로 "감사합니다." 등의 인사를 말한다. 예를 들어 다음과 같은 상황에서
정중례를 할 수 있다.

- 감사, 사죄의 표현을 하는 경우
- 결혼식 등 관혼상제에서 행하는 경우
- 국빈, 국가의 원수, 집안 어른 등에게 인사하는 경우

2) 바른 인사법

(1) 바른 인사

- 출근 시 가벼운 목례만 하기보다는 밝은 목소리로 인사한다.
- 멀리 있을 때 먼저 가볍게 목례를 한다.
- 나보다 어른이라면 재빨리 계단에서 내려와 어른과 계단 높이를 같게 하거나 한 칸 밑으로 내려와 인사한다.

(2) 인사 단계

- 자세를 갖춘다.
- 적정거리를 유지한다.
- 얼굴을 마주 보고, eye contact을 한다.
- 미소를 짓는다.
- 상대의 호칭을 부르며 적절한 인사말을 한다.
- 자연스럽게 고개를 숙인다.

3) 다양한 상황에서의 인사법

평생교육 현장실습 중 다양한 상황에서 인사를 해야 할 때가 있다. 대표적인 몇 가지 사례를 통해서 인사법을 알아보면 다음과 같다.

(1) 출근 인사

출근해서 하는 밝은 인사는 일하는 데 있어 활력소가 된다. 따라서 아침 인사를 하는 경우 힘찬 목소리로 "안녕하세요" 혹은 "좋은 아침입니다" 하고 웃는 모습으로 하는 것이 좋다. 실습생으로서 아침 인사는 상대방보다 먼저 하는 것이 좋으며, 실습 지도자가 출근한 것을 알고도 인사를 하지 않는 것은 상대방을 무시하는 행동으로 비칠 수 있다.

(2) 퇴근 인사

흔히 퇴근하며 "수고하세요." 또는 "수고하셨습니다."라는 인사를 하는데, 이런 인사는 윗사람이 아랫사람에게 하는 인사로 윗사람에게 하는 인사말로는 적절하지 않다. 윗사람에게는 "먼저 가보겠습니다.", "먼저 퇴근하겠습니다.", "내일 뵙겠습니다." 등이 적절하다. 상사보다 먼저 퇴근하게 된다면 자신의 자리에서 인사를 하는 것이 아니라 상사에게 다가가 "먼저 들어가겠습니다." 또는 "내일 뵙겠습니다." 등의 인사를 하고 퇴근하는 것이 좋다.

(3) 예상치 못한 곳에서 상사를 만났을 때

복도 코너나 출입구 등에서 예상치 못하게 상사를 만났을 때는 놀라는 소리를 내지 않도록 주의한다. 상사가 혼자일 때 마주쳤다면 멈춰서 인사할 필요 없이 옆으로 비켜서면서 목례하는 것이 좋으나, 상사가 다른 사람과 함께 있을 경우에는 정중하게 인사한다.

(4) 업무 중 마주칠 때

같은 사무실에서 생활하다 보면 상사나 동료들을 자주 마주치게 된다. 자주 본다고 해서 서로 쳐다보기만 하고 지나치면 분위기가 어색하고 딱딱해질 수 있으니, 처음 만났을 때는 보통인사로 밝게 인사를 하고, 다시 만나게 될 때는 밝은 표정과 함께 목례를 한다.

4) 악수 예절

직장생활에서 가장 보편적인 인사 예절로 악수를 들 수 있다. 우리는 아는 사람을 만나거나 모르는 사람을 만나 소개를 받을 때 악수를 한다. 악수는 단순한 일이지만 첫인상을 결정하는 중요한 인사 예절이다. 실습생의 경우 악수 예절을 몰라서 당황하거나 그 결과 부정적인 이미지를 줄 수 있다.

악수를 하면서 한두 마디 간단한 인사를 하게 되는데 이때 어떤 사람은 상대방의 손을 너무 꼭 쥐거나 오래 쥐고 놓지 않는 사람도 있다. 악수는 꼭 쥐는 것도 아니고 상대에게 손을 맡기는 정도로 느슨하게 해서도 안 된다. 보통 약간 쥐고 한두 번 흔들 정도가 적당하다. 보통은 하급자나 아래 사람이 손을 내밀면 안 되며 상급자, 연장자가 먼저 악수를 청한다. 여성과 악수하는 경우 여성이 먼저 악수를 청하는 것이 보통이다. 그러나 남성이 상관이거나 웃어른의 경우 남성이 악수를 청할 수 있다. 악수를 할 때 상대방 얼굴을 보지 않고 다른 사람을 보는 것은 형식적 인사로 생각될 수 있으니, 상대방을 보고 미소를 지으며 인사한다.

악수는 왼손잡이라 할지라도 오른손으로 악수해야 하며, 두 손이 맞잡는 것이 아닌 한 손으로 하는 것이 올바른 자세이다. 상대방이 나이 차이가 크게 나거나 사회적 신분이 높은 사람이면 왼손으로 악수하는 손을 가볍게 받치는 것으로 정중함을 나타낸다.

악수예절

- 주로 지위가 높은 윗사람이 아랫사람에게 청하는 것이 관례이다.
- 손을 너무 오래 잡거나 상대를 보지 않고 시선을 돌리는 행동은 지양한다.
- 악수할 때 반대쪽 손을 주머니에 넣는 것은 무례한 행동으로 보일 수 있다.
- 악수할 때 고개를 숙이지 않고 상대를 바라본다.
- 허리를 펴고 바른 자세를 유지하면서 쥔 손에 적당히 힘을 주어 잡고 두세 번 흔드는 정도가 기본이다.
- 자신이 왼손잡이라도 오른손으로 악수한다. 왼손으로 악수를 권하면 안된다.

---

5) 명함

명함은 직장인의 얼굴이라 할 정도로 중요하고, 명함을 주고받는 일은 인간관계 형성이나 소통의 시작이라고 할 수 있다. 직장생활을 하면서 명함예절은 굉장히 중요하다. 실습생도 현장실습 중 기관에서 자신의 이름과 소속이 새겨진 명함을 받고, 명함을 교환하는 일이 있을 수 있다. 하지만 처음에 명함을 어떻게 건네야 하는지, 또 어떻게 받아야 하는지 몰라 당황하기 쉽다. 따라서 실습생도 명함을 주고받을 때의 예절을 익혀두는 것이 중요하다.

(1) 상황에 따라 예외가 되는 경우도 있지만 대부분 하위자가 상위자에게 먼저 명함을 건넨다.

(2) 명함을 건넬 때에는 받는 사람이 잘 보이도록 명함에 있는 이름을 가리지 않고 오른손으로 건넨다. 상위자에게 건넬 때는 일어서서 왼손으로 오른손 명함을 받치며 건네는 것도 상대방을 존중하는 모습으로 보이며, 이렇게 명함

을 건네는 모습으로 좋은 인상을 남길 수 있다.

(3) 명함을 건넬 때는 가벼운 미소에 목례를 하며 건네는 것이 좋다. 또한 내 명함을 내가 볼 수 있는 방향으로 건네서 상대방이 받았을 때 이름이 뒤집어져 있다면 이는 실례가 될 수도 있으니 명함은 상대방이 보고 받았을 때 바로 읽을 수 있는 방향으로 건네야 한다. 상대방이 잘 볼 수 있는 명함과 예의 바른 목례와 미소만으로도 상대방의 마음에 좋은 인상을 남길 수 있다.

(4) 동시에 명함을 주고받을 때 당황해서 실수할 수 있다. 상대방이 명함을 줄 때는 항상 오른손으로 받는 것이 예의이며, 같이 주고받을 경우가 있을 때는 상대방 명함을 왼손으로 받으며 본인의 명함은 오른손으로 건네야 한다. 익숙하지 않아 당황하게 되더라도 침착하게 미소 지으며 받고 건네도록 한다.

(5) 명함을 줄 때 자신의 소속과 직급, 이름 정도를 간단히 소개하고, 인사를 하면서 명함을 건넨다. 이름을 말하며 명함을 주고받으면 처음 만나는 어색함도 자연스러운 분위기로 바뀌게 된다.

(6) 명함을 받은 후 곧장 명함 지갑에 넣거나 아무 생각 없이 주머니에 넣기보다 명함을 받고 최소 5초 정도는 이름과 직함을 숙지하는 예의를 갖추도록 하는 것이 중요하다. 명함에 적힌 이름과 직급을 부르며 한 번 더 인사하는 것도 좋은 예절이다.

(7) 처음 만나는 자리라면 앉은 상태로 명함을 주고받는 것은 예의가 아니다. 자리에서 일어나며 눈을 바라보고 명함을 건네는 것이 중요하다. 명함을 받을 때도 상대방과 함께 일어서서 마주 보며 예의 있게 주고받는다면 서로를 존중하는 마음에 좋은 첫인상을 남길 것이다.

(8) 회의에서 많은 사람의 명함을 교환하였을 때 앉은 순서대로 명함을 올려두면 이름을 잊어버렸을 때 보고 이야기 할 수 있고, 이름을 외우기도 편리하다.

(9) 명함의 양이 많아지다 보면 어디에서 누굴 만났는지 기억하기 어렵다. 누구의 명함인지 인지할 수 없을 때도 있다. 이런 경우를 방지하기 위하여 명함 뒷면에 상대방의 특징을 메모하여 두면 시간이 지난 후에도 기억하기 쉽다.

(10) 상사와 함께 있을 때 반드시 상사가 먼저 상대방에게 명함을 건네고 난 후 하위자가 주는 것이 예의이다.

(11) 자신을 표현하는 대표적인 물건이 명함이라면 상대방 역시 마찬가지이다. 사람을 표현하는 명함을 받아서 아무렇게나 구겨 넣거나 함부로 다루면 누구든 기분 좋은 일은 아니다. 따라서 주고받은 명함을 모두 챙기는 것을 잊어서는 안된다.

(12) 명함을 받을 때마다 엑셀로 정리하여 보관한다. 받은 명함을 이름, 기관명, 직급, 전화번호, 이메일, 주소에 따라 정리하면 구분하기 쉽고 빠르게 검색할 수 있다.

참고: www.daily.co.kr>life3130206386

정리

- 명함은 하위자가 상위자에게 먼저 전달한다.
- 이름을 가리지 않고 오른손으로 전달한다.
- 상대방이 읽을 수 있는 방향으로 전달한다.
- 동시에 명함을 주고받을 때 오른손으로 주고 왼손으로 상대방의 명함을 받는다.
- 명함을 받은 후 5초 동안 내용을 숙지한다.
- 소속과 이름을 소개하며 명함을 전달한다.
- 명함에 상대방의 특징을 메모한다.
- 회의에서 많은 사람의 명함을 받았을 때 앉은 순서대로 명함을 정리하면 이름을 외우기 편리하다.
- 일어서서 눈을 마주보고 전달한다.
- 상사와 함께 있는 상황에서는 상사가 먼저 명함을 전달하고 난 후 하위자가 전달한다.
- 받은 명함은 명함 지갑에 잘 챙겨서 두고 오는 일이 없도록 한다.
- 받은 명함은 카테고리별로 엑셀로 정리하여 관리한다. 혹은 최근 명함 보관 어플을 활용하는 것도 좋다.

---

❹ 복장

적절한 옷차림은 성공적인 현장실습에 영향을 미치는 요인 중 하나이다. 실제 실습생에게 복장에 대한 규정은 없으나 기본적으로 예의를 갖추어 단정한 옷차림을 한다. 혹은 다양한 평생교육 현장에 맞도록 각 상황에 맞는 활동에 적합한 편안한 복장이어야 한다. 실습생으로서 노출이 과하거나 몸에 딱 맞는 과한 옷차림, 화려한 장

신구 착용, 과도한 메이크업 등은 부정적인 이미지를 줄 수 있다. 예비 평생교육사인 실습생은 자격증 취득 후 평생교육사로서 성인학습자의 학습을 지원하는 등의 직무를 고려한 복장이 바람직하다. 예를 들어, 맨발에 슬리퍼와 모자를 착용하거나, 체육복 차림 혹은 속이 비치는 시스루룩, 짧은 스커트나 반바지 등은 실습에 적절하지 않다. 실습생이 복장에 대한 고민을 할 때 실습 기관의 다른 구성원들의 복장을 참고하면 도움이 된다.

⑤ 시간관리

시간관리는 누구에게나 똑같이 주어진 시간을 효과적으로 통제하고 조절함으로써 목표 달성을 위해 최대한 효율적으로 관리하는 것이다. 구체적인 목표를 세워놓고 달성하기 위해 시간관리를 하는 사람은 더 많은 것을 성취하게 된다.

실습생은 실습 현장의 새로운 환경에서 기대감이나 혹은 불안감을 느끼기도 하고 자신이 계획했던 것과 다른 방향으로 노력하다가 뒤늦게 후회하거나 혹은 의욕이 넘쳐서 에너지를 소진하다가 실습을 중간에 중도 포기하는 경우가 발생할 수 있다. 따라서 시간을 효율적으로 관리하여 자신이 설정한 현장실습의 목적을 달성하여야 한다.

효율적인 시간 관리를 위해서는 우선 '무엇을 위해 일할 것인가'를 분명히 해야 한다. 이는 목표가 명료히 설정된 상태에서만 이루어질 수 있는 것으로, 실습생들은 자신이 실습을 통해 무엇을 얻고자 하는지를 명확히 인식할 필요가 있다. 즉, 목표를 설정하여야 한다. 목표가 정해지면 이를 구체화하는 작업을 한다. 우선순위를 정하고, 그에 따른 계획을 월별, 주별, 일별, 시간별로 세분화하여 활동을 실천한다.

1) 시간관리 요소

(1) 목표 설정하기

목표는 방향을 알려주는 지표로 나침반과 같은 역할을 한다. 평생교육 현장실습은 예비평생교육사들이 실습을 통해 현장 적응력과 평생교육사로서 전문성을 개발하는 것이다. 즉, 평생지도자의 직무와 역할 및 책임, 의사결정 역량, 교육적 문제해결 능력, 실무능력 등의 역량을 개발한다. 이러한 평생교육 현장실습의 목표를 효과적으로 달성하기 위하여 시간관리를 할 필요가 있다. 따라서 실습생은 평생교육 현장실습을 통해 달성하고자 하는 뚜렷한 목표를 설정한다.

목표를 설정할 때는 반드시 4주간의 제한된 시간을 고려하여야 한다. 4주 동안 달성할 목표를 단계적으로 설정하여 머릿속으로만 떠올리지 말고 종이에 적어서 매일 확인하는 것이 좋다.

(2) 우선순위 설정하기

일의 우선순위를 정할 때 많이 사용하는 기법은 「성공하는 사람들의 7가지 습관」의 저자인 스티븐 코비 박사의 시간관리 매트릭스이다. 시간관리 매트릭스는 긴급도와 중요도를 x축, y축으로 하는 4분면으로 구성되어 있다.

표 5-1 | 시간관리 매트릭스

	긴급함	긴급하지 않음
	1영역	2영역
중요함	긴급하면서 중요한 일 ▪ 내일이 시험 ▪ 오늘까지 제출해야 할 과제 및 발표 ▪ 그룹 프로젝트 중 개인 과제	긴급하지 않지만 중요한 일 ▪ 계획 및 목표 설정 ▪ 건강관리 ▪ 외국어 공부 ▪ 자기개발 학습이나 독서 ▪ 여가활동
	3영역	4영역
중요하지 않음	긴급하지만 중요하지 않은 일 ▪ 사소한 SNS 메시지 ▪ 중요하지 않은 이메일이나 전화 ▪ 주변 사람들의 눈치나 체면 ▪ 친구와의 술자리	긴급하지도 않고 중요하지 않은 일 ▪ 과도한 게임이나 TV 시청 ▪ 용무가 없는 긴 전화 ▪ 친구와의 잡담 ▪ 필요 없는 웹서핑 ▪ 쇼핑몰 배회

출처: 시간관리 매트릭스(Covey, 2017).

시간 매트릭스에서 가장 먼저 해야 할 일은 긴급하면서 중요한 '1영역'이다. 그다음 우선순위가 '2영역', '3영역'의 순이며, '4영역'은 중요하지도 않고 긴급하지도 않은 일이다. 시간을 보다 주도적으로 관리하기 위해서는 타 영역에 비해 2영역의 활동을 늘리는 것이 좋다. 2영역은 중요도가 높으면서 긴급하지 않은 일이라 시간 계획만 잘 세우면 달성할 확률이 높지만 많은 사람들은 긴급하지 않은 이유로 미루는 경향이 있다. 그러나 2영역의 일들을 미루면 긴급하지 않았던 일들이 긴급해지면서 1영역의 비중이 커지게 된다. 따라서 긴급하고 중요도가 높은 1영역이 커지게 되면 제시간에 처리하지 못했을 때 부담감이 매우 커진다. 1영역이 커지면 시간을 주도적으로 관리하지 못하고 일에 끌려다니게 될 위험이 있으므로 2영역을 미루지 말고 의식적으로 추진해 나가는 것이 좋다.

(3) 계획 수립하기

우선순위를 정하고 난 후에는 시간관리를 시각화하기 위하여 일간, 주간, 월간 계획표를 작성한다. 계획을 세울 때는 각 일의 마감 기한과 예상 소요 시간을 함께 고려한다. 실습생은 처음 하는 일의 소요 시간을 예측하는 것이 어렵기 때문에 일정을 여유 있게 배정하는 것이 좋다. 또한 처리해야 할 일의 연계성이나 단계적인 절차를 고려하여 어떤 일을 먼저 해야 효과적일지 고려하여 계획을 세우는 것이 좋다. 계획 수립 시 수첩이나 플래너 등을 활용하는 것도 좋다.

플래너 작성 TIP
- 너무 많은 업무를 스케줄러에 포함하지 않는다.
- 끝낼 수 있는 실현 가능한 것을 나열한다.
- 돌발상황을 대비하여 스케줄을 유연성 있게 작성한다.
- 우선순위를 정한다.

---

(4) 실천 및 평가

실행 계획을 수립하고 난 후 실천한다. 일을 수행하고 난 후 '수행한 일', '연기된 일', '불필요한 일' 등에 대해 자기만의 표기법을 개발하여 시각화하며, 시간을 효율적으로 관리하는 데 도움이 된다. 이러한 시각화 작업은 일의 성취를 쉽게 확인할 수 있고, 시간관리에 대한 동기부여를 할 수 있다.

시간관리의 요소

1. 목표수립
   - 명확하고 구체적인 목표
   - 현실성 있는 목표
   - 연관성 있는 목표
   - 단계성 있는 목표

2. 우선순위 설정
   - 일의 중요도
   - 일의 긴급도

3. 계획 수립
   - 일의 마감기한
   - 일의 예상 소요기간
   - 일의 선후관계
   - 능률이 오르는 기간

4. 실천 및 평가
   - 계획 실행
   - 계획표 점검 및 반성
   - 다음 계획에 반영

출처: 하버드 첫 강의 시간관리 수업.

2) 시간관리 전략

실습 기간 동안 시간관리를 효율적으로 하기 위하여 다음과 같은 전략을 활용한다.

(1) 우선순위 정하기

오늘 해야 할 일 중 다음과 같은 질문에 해당하는 일을 정하여 한 가지를 선택한다.
- 오늘 해야 할 긴급한 일은 무엇인가?
- 오늘 끝내면 가장 만족감을 주는 일은 무엇인가?
- 가장 즐거움을 느낄 수 있는 일은 무엇인가?

우선순위를 결정하고 나면, 그 일을 언제 해야 가장 효과적인지 고려하여 최적의 시간을 확보한다. 즉, 실습과 관련이 없어서 시작 전에 해야 하는 일인지, 아니면 실습 시간 중 해야 하는 일인지, 아니면 실습이 끝난 후에 해도 되는 일인지 결정한다.

(2) 주의 집중하기

- 스마트폰이나 SNS, 컴퓨터, 모임 등 방해되는 요소를 제거하여 집중한다.
- 한 번에 여러 가지 일을 할 경우 산만하여 집중력을 떨어뜨려 일의 효율성을 저하시킨다. 따라서 한번에 한 가지 일만 한다.

- 눈에 보이는 타이머를 활용하여, 계획했던 시간을 관리한다면 일에 더 집중할 수 있다.
- 필요한 물건이나 자료를 찾는데 시간을 허비하다 보면 주의를 집중하기 어렵다. 따라서 공간 정리를 미루지 말고 생활화한다.

(3) 자투리 시간 활용하기

실습 기간 활동 중 중간에 남는 자투리 시간을 활용한다. 대기시간이나 쉬는 시간 등을 실습일지 정리, to do list 정리, 이메일 체크, 과제 일정 체크 등에 활용한다면 시간을 훨씬 효율적으로 관리할 수 있을 것이다.

(4) 에너지 충전하기

현장실습을 성공적으로 수행하기 위해서는 에너지가 요구된다. 적절한 휴식과 꾸준한 건강관리를 통해 에너지를 충전함으로써 효율적으로 시간관리를 할 수 있다.

시간관리 요령
- 우선순위를 정한다.
- to do list를 작성한다.
- 불필요한 요구를 단호하게 거절한다.
- 오전과 오후 계획을 따로 세운다.
- 정리정돈을 잘한다.
- 최후까지 미루는 습관을 버린다.

⑥ 인간관계 형성

현장실습은 실습생 혼자 하는 것이 아니라 실습 기관의 실무자, 실습 지도자, 성인학습자 등 다양한 사람들과 함께 진행된다. 그러므로 성공적인 실습을 위해서는 다양한 이해관계자들과의 친화적인 태도를 유지하고 협력하여 원만한 관계를 형성해야 한다. 예를 들어, 실습생은 실습 기관에서 성인학습자의 학습을 조력하고 지원해야 하는데 이 때 성인학습자와의 협력적인 관계 형성은 성인학습의 성공을 위해 가장 기본이 된다. 특히 실습 기관에서 현장실습을 지도하는 담당 실무자에게 지식과 기술을 배우기 위하여 적극적인 인간관계 형성이 중요하다. 이 외에도 실습 기간 동안 공동의 목표를 달성하기 위해 함께 참여하는 다른 실습생과의 관계 형성은 성공적인 실습에 직접적인 영향을 미친다.

성공적인 현장실습을 위하여 실습생은 다음과 같은 전략을 활용하여 긍정적인 인간관계를 형성한다(참고: 평생교육 현장실습 매뉴얼, 평생교육진흥원).

1) 주변 사람부터 잘 챙기기

함께 생활하게 될 기관 구성원들과 실질적인 조언을 해줄 수 있는 담당 평생교육 지도자에게 적극적으로 다가가도록 한다. 이때, 상대방이 부담스럽지 않게 예의를 갖춰 대화를 시작하는 것이 중요하다.

2) 존중감과 호의 표현하기

인간관계는 거울을 보는 것과 같다. 자신이 호감을 보이면 그 사람도 호감을 보이게 되는 것이 일반적이다. 실습 기관 동안 실습생에게 호의적인 사람도 있겠지만, 그렇지 않은 사람도 있을 수 있다. 그런 사람을 나에게 호의적인 사람, 내 사람으로 만들기 위한 실습생 자신의 노력이 필요하다. 누구나 자신의 가치를 인정받기를 원하고 존중받기를 원하기 때문에 나에게 호의적이지 않은 사람에 대해 좀 더 신경을 써주도록 한다.

3) 미소 짓기

얼굴에 미소를 짓는 사람은 그만큼 많은 호감을 얻게 된다. 미소는 지루하고 긴장된 분위기를 즐겁고 재미있는 경험으로 바꿔준다. 그러나 위선적인 미소는 형식적인 미소라는 것을 알기 때문에 받아들여지지 않는다. 얼굴을 찡그리고 있는 사람보다는 진실한 미소로 싱긋 웃어주는 사람에게 말 한마디라도 더 건네게 되는 것은 당연한 일이다.

4) 칭찬과 감사의 말 하기

'감사합니다', '고맙습니다', '동감합니다', '좋은 생각입니다' 등의 우호적인 칭찬과 감사의 말은 인간관계를 원만하게 해준다. 솔직하고 진지한 마음으로 칭찬을 할 때 현장실습 지도자와의 관계뿐만 아니라 실습의 효과도 극대화 할 수 있다.

5) 비난이나 불평 자제하기

실습 도중 본인의 의사와는 상관없는 일을 담당하게 될 경우가 있다. 이때 담당자에 대해 비난을 하거나 불평을 할 경우, 현장실습에 문제가 생길 수 있다. 이 때 실습의 목적을 상기한다면 불평은 부정적인 영향을 미칠 뿐이다. 따라서 실습 기관 내에서 불평이나 비난은 되도록 삼간다.

6) 잘못 인정하기

실습 과정에서 실수가 발생할 수 있다. 자신에게 아무런 잘못이 없는 경우에는 어느 정도 자신을 방어할 필요가 있지만, 때때로 사람들은 자신의 잘못이 명백한 경우에도 계속 자신을 합리화시키면서 다른 사람에게 잘못을 떠넘기려 하기도 한다. 다른 사람의 잘못을 생각하기 전에 자신의 잘못을 돌아볼 수 있는 자세는 성공적인 인간관계 형성에 매우 도움이 된다.

> **정리**
>
> 전화 예절
> ① 소속과 이름을 말하며 받는다.
> ② 담당자 부재 시 메모를 남겨 전달한다.
> ③ 상대방이 끊었는지 확인한 후 끊는다.
>
> 악수 예절
> ① 악수는 오른손으로 해야 한다.
> ② 악수할 때는 손끝만 잡지 않는다.
> ③ 악수는 윗사람이 청하는 것이 일반적이다.
>
> 명함 예절
> ① 명함은 방문자나 아랫사람이 먼저 준다.
> ② 명함을 전달할 때는 모서리 끝을 잡는다.
> ③ 받은 명함은 보관에 주의한다.

착석 예절
① 일반적으로 출입구 반대편이 상석
② 차를 탔을 경우 운전석의 대각선 뒷자석이 상석
③ 연장자 순으로 상석에 착석

소개 예절
① 남성을 여성에게 소개
② 연소자를 연장자에게 소개
③ 덜 중요한 사람을 중요한 사람에게 소개

참고: 잡코리아 좋은일 연구소
　　　https://www.jobkorea.co.kr/goodjob/tip/view?News_No=14297&schCtgr=0&TS_XML=

경희대학 사례

출근 시 근무 예절
- 출근 시간보다 적어도 15분 정도 먼저 도착하여 실습 업무 시작을 위해 정리한다.
- 출근 시 만나는 분들에게 먼저 인사한다.
- 늦게 출근하면 슬그머니 자리에 앉지 말고 "늦어서 죄송합니다."라고 인사하고 실습 지도자에게 솔직하게 사유를 보고한다,
- 몸이 아프거나 일이 있어서 결석을 할 경우에 본인이 직접 기관으로 연락한다.
- 늦어도 오전 중에 실습 기관에 연락을 해야 하며, 전화를 걸 수 있을 정도라면 결근 전화는 자신이 한다.

실습 근무 중 근무 예절
- 의자는 당겨서 앉고, 허리와 가슴은 곧게 편 자세를 유지한다.
- 사적인 전화를 삼가며 개인적으로 급한 전화가 필요한 경우 업무에 지장되지 않는 범위에서 별도의 공간에서 통화한다.
- 성인학습자를 옆에 두고 다른 직원과 잡담하지 않는다.
- 사무용품이나 비품은 아껴 쓰되 사용 후 제자리에 가져다 놓는다.
- 통화나 키보드 치는 소리 등은 다른 사람의 업무에 방해되지 않게 한다.
- 구두, 슬리퍼 등 요란하지 않게 한다.
- 식사시간이나 휴식시간은 정해진 시간을 준수하고 실습 근무 시간에는 자리를 비우지 않는다.

- 부득이하게 자리를 비울 때는 동료에게 간단한 행선지, 용건, 복귀시간 등을 메모해 둔다.
- 긴 시간 자리를 비워야 할 때는 상사에게 외출 요건, 복귀시간 등을 보고한다.
- 외출지에서 퇴근을 해야 할 때는 실습 지도자에게 현지 퇴근을 보고한다.

퇴근할 때 근무 예절
- 퇴근 준비는 근무 시간이 끝난 다음에 하고, 다음 날 업무가 원활히 진행되도록 끝마무리를 한다.
- 먼저 퇴근할 때는 '먼저 퇴근하겠습니다', '내일 뵙겠습니다' 등의 인사를 한다.
- 책상 및 사무실의 비품, 서류 등을 지정된 장소에 두고 정리한다.
- 사무실 주요 집기나 컴퓨터 전원을 끄고, 가장 늦게 퇴근할 때는 사무실의 모든 전원을 확인하고 소등한다.
- 퇴근 시 보안 마인드를 발휘하여 회사에서 진행하는 주요 문서나 파일 등이 외부에 유출되지 않도록 한다.

부록 I

• 평생교육 현장실습에서 성취해야 할 목표는 무엇인가?

부록 II

▪ 나의 삶에서 평생교육사는 어떤 의미를 가지고 있으며, 왜 중요한가?

부록 III

- 평생교육사 직무 중 내가 좋아하는 일, 잘하는 일, 가치롭게 여기는 일을 적어보고, 일상에서 발휘했던 사례를 들어보자.

부록 IV

▪ 미래 사회와 직업세계의 변화가 평생교육사로서 나의 직업 선택에 어떠한 시사점을 주는가?

<양식> 자기소개서 예시

자기소개서 작성

- 자기소개서는 면접과 함께 실습생을 평가하는 자료로서 매우 중요하다. 따라서 자기소개서 작성 시에는 자신을 대외적으로 알리는데 가장 효과적일 수 있도록 신중을 기해 작성하도록 지도한다.
- 자기소개서 작성 방법
  1) 간결한 문장으로 쓴다.
     - 문장에 군더더기가 없도록 해야 한다. '저는', '나는' 등의 자신을 지칭하는 말과 함께, 앞에서 언급했던 부분을 반복하는 등의 불필요한 말들은 뺀다. 해야 할 이야기는 다 하되, 너무 길게 늘어놓아서는 안 되며, A4 용지 한두 장 정도가 적당하다.
  2) 초고를 작성하여 쓴다.
     - 한 번에 작성하지 말고, 초고를 작성하여, 여러 번에 걸쳐 수정보완한다. 자기소개서의 경우 여러 기관에 제출하기 때문에 원본을 두고, 각 기관별로 수정하여 제출하는 것이 바람직하다. 자필로 쓰는 경우 깔끔하고 깨끗하게 작성하여야 하며, 잘못 써서 고치거나 지우는 일이 없도록 충분히 연습을 한 후 주의해서 쓴다. 또한 필체가 안 좋은 경우라 하더라도 정성을 들여 또박또박 정자로 오자나 탈자 없이 작성하여 실습생으로서의 성실성을 나타내도록 한다.
  3) 일관성이 있는 표현을 사용한다.
     - 문장의 첫머리에서 '나는 …이다.'라고 했다가 어느 부분에 이르러서는 '저는 …습니다.'라고 혼용해서 표현하는 경우가 많다. 어느 쪽을 쓰더라도 한 가지를 통일해서 써야 한다. 동일한 대상에 대한 반복 표현을 피하기 위해 다양한 표현을 쓰는 것은 좋으나 호칭, 종결형 어미, 존칭어 등은 일관된 표현으로 쓴 것이 바람직하다.
  4) 최소한의 정보는 반드시 기재한다.
     - 자신이 강조하고 싶은 부분을 중점적으로 언급하되, 개인을 이해하는 데 기본 요소가 되는 성장과정, 지원동기 등은 반드시 기재하도록 한다. 또한 이력서에 전공이나 성적 증명서를 첨부하였더라도 반드시 이를 자기소개서에 다시 기재하도록 한다.

작성 시 유의사항

  1) 진부한 표현은 쓰지 않는다.
     - 문장의 첫머리에 '저는 …', '나는'이란 단어로 시작하지 말아야 한다. 마치 일기의 첫머리에 '오늘 …'이란 말로 시작하는 것과 똑같다.

〈양식〉 자기소개서 포함 내용 예시

표 5-2 | 현장실습에 관한 자기진단 및 목표세우기(작성예시)

현장실습에 대해 알고 있는 것은 무엇인가?

자신이 전공하는 영역에서 평생교육사로서 수행해야 하는 업무를 현장에서 직접 체험하면서 익히는 과정을 현장실습이라고 생각한다. 이 과정을 통해서 평생교육사로서 요구되는 전문적 능력을 배우고 확인하는 작업이 이루어져야 한다고 생각한다.

실습 기관 선택 이유

평생교육의 다양한 영역 중에서도 특히 청소년 영역에 관심을 많이 가지고 있었다. 그래서 이번 현장실습을 청소년 수련원에서 실시해봄으로써 청소년 교육의 현장을 보다 가까이에서 보고 이해할 수 있기를 바란다.

이러한 과정이 졸업 후 취업의 방향을 결정하는 데 큰 도움을 줄 수 있을 것이라고 기대한다.

실습 기관에 대해 알고 있는 것

○○청소년수련원은 국내에서 운영되고 있는 국립청소년수련원으로 대표적인 기관으로서, 해마다 청소년지도사를 연수하는 과정에서부터 다양한 청소년교육프로그램을 기획하고 운영하고 있는 곳으로 알고 있다.

청소년수련원 프로그램을 폭넓게 그리고 가장 효과적으로 이해하기 위해서는 본 기관에서의 현장실습이 많은 도움이 될 것이라고 생각한다.

현장실습을 통해 무엇을 얻을 것으로 기대하는가?

현장실습 과정을 통하여 평생교육사로서 전문적 자질과 태도를 배우고 싶다. 또한 앞으로 평생교육사로서의 삶을 살아가야할 지에 대한 방향을 정립하는 기회를 갖고 싶다.

<양식> 실습계약서(예시)

표 5-3 | 실습계약서(작성예시)

실습계약서(양식)

1. 작성일시:
2. 실습 기간:
3. 실습생명: (인)
4. 실습 지도자명: (인)
5. 양성기관 지도교수명: (인)

6. 실습 내용(예시)

실습주제	실습목표성취를 위한 과제	평가내용 및 방법
평생교육사로서 정체감 형성	▪ 평생교육사로서 나의 강점과 약점을 파악 ▪ 실습 기간 동안 학습한 부분에 대하여 평가서 작성	▪ 작성 여부
지역사회에 대한 이해	▪ 지역사회의 가용가능한 지원목록을 작성 ▪ 기관을 둘러싼 지역사회의 SWOT 분석 실시	▪ 작성 여부
기관구조의 이해	▪ 기관분석보고서를 작성	▪ 작성 여부
기관사업과 프로그램의 이해	▪ 사업계획서를 읽고 각 사업의 특성을 비교 분석 ▪ 사업을 담당하는 평생교육사와의 면담을 통해 사업 현황과 문제점 파악	▪ 작성 여부 ▪ 작성한 내용에 대해 실습 지도자와 논의 및 피드백
평생교육사업 및 프로그램 개발과 운영	▪ 기관에 적합한 프로그램개발 계획서를 작성 ▪ 현재 운영중인 프로그램 운영과 진행에 참여	▪ 실시 여부 ▪ 실시한 내용에 대해 실습 지도자와 논의
평생교육 요구조사 및 평가 실시	▪ 새로운 프로그램 개발 시 요구조사에 참여하여 질문지 개발, 질문지 분석 실시 ▪ 프로그램 종료 후 평가실시를 위한 평가지 개발, 평가지 분석 실시	▪ 실시 여부
학습자 및 학습동아리 자문과 상담 수행	▪ 학습자 및 학습 동아리 운영자들과의 비형식적 인터뷰 실시 ▪ 상담요청 시 상담수행	▪ 실시 여부 ▪ 실시한 내용에 대해 실습 지도자와 논의
강사 섭외와 관리 및 교육 실시	▪ 프로그램 준비단계에서 강사섭외활동과 프로그램 진행단계에서 강의 모니터링에 참여	▪ 실시 여부 ▪ 실시한 내용에 대해 실습 지도자와 논의

<양식> 시간관리 매트릭스(예시)

시간관리 매트릭스는 해야 할 일을 긴급도와 중요도로 구분하여 일의 우선순위를 보기 좋게 정리하는 방법으로 우선 할 일 목록을 작성한 후 긴급함과 중요도에 따라 정리한다.

대학:
학번:
이름:

할 일 목록

	긴급함	긴급하지 않음
중요함		
중요하지 않음		

평생교육실습

LIFELONG
EDUCATION

평생교육
실습의 진행

평생교육실습의 진행

01 실습 진행 사항

평생교육실습은 이론적인 학습뿐만 아니라 현실적인 경험을 제공한다. 실습자는 학습한 이론과 평생교육 현장 체험을 통해 평생교육 분야에서의 현장 업무와 상황을 경험하고 이해할 수 있다. 따라서 실습 진행에 앞서 실습자의 자세, 현장실습 진행 단계, 내용 구성 등을 확인할 필요가 있다.

❶ 평생교육실습을 대하는 실습자의 자세

평생교육 실습은 실제 업무 환경에서 문제 해결, 협업, 소통 등의 필수적인 역량을 개발할 수 있는 기회를 제공한다. 실습자의 전문성과 경력 발전에 도움을 주어 평생교육 지도사로서 지속적으로 발전할 수 있다. 따라서 평생교육 현장실습은 평생교육 현장을 단순히 견학하는 차원이 아니라 기관에서 이루어지는 평생교육의 기획, 프로그램 운영, 수강생 관리, 문서작성, 마케팅, 평가 등을 직접 참여하고 체험하는 것이 중요하다. 실습을 성공적으로 하기 위해서는 아래의 자세가 필요할 것이다.

1) 열린 마음과 호기심을 가지고 접근해야 한다. 평생교육 실습은 새로운 환경과

상황에 직면하게 된다. 이를 통해 새로운 아이디어와 관점을 받아들이고, 자신의 경험과 지식을 넓힐 수 있다.

2) 적극적으로 참여하고 주어진 과제를 위한 최선의 노력을 해야 한다. 평생교육 실습은 학습자의 적극적인 참여와 노력이 필요하다. 주어진 업무나 활동에 열의를 가지고 자신의 성장을 위해 노력하는 자세가 중요하다.

3) 문제 해결과 협업 능력을 발휘해야 한다. 평생교육 실습에서는 실제 업무 상황에서 문제를 해결하고, 다른 사람들과 협력하여 목표를 달성해야 한다. 자신의 역량을 발휘하며, 팀원들과의 협업을 통해 성공적인 결과를 이뤄내는 능력이 중요하다.

4) 지속적인 학습과 개선을 추구해야 한다. 평생교육 실습을 통해 얻은 경험과 피드백을 토대로 지속적인 학습과 개선을 추구해야 한다. 실습을 통해 발견한 약점을 보완하고, 강점을 더욱 발전시키는 노력을 해야 한다.

5) 커뮤니케이션 기술을 가져야 한다. 좋은 커뮤니케이션 기술은 평생교육 실습자에게 필수적이다. 실습자는 명확하고 효과적인 의사소통을 할 수 있어야 한다. 학습자들과의 대화, 질문에 대한 답변, 그리고 필요한 정보를 명확하게 전달할 수 있어야 한다.

평생교육 실습은 학습자에게 평생학습의 가치와 의미를 실감하게 해주는 중요한 경험이다. 열린 자세와 적극적인 참여로 실습을 잘 이용하며, 경험과 피드백을 통해 지속적인 성장을 이루어 나가는 계기로 만들어야 한다.

② 평생교육 현장실습 진행 단계

실습자는 평생교육 현장실습을 다음에서 설명하는 단계별로 진행하여 교육적으로 유의미한 실습이 되도록 한다.

1) 계획 단계

평생교육실습을 시작하기 전에, 먼저 실습 목표와 계획을 수립해야 한다. 이 단계에서는 실습자는 어떤 종류의 평생교육 활동을 경험하고자 하는지, 어떤 기관이나 조직에서 실습을 진행할지, 그리고 실습의 기간과 일정을 정한다. 또한, 실습 기관에서는 실습 기간 동안 필요한 자원이나 지원을 확보하고, 실습에 참여할 학습자들을 선발하는 등의 작업을 수행한다.

2) 준비 단계

실습자는 실습을 위해 필요한 모든 자료와 자원을 확보하고, 실습을 지원할 기관이나 조직과의 협의를 진행한다. 실습 기관에서는 실습자들에게 평생교육 활동에 대한 사전 지식을 제공하고, 필요한 기술과 역량을 개발하기 위한 교육이나 워크숍을 제공할 수도 있다. 또한, 평생교육 활동을 위한 장소나 시설을 준비하고, 안전 및 보안에 대한 절차를 마련한다.

3) 진행 단계

평생교육실습을 진행하는 단계이다. 이 단계에서는 실습자들이 평생교육 활동을 실제로 경험하게 된다. 예를 들어, 평생학습센터에서 강의나 워크숍을 진행하거나, 사회봉사 활동을 수행하거나, 평생교육 프로그램개발, 교육 운영 등 기타 평생교육 활동을 참여할 수 있다. 실습 기관에서는 실습자들이 실제 환경에서 문제를 해결하고, 협업하며, 자기주도적으로 학습하는 경험을 얻을 수 있도록 지원해야 한다.

4) 평가 및 피드백 단계

평생교육실습이 끝나면, 실습 기관에서는 실습자들의 실습 활동을 평가하고 피드백을 제공해야 한다. 평가는 실습자들의 실습 성과를 측정하고, 실습 목표를 달성했는지를 평가하는 과정이다. 피드백은 실습자들에게 실습 도중 발생한 문제점이나 개선점을 알려주는 것을 의미한다. 평가와 피드백은 실습의 효과를 확인하고 개선하기 위해 필요한 단계이다.

평생교육실습은 학습자들에게 자기주도적인 학습과 협업 능력을 향상시킬 수 있는 기회를 제공한다. 이러한 단계적인 접근을 통해 학습자들은 평생교육 분야에서의 역량을 개발하고 성장할 수 있다.

❸ 평생교육 현장실습 내용 구성

실습 기관에서는 실습을 실시하기 전에 실습 계획을 세우고 설계한다. 이 단계에서는 실습 목표와 학습자들에게 제공될 내용을 정한다. 필요한 교육 자료나 활동의 순서를 결정하고, 실습 시간과 일정을 조정한다. 또한, 학습자들의 참여와 참여 방식을 고려하여 실습 환경을 구성한다. 교육부 [평생교육실습] 과목 운영 지침(2015.2)에서 다음과 같이 제시되어 있다.

실습 기관은 다음과 같은 현장실습의 목적과 목표에 기반하여 현장실습 내용을 구성한다.

[현장실습의 목적]

- 구조화된 실천적 경험을 통해 교과에서 습득한 평생교육 지식, 기술, 태도를 통합적으로 체화함으로써 평생교육 현장 전문성 향상

[현장실습의 목표]

- 양성기관에서 배운 평생교육 관련 이론을 실습현장에 적용 및 실천
- 평생교육사에게 요구되는 전문적인 지식, 기술 및 올바른 태도와 자질 함양
- 실습현장의 조직 내 인간관계가 갖는 역동성 이해
- 다양한 이해관계자의 요구를 이해할 수 있는 능력 함양
- 평생교육 현장에 따른 구체적인 직무를 이해하고, 수행방법 습득
- 평생교육사로서의 삶의 준비, 소질과 적성이 갖춰졌는지 실습생 스스로 평가·검증
- 실습생 자신의 직업적 적성을 확인하고 구체적인 경력개발 계획 수립의 기회 제공

평생교육실습 구성은 필수항목 4가지와 선택항목 3가지로 구성되어 있다. 평생교육 실습 기관에서는 사전에 현장실습 내용을 구성하고 실습생들에게 공지한다([표 6-1]).

[표 6-2]는 'K평생교육원'의 평생교육 실습 프로그램이다. 실습 구성은 1일 4시간씩 총 40일을 참여하는 것으로 구성되어 있다. 필수항목을 중심으로 선택항목을 적절히 배치하여 교육 구성을 하였고 특히 필수항목 중에 모의 프로그램 개발은 많은 시간이 필요하다.

표 6-1 | 평생교육 현장실습 내용 구성(예)(교육부 [평생교육실습] 과목 운영지침)

구분		실습 내용

필수
항목
	1. 오리엔테이션	① 기관소개 및 평생교육 관련 주요업무 소개
		  ▪ 기관별 현장실습 운영규정 안내 포함
		② 실습 기관유형 대비 기관특성 소개
		  ▪ 주요 학습자 및 프로그램 소개 등
		③ 해당 기관 실습생의 자세와 역할
		④ 구체적 실습목표 설정 및 실습 지도자와 일정별
		  세부계획 수립

	2. 행정업무	① 기안 및 공문서 모의 작성 ② 사업예산(안) 편성 안내

	3. 모의 프로그램 기획	Ⅰ ① 실습 기관의 주요 프로그램 조사 및 분석
		   ② 학습자 요구분석 실시(실습 기관 학습자 대상)
		
		Ⅱ ③ 모의 평생교육 프로그램 개발
		   ④ 모의 평생교육 프로그램 홍보 및 마케팅

	4. 실습 평가	실습 평가회: 실습생의 실습수행 내용에 대한 평가 등
선택 항목	1. 실습 기관 관련 법 및 정책이해와 기관 분석	① 평생교육법 및 관련 정책 파악하기 ② 실습 기관의 SWOT 분석을 통한 전략 도출
	2. 교육프로그램 운영 지원	① 학습자 관리 및 지원 ② 강사, 학습동아리 등 인적DB 관리 및 지원 ③ 학습정보DB 관리 및 지원 ④ 학습시설·매체 관리 및 지원 ⑤ 프로그램 관리·운영 및 모니터링 ⑥ 프로그램 만족도 조사 지원(결과분석 수행 등) ※ 별개 프로그램 2개 이상 수행
	3. 유관기관 방문 및 관련 행사 참석	① 유관기관 프로그램 조사 및 분석을 위한 방문 ② 평생학습 관련 행사(지역축제, 박람회 등) 참석 ※ 실습목적에 맞춰 2개 이상 5개 이하 기관을 방문하되, 총 방문기간은 3일을 넘지 않도록 함. ※ 각 기관방문에 대해서는 출장 및 결과보고서 제출 권장

표 6-2 | K평생교육원 현장실습프로그램

구분		실습 내용	시간	회차
현장실습 초기단계	[필수항목 1] 실습 오리엔테이션	① 기관소개 및 평생교육 관련 주요업무 소개, 실습 기관의 현장실습 운영규정 안내 ② 실습 기관의 유형 및 기관의 특성 소개(조직체계, 비전과 사명, 주요사업, 기관특성, 운영프로그램 등)	4	1
		③ 실습생의 자세와 역할(근무예절, 시간관리, 실습프로그램 안내, 자기소개 등) ④ 구체적 실습목표 설정 및 세부계획 수립	4	2
	[필수항목 3] 모의 프로그램 기획	① 실습 기관의 주요프로그램 조사 및 분석(학습동아리 구성/평생교육프로그램 트렌드 조사·분석) ② 학습자 요구(수요)분석	4	3
	[선택항목 1] 실습 기관 관련법 및 정책이해와 기관분석	① 평생교육법 및 관련 정책 파악하기 ② 실습 기관의 SWOT분석 및 나의 SWOT분석(전략도출), 업무보조 등	4	4
	[필수항목 3] 모의 프로그램 기획	③ 모의프로그램개발 실습(프로그램 주제선정, 필요성검토, 개발계획서 작성), 업무보조, 참여관찰 등	4	5
		③ 모의프로그램개발 실습(프로그램 환경분석 –조직과 외부요인 분석, 프로그램개발계획서 작성), 사회패러다임의 변화와 평생교육/ 평생학습, 업무보조, 참여관찰 등	4	6
		③ 모의프로그램개발 실습(프로그램 환경분석 및 잠재적 고객 분석, 프로그램개발계획서 작성), 지역사회 분석(지역사회의의 특성 조사-지역사회의 5가지 환경적인 요소 조사분석, 업무보조 등	4	7
		③ 모의프로그램개발 실습(환경조사·분석 및 고객분석), 지역사회의 특성 조사-지역사회의 5가지 환경적인 요소 조사분석, 분석표 작성, 업무보조 등	4	8
		③ 모의프로그램개발 실습(요구조사도구 선정 및 개발), 업무보조, 참여관찰 등	4	9

		③ 모의프로그램개발 실습(요구조사도구 개발), 업무보조, 참여관찰 등	4	10
		③ 모의프로그램개발 실습(요구조사도구 개발 및 피드백), 업무보조, 참여관찰 등	4	11
		③ 모의프로그램개발 실습(요구조사도구 개발 완료), 업무보조, 참여관찰 등	4	12
	[필수항목 3] 모의 프로그램 기획 [선택항목 2] 교육프로그램 운영지원	③ 모의프로그램개발 실습(프로그램 요구조사 실시) ⑤ 민간자격검정 개발 및 운영(국가자격과 민간자격/ 민간자격개발 및 등록)특강	4	13
	[필수항목 2] 행정업무 [필수항목 3] 모의 프로그램 기획	① 행정업무-공문서 작성법 등(평생교육기관 공문서 작성법) ③ 모의프로그램개발 실습(프로그램 요구조사 실시)	4	14
	[필수항목 3] 모의 프로그램 기획 [선택항목 2] 교육프로그램 운영지원	③ 모의프로그램개발 실습(프로그램 요구조사 분석) ④ 교육자료 개발 및 매체개발 업무보조- 각종 서식 및 교육자료 정리업무	4	15
현장실습 중간단계	[필수항목 2] 행정업무 [필수항목 3] 모의 프로그램 기획	① 기관홍보 행사기획(행사의 필요성, 목적, 특성, 운영방안, 기대효과 등(브레인스토밍을 통한 기획안 작성)) ③ 모의프로그램개발 실습(프로그램 요구조사 분석)	4	16
	[필수항목 2] 행정업무 [필수항목 3] 모의 프로그램 기획	② 기관홍보 행사기획II-기초 조사·분석, 실행계획, 예산계획 수립(보고서 작성) ③ 모의프로그램개발 실습(프로그램 요구조사 분석)	4	17
	[필수항목 3] 모의 프로그램 기획 [선택항목 3] 유관기관 방문 및 관련행사 참석	③ 모의프로그램개발 실습(요구목록작성) ① 자치단체평생학습관 조사분석-기관의 특성, 운영프로그램 분석(출장보고서 작성)	4	18
	[필수항목 3] 모의 프로그램 기획 [선택항목 2] 교육프로그램 운영지원	③ 모의프로그램개발 실습(요구우선순위 및 요구 선정) ④ 학습시설 및 자료정리, 업무보조	4	19

[필수항목 3] 모의 프로그램 기획 [선택항목 2] 교육프로그램 운영지원	③ 모의프로그램개발 실습(프로그램 목표설정, 학습내용구성) ④ 현장지원업무-업무보조	4	20
[필수항목 3] 모의 프로그램 기획	① 기관의 특성화 프로그램 체험 및 프로그램 장·단점 분석, 발표 및 토론 ③ 모의프로그램개발 실습(프로그램 목표설정, 학습내용구성)	4	21
	① 기관의 특성화 프로그램 체험 및 브랜드화 전략 수립 ③ 모의프로그램개발 실습(학습자료 및 매체 개발)	4	22
[필수항목 3] 모의 프로그램 기획 [선택항목 3] 유관기관 방문 및 관련행사 참석	③ 모의프로그램개발 실습(학습자료 및 매체 개발). ① 유관기관 방문 계획 수립-유관기관 현황분 석, 운영프로그램 조사분석	4	23
[필수항목 3] 모의 프로그램 기획 [선택항목 3] 유관기관 방문 및 관련행사 참석	④ 모의프로그램개발 실습(자원배분, 홍보마케 팅전략 수립: 홍보원칙, 일정, 예산편성 등) ① 유관기관 방문 및 네트워킹-유관기관 방문 기관 SWOT분석, 파트너십 방법 모색	4	24
[필수항목 3] 모의 프로그램 기획	④ 모의프로그램개발 실습(홍보 전략 수립: 홍 보대상, 시기, 내용, 기법, 매체선정 등)	4	25
[필수항목 3] 모의 프로그램 기획 [선택항목 3] 유관기관 방문 및 관련행사 참석	④ 모의프로그램개발 실습(홍보 매체 개발: 홍 보방법, 홍보카피 개발 등) ① 유관기관 방문 결과보고서 작성	4	26
[필수항목 3] 모의 프로그램 기획 [선택항목 3] 유관기관 방문 및 관련행사 참석	④ 모의프로그램개발 실습(홍보자료 제작, 예 상 효과분석 등) ① 유관기관 방문 결과보고서 작성, 현장업무 보조	4	27
[필수항목 3] 모의 프로그램 기획	③ 모의프로그램개발 실습(홍보마케팅 전략 발 표, 효과분석, 토론)	4	28
	③ 교수학습 이해-강의계획서 및 교안 작성법, 교수학습 방법, 학습자료 개발 특강	4	29

		③ 교수학습 이해-강의계획서 및 교안작성 실습, 학습자료 개발 실습	4	30
		③ 교수학습 이해-강의계획서 및 교안작성 평가 및 피드백, 학습자료 개발 피드백	4	31
		③ 강사 선정과 오리엔테이션-강사섭외 및 선정, 교육, 관리, 평가방법 등 특강	4	32
		③ 프로그램 평가-평가계획 수립: 평가방법, 평가항목, 평가준거, 도구개발 등	4	33
	[필수항목 3] 모의 프로그램 기획 [선택항목 1] 교육프로그램 운영지원	③ 모의프로그램 평가-각자 개발된 모의프로그램 분석 및 평가, 보고서 작성 등 ① 평생교육시설 9가지 유형 특성분석, 평생교육시설 설립 특강	4	34
현장실습 마무리단계	[필수항목 4] 실습 평가	* 실습평가회 준비(PPT작성), 실습생 특강, 개인별 자기소개 3분 스피치 원고작성 * 실습일지 및 자료점검(실습일지, 실습자료, 실습결과물 등 첨삭지도 및 자문)	4	35
		* 실습평가회 준비(PPT작성), 실습생 특강, 개인별 자기소개 3분 스피치 원고작성 * 실습일지 및 자료점검(실습일지, 실습자료, 실습결과물 등 첨삭지도 및 자문)	4	36
		* 실습평가회 준비(PPT작성)【양식 4】평생교육 현장실습 확인서 * 실습일지 및 자료점검(실습일지, 실습자료, 실습결과물 등 첨삭지도 및 자문)	4	37
		* 실습평가회 준비(ppt작성완료)【양식 8】실습생평가서 * 실습일지 및 자료점검(실습일지, 실습자료, 실습결과물 등 첨삭지도 및 자문)	4	38
		* 실습평가회 PPT발표/ 실습생 평가【양식 9】평생교육 현장실습 평가서	4	39
	[선택항목 2] 교육프로그램 운영지원	⑥ 만족도조사(실습 프로그램, 실습 내용, 실습 방법, 의사소통 등)	4	40
합계		20일(1일 8시간)/40일(1일 4시간)		160시간

02 실습생 과제

평생교육 현장실습 내용 구성은 [표 6-1]을 참조하면 필수항목 4가지와 선택항목 3가지가 있다. 평생교육 현장실습에 꼭 필요한 내용과 평생교육사로서의 역할을 하는 데 있어 중요한 것을 배우고 체험할 수 있는 과정으로 구성되어 있다.

❶ 실습 오리엔테이션(필수 1)

평생교육 현장실습 과정에서 실습 오리엔테이션은 실습자들이 실습 환경에 적응하고 원활한 실습 경험을 할 수 있도록 도와주는 과정이다. 이는 실습자들에게 실습 장소, 규칙, 기대사항, 안전 및 보안 절차 등에 대한 정보를 제공하는 것을 포함한다. 실습 오리엔테이션은 일반적으로 실습 시작 전에 진행되며, 다음과 같은 내용을 다루게 된다.

1) 실습 장소 및 시설 안내

실습자들에게 실습이 진행될 장소와 시설에 대한 안내를 제공한다. 이는 실습 기관 내부의 특정 강의실, 상담실, 휴게 공간 등을 포함한다. 장소와 시설에 대한 안내는 실습자들이 실습 기간 동안 편리하게 이용할 수 있는 방법과 규칙을 설명해야 한다.

2) 실습 규칙 및 기대사항

실습자들에게 실습 기간 동안 준수해야 할 규칙과 실습 기관에서 실습자에게 갖는 기대사항을 설명한다. 이는 출석, 시간 관리, 협업, 팀워크, 도덕적 행동, 기술적 규칙 등을 포함할 수 있다. 실습자들이 실습 환경에서의 실습 기관의 기대사항을 이해하고 적절히 행동할 수 있도록 안내하는 것이 중요하다.

3) 안전 및 보안 절차

실습자들에게 실습 환경에서의 안전과 보안에 대한 중요성을 강조하고, 이를 위한 절차와 지침을 제공한다. 예를 들어, 비상 대피 절차, 장비 사용 시 주의사항, 개인정보보호 등이 있을 수 있다. 실습자들이 안전을 최우선으로 생각하고 실습 환경에서의 위험을 최소화할 수 있도록 주의를 기울이도록 한다.

4) 실습 일정 및 업무 배치

실습자들에게 실습 일정과 업무 배치에 대한 정보를 제공한다. 이는 실습 시작 및 종료일, 근무 시간, 업무 분배, 멘토 또는 지도자와의 소통 방법 등을 포함할 수 있다. 실습자들이 실습 기간 동안의 일정을 예측하고 준비할 수 있도록 세부 계획을 제공한다.

5) 추가 정보 및 질의응답

실습자들이 실습 오리엔테이션 중에 추가적인 질문이나 요청이 있을 수 있으므로, 이를 위한 시간을 마련해야 한다. 실습자들이 오리엔테이션에 대한 이해도를 높일 수 있도록 돕고, 필요한 정보를 제공한다.

실습 오리엔테이션은 실습자들이 실습에 대한 이해도를 높이고 성공적인 경험을 할 수 있도록 돕는 중요한 단계이다. 실습자들은 실습 오리엔테이션을 통해 실습 환경에 대한 기본 지식과 예상되는 기대사항을 파악할 수 있게 되며, 이는 실습 기간 동안 실습자들의 학습과 성장을 지원하는 데 도움이 된다.

6) 실습 목표 설정 및 세부계획 수립

실습 오리엔테이션의 과제로 실습생 각자의 구체적 실습 목표 설정 및 실습 지도자와 일정별 세부 계획을 수립한다.

실습목표와 세부계획을 세우는 절차를 다음과 같이 5단계로 나눌 수 있다.

1) 1단계: 니즈 파악

실습을 진행하면서 실습생 자신이 얻고 싶은 니즈를 파악한다. 이 과정은 실습 목표를 설정하는 기반이 된다. 예를 들어, 평생교육기관의 향후 방향 탐색, 평생교육 프로그램 개발역량 강화 등을 고려할 수 있다.

2) 2단계: 목표 설정

파악한 니즈를 기반으로 실습 목표를 설정한다. 목표는 구체적이고 측정 가능해야 하며, 현실적으로 달성 가능한 목표여야 한다. 예를 들어, 평생교육 프로그램 개발역량을 향상시키기 위해 수요 분석 능력을 향상시키는 것을 목표로 할 수 있다.

3) 3단계: 세부계획 수립

설정한 목표를 달성하기 위한 세부계획을 수립한다. 이 단계에서는 목표를 세분화하여 필요한 활동, 교재, 시간 일정 등을 포함하여 구체적으로 계획한다. 예를 들어, 수요 분석 능력 향상을 위해 수요조사 계획, 수요조사 도구 작성, 수요조사 실습, 수요자 인터뷰 실습, 피드백 시스템 구축 등을 세부계획에 포함시킬 수 있다.

4) 4단계: 자원 확보

세부계획에 필요한 자원을 확보한다. 이는 교재, 교육 도구, 교육장소 등을 포함할 수 있다. 자원 확보는 계획의 성공적인 실행을 위해 중요한 단계이다.

5) 5단계: 실행과 평가

세부계획에 따라 실습을 실행하고, 실행 과정에서 진행 상황을 지속적으로 평가한다. 평가를 통해 목표 달성도를 확인하고, 필요에 따라 계획을 조정하거나 보완한다. 이 과정은 지속적으로 반복되어 개선된 실습을 제공하는 데 도움을 준다.

5단계 절차를 따라 [표 6-3]을 활용해서 실습목표와 세부계획을 세우면, 효과적이고 체계적인 평생교육실습을 준비할 수 있다.

표 6-3 | 평생교육 현장실습 세부계획 수립

구분	목표	세부계획	실행과 평가
모의 프로그램 기획			
행정업무			
실습 기관 관련 법 및 정책이해와 기관 분석			
교육 프로그램 운영 지원			

❷ 행정업무(필수 2)

평생교육기관에서 공문서를 작성하는 방법은 다음과 같은 단계를 따르면 된다.

1) 1단계: 문서 형식 결정

일반적으로 공문서는 공식적이고 전문적인 형식을 따른다. 문서 형식은 평생교육기관의 정책이나 가이드라인에 따라 결정된다. 일반적으로는 기관 로고, 제목, 일자, 받는 사람의 정보 등을 포함하는 헤더 부분과 문서 내용을 포함하는 본문으로 구성된다.

2) 2단계: 문서 구조 정하기

공문서의 구조는 명확하고 구체적이어야 한다. 일반적으로는 다음과 같은 구조를 따를 수 있다.

- 인사말: 문서를 받는 사람에게 대한 인사말을 적는다.
- 개요: 문서의 목적과 중요한 내용을 간략히 서술한다.
- 본문: 문서의 주요 내용을 상세히 작성한다. 목적에 따라 필요한 정보와 세부 내용을 포함한다.
- 마무리: 문서의 요약과 추가 조치 또는 응답을 요청하는 등의 마무리 부분을 작성한다.
- 인사말: 문서를 보내는 사람의 정보와 인사말을 작성한다.

3) 3단계: 명확하고 간결한 문체 사용

공문서는 전문적인 문체를 사용해야 한다. 문장은 명확하고 간결하게 작성되어야 하며, 독자가 쉽게 이해할 수 있도록 해야 한다. 글쓰기 원칙인 "주어＋동사＋목적어" 형태로 문장을 구성하고, 맞춤법과 문법을 꼼꼼하게 확인해야 한다.

4) 4단계: 적절한 양식과 어휘 사용

공문서 작성 시, 기관에서 정해둔 양식과 어휘를 사용해야 한다. 예를 들어, 특정 용어나 약어, 공식적인 어구를 사용해야 할 수도 있다. 이는 기관의 정책을 준수하고 일관성을 유지하는 데 도움이 된다.

5) 5단계: 정확한 정보와 데이터 포함

공문서는 정확한 정보와 데이터를 포함해야 한다. 문서에 포함되는 내용은 사실에 기반하고 신뢰성이 있어야 한다. 필요한 경우, 관련된 참조 자료나 자료 출처를 제공해야 한다.

6) 6단계: 검토 및 수정

문서 작성 후에는 검토와 수정을 거쳐야 한다. 문법, 맞춤법, 논리적인 흐름, 내용의 일관성 등을 확인하고 수정해야 한다. 또한, 문서를 받는 사람의 관점에서 검토하여 필요한 수정이나 보완이 있는지 확인해야 한다.

7) 7단계: 문서 발송

작성이 완료된 공문서는 정해진 방식에 따라 발송해야 한다. 이는 기관 내부 규정에 따라 이메일, 우편 등의 방법으로 이루어질 수 있다.

각 기관마다 작성 규칙이 다를 수 있으므로, 각 기관의 가이드라인을 참고하는 것이 중요하다.

❸ 모의프로그램 기획(필수 3)

1) 프로그램 개발 모델

교수 설계는 다양한 청중과 상황에 대해 효과적인 학습 경험을 만드는 과정이다. 교육 설계자는 양질의 과정과 프로그램을 설계, 개발 및 제공하기 위해 다양한 기술과 역량을 습득해야 한다. 예를 들어, ADDIE, SAM 및 AGILE 등과 같은 다양한 교수 설계 모델과 원칙을 사용하는 능력이 필요하다. 이러한 모델은 교수 설계 프로젝트를 계획, 구현 및 평가하기 위한 기본 방향과 지침을 제공한다.

(1) ADDIE란?

ADDIE는 분석(Analysis), 설계(Design), 개발(Development), 실행(Implementation) 및 평가(Evaluation)의 약어이다. 체계적이고 순차적인 접근 방식을 따르는 전통적이고 선형적인 교수 설계 모델이다. 분석 단계에서는 프로젝트의 요구 사항, 목표 및 제약 조건을 식별한다. 설계 단계에서는 학습 목표, 콘텐츠, 전략 및 평가의 개요를 설명한다. 개발 단계에서는 교육 자료 및 미디어를 만들고 테스트한다. 실행 단계에서는 학습 경험을 제공하고 촉진한다. 평가 단계에서는 피드백과 데이터를 수집하고 분석하여 프로젝트의 효과와 영향을 측정한다.

- Analysis(분석): 문제를 명확히 하고, 목표와 목표를 정의하고, 필요한 데이터를 수집.

- Design(디자인): 목표, 공예 구조 및 시퀀스 작성, 프로젝트 관리, 예산 책정.
- Development(개발): 텍스트, 스토리보드, 그래픽, 오디오 및 비디오를 사용하여 학습과정 구성
- Implementation(실행): 교육과정을 개발한 이후 이를 어떻게 활용하고, 유지하고, 관리할지에 대한 계획을 수립
- Evaluation(평가): 프로그램을 평가하고 수정

(2) SAM이란?

SAM은 연속 근사 모델(Successive Approximation Model)의 약자이다. 순환적이고 유연한 접근 방식을 따르는 반복적이고 민첩한 교육 설계 모델이다(Sites & Green, 2014).

그림 6-1 | SAM Model의 절차

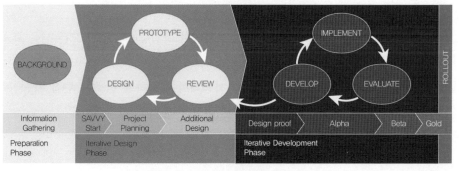

출처: elearningindustry.com/rapid instructional design with SAM

SAM에서는 프로젝트의 작은 프로토타입으로 시작한 다음 여러 라운드의 평가 및 수정을 통해 이를 구체화한다. SAM은 준비, 설계 및 개발의 세 가지 주요 단계로 구성된다. 준비 단계에서는 프로젝트에 대한 정보를 수집한다. 설계 단계에서는 프로젝트의 초안을 작성하고 소규모 학습자 그룹과 함께 테스트한다. 개발 단계에서는

설계 단계의 피드백과 데이터를 기반으로 프로젝트를 개선하고 더 큰 학습자 그룹과 함께 테스트한다.

▶ 준비단계(Preparation Phase): 현장의 요구를 수시로 파악

- 정보수집(Information Gathering): 성과향상을 위해 기존에 기울였던 노력과 결과, 관련자료, 스케줄/예산·법규, Project 성공을 위한 정보 수집
- Savvy Start: 이해관계자들이 모여 정보를 리뷰하고 핵심 아이디어를 생성하는 브레인스토밍 이벤트, 교수 설계자의 지도하에 마지막 학습 활동 스케치

▶ 반복 설계 단계(Iterative Design Phase): 대략적인 설계안 작성

- 프로젝트 계획(Project Planning): 예산, 리스크, 스케줄, 업무범위, 품질관리, 필요한 커뮤니케이션 과정 등 전체적인 기준을 계획
- 추가설계(Additional Design): 프로토타입을 개발한 뒤 지속적으로 리뷰/피드백

▶ 반복 개발 단계(Iterative Development Phase): 개발물을 산출하며 지속적으로 검증

- 설계검증(Design proof): 실행 가능성을 확인하고 입증하기 위한 모든 샘플 요소 통합
- 초기검증(Alpha): 모든 구성 요소를 사용해서 검증하고 사소한 편집 가능
- 후속검증(Beta): 간과된 문제들을 처리하고 최종적 개선
- 최종 결과물(Gold): 최종 결과평가 및 결과 배포 준비

SAM을 사용하면 설계자는 과정을 조기에 자주 테스트하고 사용자 피드백을 기반으로 개정에 민첩하게 대응할 수 있다(Sites & Green, 2014).

(3) AGILE이란?

AGILE은 약어가 아니라 교수 설계에서 협업, 적응 및 대응성을 강조하는 일련의 원칙과 관행을 가리키는 용어이다. AGILE은 특정 모델이 아니라 다양한 모델과 방법에 적용할 수 있는 철학이다. AGILE에서는 이해 관계자, 주제 전문가, 개발자 및

학습자를 포함하는 교차 기능 팀에서 작업한다. 짧은 시간 내에 완료되는 스프린트라고 하는 작고 관리하기 쉬운 단위로 프로젝트를 나눈다. 스크럼, 칸반, 사용자 스토리, 페르소나와 같은 다양한 도구와 기술을 사용하여 프로젝트를 소통하고 계획하고 실행한다. 또한 프로젝트가 학습자의 요구와 기대를 충족하는지 확인하기 위해 빈번하고 지속적인 테스트와 평가를 수행한다.

ADDIE는 단계별 기술을 사용하고 명확한 지침의 중요성을 강조한다. 결과적으로 실수를 수정하기 위해 몇 단계 뒤로 돌아가는 것이 어려울 수 있다. 문제가 언제 어디서 시작되었는지 정확히 파악하는 것이 훨씬 더 어렵다. 반면에 SAM은 병렬로 작동하는 시스템이다. 브레인스토밍으로 시작하여 모든 것이 계획되면 다음 단계가 동시에 진행된다.

가장 적합한 교육 설계 모델을 결정할 때 모든 경우에 적용되는 정답은 없다. 프로젝트의 범위 및 복잡성, 사용 가능한 시간 및 리소스, 학습자의 요구 사항 및 선호 사항, 이해 관계자의 피드백 및 기대치와 같은 요소를 모두 고려해야 한다. 예를 들어, 시간과 리소스가 제한된 대규모의 복잡한 프로젝트가 있는 경우 SAM 또는 AGILE과 같은 효율적이고 적응 가능한 모델의 이점을 누릴 수 있다. 반면에 더 많은 시간과 자원이 있고 학습자가 더 동질적이고 안정적이라면 ADDIE와 같이 더 표준화되고 콘텐츠 중심적인 모델을 선택할 수 있다.

2) 평생교육 프로그램 개발 계획서 작성

프로그램 개발 계획서를 작성하면 프로그램의 목적과 목표를 명확히 설정하고, 효과적으로 프로그램을 계획하고 운영할 수 있다.

(1) 개발 목적

평생교육 프로그램의 개발 목적을 명확히 정의해야 한다. 어떤 사회적 또는 직업적 요구에 부응하거나 참여자들의 역량 향상을 목표로 할 수 있다. 목적을 구체적으로 기술하고 개발 프로그램의 가치와 필요성을 강조해야 한다.

(2) 대상 참여자

프로그램을 수강할 예상 대상 참여자를 정확히 파악해야 한다. 연령, 직업, 학력,

관심 분야 등의 정보를 고려하여 대상 참여자의 조건과 요구사항을 파악한다. 이를 토대로 프로그램의 내용과 방법을 설계하게 된다.

(3) 수강 목표

프로그램을 수강하는 참여자들이 어떤 목표를 달성하길 원하는지를 파악해야 한다. 참여자들이 개인적으로 얻고자 하는 지식, 기술, 역량을 명확히 이해하고, 프로그램이 이를 충족시킬 수 있는 목표를 설정해야 한다.

(4) 프로그램 내용

프로그램 개발 계획서에는 프로그램의 세부적인 내용과 구성 요소를 작성해야 한다. 주제, 강의 계획, 교육 방법, 학습 자료, 실습 등을 포함하여 프로그램이 어떻게 진행될 것인지 설명해야 한다.

(5) 교육 방법과 평가

프로그램 개발 시 어떤 교육 방법과 평가 방법을 활용할 것인지 고려해야 한다. 참여자들의 참여도를 높이고 효과적인 학습을 도모하기 위해 다양한 교육 방법을 포함하고, 참여자들의 성과를 평가할 수 있는 평가 방법을 도입해야 한다.

(6) 일정과 자원

프로그램 개발 및 운영에 필요한 일정과 자원을 계획해야 한다. 개발, 교육, 평가, 운영 등의 단계별 일정을 수립하고, 필요한 인력, 예산, 시설 등의 자원을 파악하여 계획에 반영해야 한다.

(7) 결과 및 효과 평가

개발한 평생교육 프로그램의 결과와 효과를 평가할 수 있는 방법을 고려해야 한다. 프로그램의 목표 달성도, 참여자들의 평가 및 피드백 등을 토대로 개선점을 파악하고 향후 개발에 반영할 수 있다.

[표 6-4]를 활용해서 프로그램 개발 계획서를 작성하면, 프로그램을 기획하는데 있어 체계적이고 효과적으로 구성할 수 있다.

표 6-4 | 평생교육 프로그램개발 계획서(양식)

평생교육 프로그램 개발 계획서

프로그램명		프로그램 분야	
대상 참여자		모집 인원	
강의시간		총 시수	
필요성 검토			
목적			
목표	1. 2. 3. 4.		
기대효과			
시행일정	년 월 일 ~ 년 월 일		

개발일정	구분	주요내용	기간
	프로그램개발 계획수립		
	환경/고객분석		
	요구조사/요구분석		
	학습내용/교수법선정		
	학습도구/자료개발		
	자원확보/배분		
	홍보/마케팅전략		
	시범운영/보고서작성		
	프로그램 운영		
	사후평가/보고서작성		

예산계획	구분	항목	내용	기타
	수입	편성예산		
		수강료		
		지원금		
		기타		
		합계		
	지출	조사비용		
		개발비용		
		실행비용		
		평가비용		
		기관수익		
		예비비		
		합계		

출처: 한국교육복지 평생교육원.

3) 평생교육 프로그램 개발 방법

평생교육 프로그램은 빠르게 변화하는 사회에 적응하기 위해 필요한 지식, 기술, 역량을 개발하는 데 중요한 역할을 하고 사회적 포용과 평등을 강화하는 데 도움을 줄 수 있어야 한다. 경제적, 사회적으로 취약한 계층이나 다양한 배경을 가진 사람들에게 교육 기회를 제공하여 사회적 격차를 줄이는 데 기여하기도 한다. 이러한 평생교육 프로그램은 사람들에게 평생학습의 기회를 제공하여 발전과 사회적인 진보를 도모하게 한다. 이러한 점을 감안하여 평생교육 프로그램을 개발한다.

(1) 프로그램명

프로그램명은 사용자들이 프로그램을 식별하고 기억하는 핵심 요소다.

① **목적과 내용을 반영**: 프로그램의 주요 목적과 내용을 간결하게 반영하는 이름을 선택한다. 프로그램이 어떤 기능을 수행하는지 명확하게 전달되어야 한다.

② **짧고 간결한 이름**: 짧고 기억하기 쉬운 이름을 선택한다. 긴 이름은 기억하기 어렵고 사용하기 번거로울 수 있다.

③ **일관성 유지**: 이미 사용 중인 다른 프로그램이나 기능과 일관성을 유지하는 것이 좋다. 유사한 프로그램들이 서로 호환되거나 협업하기 쉬워질 수 있다.

④ **브랜딩 고려**: 프로그램의 이름이 회사, 제품 또는 브랜드와 관련되어 있다면, 해당 브랜드 가치, 이미지와 일치하도록 선택한다.

⑤ **특이하고 독특한 이름**: 특이하고 독특한 이름을 선택하면 프로그램을 더 쉽게 기억하고 찾을 수 있다. 하지만 너무 복잡하거나 혼동을 줄 수 있는 이름은 피하는 것이 좋다.

⑥ **예상 사용자 고려**: 프로그램을 사용할 예상 사용자들의 취향과 선호도를 고려한다. 해당분야의 전문 용어나 일반적으로 알려진 용어를 활용하여 사용자들이 쉽게 이해할 수 있는 이름을 선택한다.

⑦ **검색 엔진 최적화**(SEO): 프로그램 이름을 선택할 때 검색 엔진에서 쉽게 검색될 수 있는 키워드를 고려한다. 프로그램과 관련된 인기있는 키워드를 포함하는 이름을 선택하면 사용자들이 찾을 확률이 높아진다.

⑧ **테스트와 피드백**: 후보 프로그램명을 선정한 후, 주변 사람들에게 피드백을 요청하고 테스트해본다. 다양한 의견과 제안을 수렴하여 최종적인 이름을 결정할 수 있다.

⑨ **법적 제약 사항 확인**: 프로그램명을 선택할 때 법적인 제약 사항을 확인한다. 저작권, 상표권 등과 관련된 문제가 발생하지 않도록 주의한다.

(2) 프로그램 분야

프로그램 분야는 잠재적인 성공과 개인적인 만족을 동시에 얻을 수 있는 분야를 선택한다.

① **관심 분야**: 자신이 관심 있는 분야를 선택하는 것이 중요하다. 열정과 흥미가 있는 분야일수록 프로그램을 개발하고 유지보수하는 동안 지속적인 열정과 동기부여를 유지할 수 있다.

② **경험과 전문성**: 자신이 이미 가지고 있는 경험과 전문성을 고려하여 프로그램 분야를 선택한다. 이미 알고 있는 지식과 기술을 활용하여 좀 더 효과적으로 프로그램을 개발할 수 있다.

③ **성장 가능성과 수요**: 선택한 분야가 성장 가능성과 수요가 있는지 확인한다. 현재와 미래에 걸쳐 지속적인 수요가 예상되는 분야를 선택하는 것이 좋다. 시장 조사와 트렌드 분석을 통해 성장 가능성을 평가할 수 있다.

④ **혁신과 창의성**: 혁신적인 아이디어와 창의성을 발휘할 수 있는 분야를 선택한다. 새로운 아이디어와 기술을 도입하여 사용자들에게 가치를 제공할 수 있는 분야는 성공할 가능성이 높다.

⑤ **자원 및 기술적 요구 사항**: 선택한 분야에 필요한 자원과 기술적 요구 사항을

고려한다. 필요한 도구, 프레임워크, 언어 등을 활용할 수 있는지 확인하고 자신의 역량과 리소스를 고려하여 분야를 선택한다.

⑥ **시장 조사와 경쟁 분석**: 선택한 분야의 시장 조사와 경쟁 분석을 수행한다. 유사한 프로그램이나 제품이 이미 존재하는지, 경쟁사의 강점과 약점은 무엇인지 파악하여 자신의 프로그램에 대한 차별화 요소를 고려할 수 있다.

⑦ **협력과 네트워킹 기회**: 선택한 분야에서 협력과 네트워킹이 가능한지 고려한다. 다른 개발자, 전문가, 사용자 및 관련된 커뮤니티와의 협력과 지원을 통해 프로그램을 발전시킬 수 있다.

⑧ **장기적인 관점**: 분야 선택은 장기적인 관점에서 고려되어야 한다. 지속적으로 성장하고 발전할 수 있는 분야를 선택하여 오랜 기간 동안 관심을 가질 수 있도록 계획한다.

⑨ **자기 만족과 사회적 가치**: 선택한 분야에서 자기 만족과 사회적 가치를 느낄 수 있는지 고려한다. 자신이 개발한 프로그램이 사람들의 삶을 개선하거나 사회에 긍정적인 영향을 줄 수 있다면 보다 의미 있는 일을 할 수 있다.

(3) 대상자

대상자 선정은 프로그램의 성공과 효과를 좌우하는 중요한 단계이다. 목표와 내용에 맞는 대상자를 신중하게 선정하여 프로그램의 효과를 극대화할 수 있도록 노력한다.

① **목표와 목적**: 교육 프로그램의 목표와 목적에 부합하는 대상자를 선정한다. 프로그램이 어떤 지식, 기술 또는 경험을 제공하고자 하는지 고려하여 대상자의 필요성과 관련성을 평가한다.

② **기초 요구사항**: 프로그램의 내용과 난이도에 따라 기초 요구사항을 설정한다. 대상자가 해당 분야에서 이해하고 습득할 수 있는 최소한의 기초 지식이나 기술을 갖추고 있는지 확인한다.

③ **경험 수준**: 대상자의 경험 수준을 고려한다. 초보자, 중급자, 전문가 등 경험

에 따라 대상자를 분류하여 적합한 교육 내용과 수준을 제공할 수 있다.

④ **관심과 동기**: 대상자의 관심과 동기도 고려해야 한다. 해당 분야에 대한 관심과 학습의지가 있는 대상자를 선정하여 프로그램에 적극적으로 참여할 수 있도록 유도할 수 있다.

⑤ **목표 그룹**: 교육 프로그램의 목표 그룹을 설정한다. 특정 직업, 산업, 연령대, 학력 수준 등 특정 그룹에 맞춰 프로그램을 개발하고 대상자를 선정할 수 있다.

⑥ **다양성과 포용성**: 다양한 배경, 경험, 문화, 성별 등을 고려하여 프로그램 대상자를 다양하게 구성한다. 다양성과 포용성은 프로그램의 품질과 성공을 높일 수 있다.

⑦ **사전 평가**: 대상자의 수준을 판별하기 위해 사전 평가를 실시할 수 있다. 테스트, 인터뷰, 자기 평가 등을 활용하여 대상자의 수준과 필요성을 평가하고 맞춤형 교육을 제공할 수 있다.

⑧ **피드백과 수정**: 교육 프로그램을 실시한 후 대상자의 피드백을 수집하고 반영한다. 프로그램의 효과성과 대상자의 만족도를 평가하여 필요한 수정과 개선을 수행할 수 있다.

⑨ **지속적인 평가**: 교육 프로그램을 지속적으로 평가하여 대상자의 성취도와 발전을 추적한다. 대상자의 성장과 필요성에 따라 추가적인 지원이나 고급 수준의 교육을 제공할 수 있다.

(4) 필요성 검토

교육 프로그램의 필요성을 검토할 때, 현실적인 요구사항을 파악하고 명확한 목표와 전략을 설정하는 것이 중요하다. 또한 대상자와의 현장 조사와 인터뷰를 통해 필요성을 평가하고 경쟁력 강화, 업무 효율성 향상, 전문성 유지 등을 고려할 수 있다. 조직의 문화와 가치를 지원하고 이전 프로그램의 평가와 피드백을 고려하는 것도 필요한 검토 요소이다.

① **현실적인 요구사항 파악**: 현실적인 요구사항을 파악하여 교육 프로그램의 필요성을 검토한다. 조직 또는 개인이 직면한 문제, 부족한 역량, 새로운 기술 도입 등을 고려하여 교육이 필요한지 분석한다.

② **목표와 전략 설정**: 교육 프로그램을 통해 어떤 목표를 달성하고 어떤 전략을 실행할지 설정한다. 명확한 목표와 전략을 세우면 교육의 필요성을 더욱 명확히 이해하고 검토할 수 있다.

③ **현장 조사와 인터뷰**: 대상자와 현장에서의 조사와 인터뷰를 통해 필요성을 평가한다. 대상자의 의견과 요구사항을 수집하고, 현장에서 발생하는 문제와 도전 과제를 파악하여 교육의 필요성을 확인할 수 있다.

④ **경쟁력 강화**: 교육을 통해 조직이나 개인의 경쟁력을 강화할 수 있는지 고려한다. 시장 트렌드, 기술 발전 등을 고려하여 교육 프로그램을 통해 경쟁력을 향상시킬 수 있는지 평가한다.

⑤ **업무 효율성 향상**: 업무 수행에 필요한 역량을 강화하고 효율성을 향상시킬 수 있는지 고려한다. 프로세스 개선, 기술 습득, 리더십 강화 등을 통해 업무 수행에 도움이 되는 교육이 필요한지 검토한다.

⑥ **전문성 및 업데이트**: 특정 분야의 전문성을 갖추고 최신 동향을 반영하기 위해 교육이 필요한지 고려한다. 기술의 빠른 변화나 법규제 변경 등을 고려하여 전문성 유지를 위한 교육이 필요한지 평가한다.

⑦ **조직 문화와 가치**: 조직의 문화와 가치에 맞는 교육이 필요한지 고려한다. 조직의 비전, 가치관, 인재 육성 등을 고려하여 조직의 핵심 가치를 지원하고 강화할 수 있는 교육의 필요성을 검토한다.

⑧ **평가와 피드백**: 이전의 교육 프로그램 평가와 피드백을 고려한다. 이전 프로그램에서의 성과와 개선 사항을 고려하여 새로운 교육의 필요성을 검토할 수 있다.

다음에서 소개하는 서비스 디자인 씽킹은 사용자 중심의 접근 방식으로서, 사용자의 불편함과 요구사항을 파악하고 그에 따라 서비스를 디자인하는 과정이다. 평생교육 프로그램을 개발할 때 서비스 디자인 씽킹은 매우 유용한 필요성 검토 방법이다. 이를 통해 프로그램의 목적과 사용자의 불편함과 요구사항을 정확히 파악하고, 프로그램을 개발할 수 있다.

◆ 서비스 디자인 씽킹 ◆

서비스 디자인 씽킹은 '서비스 디자인'과 '디자인 씽킹'이 결합한 용어다.
『서비스 디자인 교과서(This is Service Design Thinking)』의 저자 마르크 스틱도른은 서비스 디자인과 디자인 씽킹은 각각의 주제만으로 충분히 복잡하며 사람들은 서비스 디자이너, 디자인 사고자, 디자인 전략가, 서비스 마케터 등으로 각자의 역할을 서로 다르게 설명한다고 언급한다.

하지만 그 속에서도 특정한 접근 방식을 공유하고 있다는 사실에 주목할 필요가 있는데, 이것을 바로 서비스 디자인 씽킹이라고 정의한다.

- 『서비스 디자인 교과서』(마스크 스틱도른 외 저), 27쪽

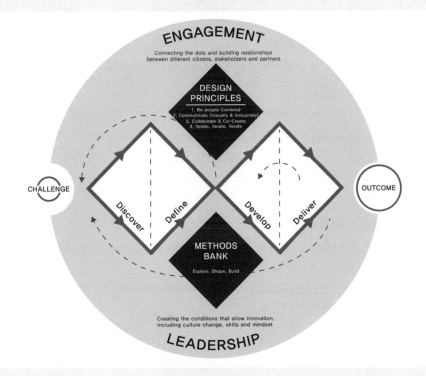

디자인 씽킹 프로세스를 설명한 더블 다이아몬드 모델. 확산과 수렴 과정의 반복이 두 개의 다이아몬드가 연결된 형태로 표현된다.

출처 www.designcouncil.org.uk

서비스 디자인 씽킹 프로세스를 활용하여 교육 프로그램의 필요성을 검토하는 6단계 과정

1. 이해하기(Empathize):
- 사용자 관점 이해: 교육 프로그램을 필요로 하는 사용자들의 경험, 불편한 점을 조사하고 이해 그들의 역할과 요구사항을 공감하고 문제점과 니즈를 인식
- 관찰 및 인터뷰: 대상 사용자들을 관찰하고 인터뷰하여 그들의 역할과 불편한 점을 더 깊게 이해
- 인사이트 도출: 사용자들의 문제점과 니즈를 분석하여 인사이트를 도출하고 교육 프로그램의 필요성을 파악

2. 문제 정의하기(Define):
- 인사이트 정리: 얻은 인사이트를 정리하고 우선순위를 매기며 교육 프로그램의 필요 영역 좁히기
- 문제 정의: 필요 영역을 정확히 정의하고 이를 해결하기 위한 목표를 설정
- 사용자 니즈: 사용자들의 문제와 니즈를 정리하여 명확한 사용자 니즈 명세를 작성

3. 아이디어 도출하기(Ideate):
- 창조적인 아이디어 발굴: 다양한 사고 기법과 그룹 토론을 통해 교육 프로그램에 대한 아이디어를 자유롭게 도출
- 아이디어 선정: 도출된 아이디어를 검토하고 평가하여 가치 있는 아이디어를 선정
- 아이디어 개발: 선정된 아이디어를 발전시키고 구체화하여 구현 가능한 교육 프로그램 개발

4. 프로토타입 제작하기(Prototype):
- 교육 프로그램 시각화: 선택한 아이디어를 시각적인 형태로 표현하는 프로토타입을 제작, 사용자들과의 소통과 피드백 수집에 활용
- 반복과 개선: 제작한 프로토타입을 사용자들에게 테스트하고 피드백을 수집한 뒤, 필요한 개선과 수정을 반복적으로 수행

5. 테스트 및 평가하기(Test and Evaluate):
- 테스트 계획: 프로토타입을 사용하여 사용자들과의 테스트 계획을 수립

▪ 사용자 피드백 수집: 테스트를 통해 사용자들의 피드백을 수집하고 교육 프로그램을 평가
▪ 결과 분석: 수집한 피드백을 분석하여 개선 사항을 도출하고 교육 프로그램의 효과를 평가

6. 구현과 개선(Implement and Improve):
▪ 구현 계획 수립: 최종적인 교육 프로그램을 구현하기 위한 계획을 수립
▪ 구현 및 개선: 교육 프로그램을 구현하고 운영하며, 수집한 피드백과 결과 분석을 기반으로 지속적인 개선을 수행

위의 6단계를 통해 서비스 디자인 씽킹 프로세스를 적용하여 교육 프로그램의 필요성을 검토하고, 사용자 중심의 맞춤형 프로그램을 개발

(5) 목적

① **명확하고 구체적으로 작성하기**: 목적은 개발하고자 하는 교육 프로그램의 목표와 의도를 명확하게 전달해야 한다. 구체적으로 어떤 결과를 달성하고자 하는지 명시하는 것이 중요하다.

② **핵심 요소 강조하기**: 목적은 교육 프로그램의 핵심 요소와 가치를 강조해야 한다. 어떤 문제를 해결하고자 하는지, 어떤 역량을 강화하고자 하는지를 명확하게 나타내야 한다.

③ **사용자 중심으로 작성하기**: 교육 프로그램을 개발하는 목적은 참여자들이 어떤 가치를 얻을 것인지 고려해야 한다. 참여자의 조건과 니즈를 고려하여 목적을 작성하고, 이해관계자들이 공감하고 지지할 수 있는 목표를 설정해야 한다.

④ **간결하게 작성하기**: 목적을 간결하게 작성하는 것이 중요하다. 목표를 이해하기 쉽고 명확하게 전달할 수 있도록 불필요한 정보나 용어는 최소화해야 한다.

⑤ **검토 및 수정하기**: 목적을 작성한 후에는 다른 이해관계자나 전문가들과 검토를 거쳐 피드백을 받고 필요한 수정을 진행해야 한다. 목적이 명확하고 타당한지 확인하는 과정이 필요하다.

(6) 목표

① **SMART 원칙 적용하기**: 목표는 SMART 원칙에 따라 설정해야 한다. 구체적 (Specific), 측정 가능(Measurable), 달성 가능(Achievable), 관련성 있는(Relevant), 시간적으로 제한된(Time-bound) 목표로 설정해야 한다. 이를 통해 목표의 명확성과 실현 가능성을 확보할 수 있다.

② **핵심 결과에 초점을 맞추기**: 목표는 교육 프로그램의 핵심 결과에 초점을 맞춰야 한다. 어떤 지식, 기술, 역량을 개발하거나 참여자들이 어떤 동작이나 행위를 달성하게 하는지를 명확히 목표로 설정해야 한다.

③ **참여자의 조건과 요구사항 고려하기**: 교육 프로그램의 목표는 참여자들의 조건과 요구사항을 충족시키는 것이다. 목표를 작성할 때 참여자들이 어떤 요구사항을 가지고 있는지를 고려하여 목표를 설정해야 한다.

④ **검증 가능한 목표로 작성하기**: 목표는 검증 가능하도록 작성해야 한다. 측정 가능한 지표나 평가 방법을 포함하여 목표를 작성하면 목표의 달성도를 평가하고 개선할 수 있다.

(7) 환경/고객분석

① 평생교육 프로그램의 주요 대상(집단)이 누구인지 확인하는 것이 중요하며, 대상(집단)에 대한 환경적 요소를 분석하여 특성을 파악한다.

② PESTEL 분석은 정치(Political), 경제(Economic), 사회(Social), 기술(Technological), 환경(Environmental), 법적(Legal) 요인을 분석하여 기업이나 기관이 활동하는 환경을 평가하는 도구이다. 이 분석을 통해 외부 환경 변화에 대한 이해를 높이고, 전략 수립과 의사 결정에 도움을 준다(정영미, 노영희, 2022).

- 정치(Political) 요인:

  국가의 정치 체계, 정부 정책, 법률, 규제 등을 포함한다.

  예를 들어, 정부의 정책 변화가 기업 활동에 어떤 영향을 미치는지 분석한다.

- 경제(Economic) 요인:

경기 상황, 금리, 환율, 인플레이션 등 경제적인 측면을 포함한다.

예를 들어, 경기 침체로 인한 수요 감소나 금리 상승으로 인한 자금 조달 어려움 등을 평가한다.

- 사회(Social) 요인:

인구 통계, 생활양식, 문화, 가치관, 소비자 행태 등을 포함한다.

예를 들어, 소비자 트렌드 변화나 사회적 관심사에 대한 반응을 분석한다.

- 기술(Technological) 요인:

기술 혁신, 연구 개발, 자동화 등과 같은 기술적인 측면을 포함한다.

예를 들어, 새로운 기술의 도입이 기업의 경쟁력과 혁신 능력에 어떤 영향을 미치는지 평가한다.

- 환경(Environmental) 요인:

환경 보호, 지속 가능성, 기후 변화 등을 포함한다.

예를 들어, 기업의 환경 영향 평가나 친환경 제품과 서비스에 대한 수요 증가를 분석한다.

- 법적(Legal) 요인:

법률과 규제, 산업 규제, 지적 재산권 등을 포함한다.

예를 들어, 산업 규제의 변화나 법적 제약 사항을 분석한다.

PESTEL 분석은 이러한 요인들을 종합적으로 분석하여 기업이나 기관이 활동하는 환경의 전반적인 영향을 이해하고, 시장 동향에 대응하는 전략을 수립하는 데 도움을 준다. 분석 결과를 토대로 기회를 파악하고 위험을 대비할 수 있다.

(8) 요구조사/요구분석

① **요구**: 사회학적인 용어로 한 개인의 내적 바람과 동기는 물론 집단적, 사회적 필요의 의미를 포함

② **요구조사**: 프로그램을 적용시킬 타깃 집단(모집단)의 니즈(Needs)를 파악하기 위하여 실시하는 것

③ **요구조사 도구**: 현존자료, 면담, 관찰, 그룹회의, 설문조사, 결정적 사태분석

④ **요구조사 분석의 목적**: 학습자의 특성과 요구 수준을 정확하게 파악하기 위함

⑤ **설문지법**: 목적에 맞는 문항 개발이 중요함

장점	정보 수집 시간 ↓ / 자료 수집 양 多 / 수집된 정보 분석 용이 등
단점	구체적 답변 X / 응답 회수율 ↓ / 응답의 정확성 ↓ (성의 없는 답변) 등

표 6-5 | 프로그램 요구조사 예시

[Y대 평생교육실습 _ 예비 부모를 위한 성공하는 자녀교육법 프로그램]

안녕하십니까?

먼저 바쁘신 와중에도 시간을 할애해서 설문에 응해 주셔서 진심으로 감사드립니다. 본 설문지는 예비 부모를 위한 성공하는 자녀교육법 프로그램을 개발하기 위한 기초자료를 수집하고자 작성되었습니다.

여러분께서 응답해 주신 자료는 통계법 제33조 및 제34조의 규정에 의해 비밀이 보장되며, 수집된 자료는 연구목적 이외의 용도로는 절대 사용되지 않음을 약속드립니다. 귀하의 의견을 솔직하게 응답해주시길 부탁드리며, 설문지 작성을 위해 소중한 시간을 내어주신 점에 다시 한번 감사의 말씀을 드립니다. 감사합니다.

2022년 10월 1일

Y대학교 교육대학원 평생교육실습 OOO 드림

지도교수: OOO

* 본 설문지에 대한 의문사항이나 문의사항이 있으면 전화나 이메일로 연락해 주시길 바랍니다. 다시 한번 여러분의 소중한 시간을 할애해 주셔서 깊이 감사드립니다.

C.P 010-0000-0000 / e-mail: 000000@0000.ac.kr

- 귀하는 현재 임신 중 또는 입양 예정 입니까?

  ① 예   ② 아니오

- 태어날(입양 할)자녀를 위해 현재 준비하고 있는 것은? (중복 체크 가능)

  ① 심신안정   ② 체력관리   ③ 육아법 강의수강   ④ 육아 정보습득

- 태어날(입양 할)자녀가 또래 아이들보다 뛰어 났으면 하는 것은? (중복 체크 가능)

  ① 학습능력　　　② 체력　　　③ 감성　　　④ 인성　　　⑤ 없다
- 현재 자녀양육에 대하여 어려움을 느끼고 있다.

  ① 그렇다　　　　　　② 그저 그렇다　　　　　　③ 그렇지 않다.
- 나는 자녀 양육을 다음에 주로 의존하는 경향이 있다. (단일선택)

  ① 자신의 성장 경험　　　② 자녀교육 관련 강좌　　　③ 주변의 자녀교육 경험

  ④ 자녀교육 관련 서적 탐독　　　⑤ 각종 매체(신문, 방송, 잡지, 인터넷 등)
- 나는 자녀의 학습력이 부모의 유전적 영향을 받는다고 생각한다.

  ① 매우 그렇다　② 그렇다　③ 그저 그렇다　④ 그렇지 않다　⑤ 매우 그렇지 않다
- 나는 자녀의 학습력이 부모의 양육법에 영향을 받는다고 생각한다.

  ① 매우 그렇다　② 그렇다　③ 그저 그렇다　④ 그렇지 않다　⑤ 매우 그렇지 않다
- 나는 자녀의 인성은 부모의 임신 중 태교의 영향을 받는다고 생각한다.

  ① 매우 그렇다　② 그렇다　③ 그저 그렇다　④ 그렇지 않다　⑤ 매우 그렇지 않다
- 나는 자녀의 인성은 부모의 양육법에 영향을 받는다고 생각한다.

  ① 매우 그렇다　② 그렇다　③ 그저 그렇다　④ 그렇지 않다　⑤ 매우 그렇지 않다
- 나는 자녀의 성장발달에 부모의 임신 중 식습관 영향을 받는다고 생각한다.

  ① 매우 그렇다　② 그렇다　③ 그저 그렇다　④ 그렇지 않다　⑤ 매우 그렇지 않다
- 나는 자녀의 성장발달에 부모의 양육법에 영향을 받는다고 생각한다.

  ① 매우 그렇다　② 그렇다　③ 그저 그렇다　④ 그렇지 않다　⑤ 매우 그렇지 않다
- 나는 자녀가 잘못했을 때 훈육하는 방법에 대해 잘 알고 있다고 생각한다.

  ① 매우 그렇다　② 그렇다　③ 그저 그렇다　④ 그렇지 않다　⑤ 매우 그렇지 않다
- 내가 알고 있는 적절한 훈육 법 (예시-방에 혼자두기)

  (　　　　　　　　　　)
- 나는 부모가 자녀에게 하는 행동이나 언어에 어떤 부분이 중요한지 잘 알고 있다고 생각한다.

  ① 매우 그렇다　② 그렇다　③ 그저 그렇다　④ 그렇지 않다　⑤ 매우 그렇지 않다
- 내가 알고 있는 부모의 중요한 행동과 언어표현 (예시-비속어 안 쓰기)

  (　　　　　　　　　　)
- 프로그램의 개설 시간 때는 다음이 적절하다.

  ① 오전　② 오후　③ 오전, 오후 모두 좋다　④ 주말　⑤ 평일 오후(19:30~21:30)

- 프로그램의 운영 시간의 유형은 다음이 적절하다.
  ① 특강 형식(일회성으로 180분 이내   ② 15시간 이내   ③ 30시간 이내
  ④ 60시간 이내   ⑤60시간 초과

◈ 소중한 자료로 사용하겠습니다. 감사합니다.

- 회수한 설문 응답을 [그림 6-2]와 같이 엑셀로 정리함.
  → 전체 응답에 대한 결과 분석/요구 분석(희망 내용, 시간, 시기 등)
- 조사된 요구에 대해 배점 또는 무게값을 기입하여, 각 요구의 획득 점수를 분석해서 [그림 6-2]처럼 우선순위 차트를 만들어 우선 순위를 정하고 최종 요구를 선정함.

그림 6-2 | 요구 분석 예시

설문 응답 정리

요구의 우선 순위 차트(예시_배점 기준)
▸ 요구의 우선순위차트(배점기준: 1점~5점)

조사된 요구	파급 효과	목표 달성	긴급성	자원 활용	총점

---

(9) 학습내용/교수법 선정

교육 프로그램 개발에서 학습내용과 교수법을 선정하는 절차는 다음과 같은 단계로 이루어질 수 있다.

① **목표 설정**: 먼저 교육 프로그램의 목표를 설정한다. 목표는 원하는 학습 결과와 성취기준을 명확하게 정의하는 것이 중요하다. 목표는 학습자의 수준, 필

요성, 관심사 등을 고려하여 설정되어야 하는데 앞서 진행한 요구조사 분석 결과에 따른 프로그램 목표설정을 수정한다.

② **학습 대상 분석**: 프로그램을 수행할 대상 학습자 그룹에 대한 분석을 수행한다. 학습자의 연령, 성격, 배경, 학습 스타일, 선호하는 학습 방법 등을 고려하여 학습 내용과 교수법을 선정한다. 이를 통해 학습자의 특성과 요구에 맞는 프로그램을 개발할 수 있다.

③ **커리큘럼 설계**: 목표와 대상 학습자 분석을 기반으로 커리큘럼을 설계한다. 커리큘럼은 전체 학습 과정을 체계적으로 구성하는 계획이다. 주제, 학습 내용, 순서, 시간 분배 등을 고려하여 학습 단계와 구성 요소를 결정한다.

④ **학습 내용 선정**: 커리큘럼에 따라 구체적인 학습 내용을 선정한다. 이 단계에서는 목표에 부합하고, 학습자가 필요로 하는 지식, 기술, 태도 등을 반영하여 선별한다. 학습 내용은 주제, 개념, 이론, 사례 연구, 실습 등 다양한 형태로 구성될 수 있다.

⑤ **교수법 선정**: 선택한 학습 내용을 가장 효과적으로 전달하기 위해 적합한 교수법을 선정한다. 교수법은 강의, 토론, 실습, 사례 연구, 프로젝트 등 다양한 방식을 포함할 수 있다. 학습자의 특성, 학습 목표, 학습 내용과의 일치도, 자원의 가용성 등을 고려하여 적절한 교수법을 선택한다.

⑥ **평가 계획**: 개발한 교육 프로그램의 효과를 평가하기 위한 평가 계획을 수립한다. 평가 방법은 학습 목표와 일치하고 학습자의 성취를 정확하게 측정할 수 있어야 한다.

(10) 학습도구/자료개발

① 학습 자료 및 매체 이해

- 평생교육 프로그램의 대상에 따라 학습 자료 및 활용 매체의 형태, 수준 등이 달라지며, 대상의 참여 정도 및 학습 효과에 차이가 있다.
- 평생교육 프로그램의 목적도 중요하지만, 학습자의 참여 목적이 무엇인지 파악

하는 것도 중요하며, 교육 전에 학습자에 대한 기초정보 수집을 통해 학습자료 및 매체를 선택하는 것이 필요하다.

② 학습 자료 및 매체 개발
- 영상 자료, 프레젠테이션 자료, 활동지 자료, 실습 자료

③ 강의 계획서
강의 계획서와 교안은 강의 진행의 지침서로 활용되므로, 명확하고 일관성 있는 내용과 구조, 시각적 요소를 갖추어야 학습 효과를 극대화할 수 있다.
- 과목명: 프로그램 주제
- 수업목표: 강의의 목표와 학습자들이 어떤 결과를 얻을 것인지 명확하게 설정.
- 수업 내용 구성: 강의 주제와 부제를 선정하고, 주요 내용과 하위 항목을 구성.
- 수업방법: 학습자들이 주어진 목표를 달성할 수 있도록 적절한 교수 방법을 선택. 예를 들어, 강의, 토론, 그룹 활동, 사례 연구 등을 활용할 수 있다.
- 학습 자료 및 자원 선정: 필요한 학습 자료와 자원을 선정. 교과서, 참고 도서, 멀티미디어 자료, 온라인 자료 등을 활용.
- 학습 활동 및 평가 방법 설계: 학습자들이 활발하게 참여할 수 있는 학습 활동과 학습 성과를 평가할 방법을 설계.
- 수업 일정 작성: 강의 일정을 작성하여 각 주제와 활동의 시간을 계획.
- 참고 문헌 목록: 강의 주제와 관련된 참고 문헌 목록을 작성. 학습자들이 추가적인 학습을 할 수 있도록 도움을 줄 수 있다.

④ 강의교안 작성법
- 구조화: 교안을 구성하기 전에 전체적인 구조를 정리한다. 목차, 제목, 소제목 등을 활용하여 구조를 명확하게 표현한다.
- 내용 작성: 각 항목에 대해 핵심 개념, 이론, 사례 등을 적절한 순서로 작성한다. 이때, 핵심 내용을 간결하고 명확하게 표현하고, 그래픽, 예시, 다이어그램 등을 활용하여 시각적으로 이해하기 쉽게 만든다.
- 학습 활동 및 자료: 강의나 학습 활동에 활용할 수 있는 다양한 자료를 포함시킨다. 그래픽, 동영상, 사진, 퀴즈, 토론 질문 등을 적절하게 활용한다.

- 시각적 요소: 교안을 보기 좋고 시각적으로 매력적으로 만들기 위해 적절한 색상, 글꼴, 그래픽 등을 선택하여 사용한다. 일관된 디자인 요소를 유지하여 일관성을 유지한다.
- 추가 자료와 참고 문헌: 교안의 뒷부분에는 학습자들이 참고할 수 있는 추가 자료나 참고 문헌 목록을 포함시킨다.
- 수정과 검토: 작성된 교안을 검토하고 수정하는 과정을 거친다. 내용의 일관성과 흐름, 오타, 문법 등을 검토하여 최종 버전을 완성한다.

⑤ 단원 지도의 원리
- 단원 전체를 개관하면서 성격이나 중요성, 가치성 등 기술
- 교재관과 학습자관을 기초로 지도관을 기술

⑥ 단원의 목표와 지도계획
- 지식, 이해, 적용 등으로 나누어 기술
- 차시별 주요 내용과 강의 방법, 진행 방법, 필요한 기자재 기재

⑦ 강의의 전개 과정
- 본시 – 전개 – 마무리로 나누어 각 단계의 주요 내용, 강의의 흐름, 강의 활동, 강의매체, 각 단계별 유의점 등으로 구분하여 자세하게 기술

⑧ 형성평가 계획
- 형성평가 문항을 미리 강의지도안에 작성, 10분 이내 마칠 수 있도록 함.

⑨ 피드백을 갖는 시간

(11) 자원확보/배분

- 조사비용: 환경조사비, 요구조사비, 설문지인쇄비
- 개발비용: 프로그램 개발비, 학습매체개발비, 홍보매체개발비
- 실행비용: 프로그램 실시과정에서 소요되는 비용
  강사료, 운영관리자 인건비, 교재비, 소모품비, 간식비, 홍보물 제작비, 교육관 운영비

- 평가비용: 프로그램 결과를 사후 평가 시 소요 비용 사후설문 및 결과보고서 인쇄비
- 예비비: 기타 예측할 수 없는 비용(추가 사용 경비)

표 6-6 | 소요예산 총괄표 (양식)

(단위: 원)

비목	세목	세세목	관리목	금액(원)	산출기준
직접비	캠프운영비	장비·시설 임차비			
		프로그램 운영비			
		전문가 활용비			
		안전관리비			
		성과홍보· 확산비			
		기타 캠프 운영비			
	사업관리비	인건비			
		사업수당			
		사업운영비			
간접비					
합계					
총 신청금액				※ 백만원 미만 절사	

출처: 한국창의재단

(12) 홍보/마케팅 전략

① 광고, 홍보, PR의 개념

광고, 홍보, PR은 모두 조직이나 제품, 서비스 등을 대중에게 알리고 소통하는 데에 사용되는 마케팅 활동이다. 하지만 각각은 조금씩 다른 개념과 목적을 가지고 있다.

▶ 광고(Advertising)

광고는 상업적인 메시지를 대중에게 전달하기 위해 사용되는 마케팅 활동이다. 일반적으로 광고는 유료 매체를 통해 시각적, 청각적, 미술적 요소를 활용하여 제품, 서비스, 브랜드 등을 홍보하고 판매를 촉진하는 목적을 가진다. 광고는 대중에게 제품 또는 서비스의 가치와 이점을 강조하고, 소비자들의 관심과 구매를 유도하기 위해 다양한 매체에서 사용된다.

▶ 홍보(Public Relation)

홍보는 조직 또는 개인의 이미지, 평판, 관계를 관리하고 강화하기 위해 사용되는 마케팅 활동이다. 주로 비즈니스, 정부, 비영리 단체 등 조직들이 홍보 활동을 통해 대중의 이해와 지지를 얻으며, 긍정적인 이미지를 구축하고 유지한다. 홍보는 양질의 커뮤니케이션을 통해 조직과 대중 간의 상호작용을 강화하고, 신뢰와 호감을 조성하는 목적을 가지며, 보도자료, 이벤트, 스폰서십 등을 활용하여 정보를 전달한다.

▶ PR(Public Relation)

PR은 홍보와 유사한 개념으로 조직의 목표와 가치를 대중에게 전달하고 조직과 대중 간의 관계를 유지, 개선하는 데에 초점을 맞춘 전략적인 커뮤니케이션 활동이다. PR은 조직이 사회적 책임을 다하고, 이해관계자들과의 상호작용을 통해 긍정적인 인식과 지지를 얻는 데 중점을 둔다. PR은 공익 활동, 사회적 캠페인, 이슈 관리, 위기 대응 등 다양한 방법을 사용하여 조직의 목표를 달성하고 신뢰를 구축하는 데 기여한다.

요약하자면, 광고는 유료 매체를 통해 제품 또는 서비스를 홍보하고 판매를 촉진하는 목적으로 사용되는 마케팅 활동이다. 홍보는 조직의 이미지와 평판을 관리하고 유지하기 위해 대중과의 상호작용을 강화하는 활동이다. PR은 조직의 목표와 가치를 대중에게 전달하고 조직과 대중 간의 관계를 유지, 개선하는 전략적인 커뮤니케이션 활동이다.

② 홍보 전략 수립

- 진실성의 원칙, 상호작용의 원칙
- 제공하는 프로그램이 지금까지 충족되지 못했던 것인지, 사업에 대한 진정한 욕구가 지역사회에 존재하는지, 지역사회의 변화하는 요구에 어떻게 대응할 것인지 등을 고려해야 함

③ 홍보 계획

- 현수막 홍보의 경우에는 불특정 다수의 사람들에게 노출하는 데 의의가 있음. 평생교육기관을 홍보할 때 적당한 홍보 방법임(단, 많은 정보를 전달 못함).
- 스마트폰을 이용한 홍보는 효과가 좋고 비용이 적음. 광범위하게 홍보가 가능하고 쉽고 간편하게 정보를 얻을 수 있음(단, 요즘 광고를 차단하는 경우가 많아짐).
- SNS 홍보는 쌍방향 소통이고 정보를 받는 사람으로부터 피드백을 받을 수 있음(자칫 네거티브 피드백에 대한 대응을 잘못한 경우 역효과가 있을 수 있음).
- 광고 카피 작성 시 차별화된 이점 강조하고 가격, 프로모션 및 특별 혜택을 기재하고 1개 이상의 키워드를 포함하면 효과적인 광고가 됨.
- 광고 문구 작성 시 반복해서 점검하여 전문성 유지가 중요함(핵심적이고 직관적인 문구 사용, 어려운 단어는 사용하지 않음).

(13) 시범운영/보고서 작성

① 강사선정과 오리엔테이션

▶ 오리엔테이션

좋은 강사의 조건으로는 전문성, 성실성, 창의성 등이 있고, 강사 섭외를 할 때는 목표에 부합하는 강사로 선정하되 사전미팅을 통하여 수업이나 강의에 차질이 없도

록 한다.

▶ 강사의 리더십

강사는 교육생의 이해 수준에 맞게 강의 방향을 조절하는 융통성을 발휘해야 한다. 종합 판단력이 청중의 공감을 얻는 핵심이기 때문에 사물을 정확하게 판단해야 한다.

▶ 강사 선정

강사와 관련된 정보를 찾고 프로그램에 적절한지 면담을 통해서 선정을 진행한다.
- 해당 프로그램에 대한 전문성을 갖추고 있는 사람.
- 여러 가지 능숙한 스킬이 있는 자, 열정이 있는 사람.
- 학습자들의 특성에 맞게 다양한 교수법을 진행할 수 있는 사람.
- 학습자들의 위치와 배경과 경험 등을 이해하고 공감대를 형성할 수 있는 사람.
- 학습에 대한 열정과 의미를 부여할 수 있는 사람.
- 학습에 제공하는 조직과 참여자 및 환경에 대한 기초적 정보 소유자로 선정.

▶ 강사 오리엔테이션

기관 내의 사람이 아닌 이상 기관에 대해 강사가 정보를 얻기가 쉽지 않기 때문에 기관에서 조직에 대한 환경과 프로그램에 대한 정보를 주어야 한다. 프로그램에 대한 기대에 맞게 오리엔테이션을 진행한다.

② **프로그램 평가**
- 프로그램 목적에 대한 평가-프로그램이 궁극적으로 의도한 바를 달성했는가?
- 프로그램 내용-프로그램의 질적인 측면에서 관심을 가지고 프로그램 내용의 현실성, 즉시성을 가지는가?
- 프로그램 운영-프로그램 운영과 관련된 제반요인 시설, 매체, 수강료, 강사자질은 만족하는가?
- 참여자 반응-프로그램에 대한 인식, 호감도, 만족도는 우수한가?

③ 평가의 세부 목표

- 평가의 목표는 수립된 평생교육의 목표를 얼마나 달성하였으며, 그 목표를 달성하기 위하여 작성된 평생교육의 계획이나 프로그램이 얼마나 효과적으로 수행하였는가?
- 운영된 프로그램의 목표를 달성하였는지 평가한다.
- 운영된 프로그램의 개선 방향에 대하여 평가한다.
- 운영된 프로그램을 평가하여 운영책임자 및 기관장에게 보고한다.

④ 평가내용과 방법

- 운영된 프로그램의 평가는 프로그램 참가자 전원을 대상으로 한 전수 조사를 원칙으로 한다.
- 운영된 프로그램의 평가는 설문지법을 활용한다.
- 운영된 프로그램의 평가 시기는 매 프로그램 종료일 마지막 시간으로 한다.

평생교육 프로그램개발계획서(작성예시)

프로그램명	예비부모를 위한 성공하는 자녀교육법	프로그램 분야	부모교육
담당자	○○○, ○○○, ○○○ (팀명: ○○○)	대상자	예비부모
필요성 검토	1. 부모들은 아동 발달에 있어서 핵심적인 역할을 하는 중요한 존재이고, 자녀의 성장과 발달에 결정적인 영향을 주기 때문에 부모교육이 필요하다. 2. 바람직한 부모 역할에 대하여 서로 다른 많은 정보가 존재하므로 부모가 자신에게 가장 적절하고 자신의 자녀에게 가장 효율적인 정보를 찾아 활용하는 것을 도와주기 위하여 부모교육이 필요하다.		
목적	예비 부모에게 현대사회에 필요한 역량, 인성, 학습력을 갖추기 위한 교육법을 제시하여 자녀가 사회의 일원으로 성장하는데 적극적이고 주도적인 부모역할을 하게 한다.		
목표	1. 부모역할의 개념 및 아동 발달 단계에 따른 부모역할에 대해 설명할 수 있고 사회문화 패러다임 변화에 따른 바람직한 부모역할에 대해 인지한다. 2. 30시간의 수업을 이수하면 자녀의 창의사고, 언어확장, 수리 논리력 놀이를 10가지 이상 할 수 있다. 3. 인성 교육 8대 덕목에 대해서 인지하고 학습발달과 연계한 교육 방법을 제시할 수 있다. 4. 효과적인 훈육방법에 대한 지식과 기술을 습득함으로 자녀(아동) 행동을 효율적으로 관리할 수 있는 능력을 함양한다. 5. 자녀의 자존감을 높이고 학습 잘하는 아이로 성장시키는 방법에 대해서 설명할 수 있다.		

	구분	주요내용	기간
기대효과		예비부모교육을 통해 자녀의 조기 교육이 가정으로부터 이루어져 바른 인성과 바른 학습태도를 갖춘 사회 일원을 양성해 낸다.	
시행일정		2022년 6월 1일 ~ 년 월 일	
개발일정	프로그램개발 계획수립	예비 부모교육의 필요성에 대해서 검토하고 교육의 내용과 범위 일정 등의 계획을 수립한다.	3/7~3/28
	환경/ 고객분석	사회문화 패러다임 변화에 따른 인재상의 역량과 앞으로 부모가 될 청소년부터 미혼 청년, 신혼부부들의 가족관, 자녀관에 대해 분석한다.	3/29~4/4
	요구조사/ 요구분석	예비부모 및 기존 부모를 대상으로 한 설문조사를 통해 자녀 양육, 교육에 있어서 관심분야 및 학습을 하고 싶은 분야에 대해 조사를 하고 사회에서 요구하는 인재상과의 연관성을 분석한다.	3/29~4/4
	학습내용/ 교수법선정	예비부모를 위한 성공하는 자녀교육법 학습내용으로 어떤 것이 좋을지 선정하고 이론과 실습이 복합적으로 구성된 교수법을 선정한다. 최종 세부 교안을 작성하고 교재와 교수 교안을 개발한다.	4/5~4/11
	학습도구/ 자료개발	교육 과정에 따른 관련 동영상, 교육 자료를 수집하고 창의사고, 언어확장, 수리 논리력 놀이도구를 선정한다.	4/12~5/9

	자원확보/ 배분	1. 인적자원 선정과 관리: 전담 강사 구성과 워크숍 계획
		  전담강사 운영 내규
		  강사 관리 방안
		2. 물적자원 선정과 관리: 종교단체 시설, 주민자치센터 등
		  접근성이 용이한 곳을 선정
		  기초 강의는 동영상 강좌로 구성
		  수강생들에게 일정기간 무료공개
		3. 재정자원(금전적 자원)의 확보 및 관리: 지자체 및 종교 단체의 예산, 기업의 이미지 재고를 위한 캠페인성 후원금 확보 방안
			4/12~5/2

	홍보/ 마케팅전략	교육 주최 기관과 협조하여 기관 홈페이지, 인쇄물에 홍보 인터넷 언론을 통해 기사 홍보(인터뷰, 컬럼, 사고게시) SNS(유튜브 교육정보 채널, 다양한 교육 채널 조사)홍보	5/3~5/30

	시범운영/보고서작성	시범운영 대상, 평가에 따른 환류 계획 수립 교육내용, 강사, 교육대상, 교육환경을 변인으로 평가 후 보고서 작성		5/31
	프로그램 운영			
	사후평가/보고서작성			

	구분	항목	내용	기타
예산계획	수입	편성 예산	35,000,000원	
		수강료	20,000원 * 100명 = 2,000,000원	
		지원금	230,000원 * 100명 = 23,000,000원	지자체
		후원금	100,000원 * 100명 = 10,000,000원	분유, 기저귀 회사
		기타		
		합계	35,000,000원	
	지출	조사 비용	활동비 200,000원 * 3명 = 600,000원	
		개발 비용	서적구매 20,000 * 10권 = 200,000원 인쇄비 50,000원 개발인력 인건비 200,000원 * 3명 = 600,000원 소계: 850,000원	
		실행 비용	강사료: 4명 * 1시간 120,000원 * 30시간 = 14,400,000원 교재비: 1권 15,000원 * 120권 = 1,800,000원 교구비: 1인당 20,000원 * 100명 = 2,000,000원 간식비: 1인당 20,000원 * 100명 = 2,000,000원 문구류: 명찰 1인당 1,000원 * 104명 = 104,000원 시상품(상장, 수료증) 1인당 3,000원 * 100명 = 300,000원 홍보비: 현수막 100,000원 * 3개 = 300,000원 팸플릿(안내문) 500원 * 400매 = 200,000원	강사료 41%

	강의실 대관료: 4실 * 1시간 40,000원 * 30시간 = 4,800,000원 소계: 25,904,000원	
평가 비용	인쇄비: 50,000원 설문 분석 인력 인건비: 200,000원 * 3명 = 600,000원	
기관 수익	6,696,000원	19.1%
예비비	300,000원	
합 계	35,000,000 원	

업무분장표

구분	프로젝트명	세부실행 사항	시작 일자	완료 일자	업무분장	
					주관기관	협력기관
사업 기획	1. 기초기획	1. 자료조사, 업무일정	3/2	5/12	주	
		2. 운영일정 확정	5/26	6/10	주	부
		3. 운영 프로그램 확정	4/3	5/31	주	
		4. 참여인력 결정	3/2	3/31	주	부
	2. 교육장소섭외 (교내, 교외)	1. 장소선정, 견적	4/3	5/31	주	
		2. 답사-시설확인	4/3	5/31		주
프로그램		1. 개발기획	4/3	4/14	주	
		2. 프로그램 개발	4/17	5/31	주	
		3. 교재제작	6/12	6/30	주	
		4. 교구재 선정	6/12	7/14	주	
인력	1. 운영스텝	1. 현장 운영팀장 선정		7/7		주
		2. 행정 스태프 교육		7/19	주	
	2. 주강사, 보조강사	1. 강사 모집	6/1	6/30	주	
		2. 서류심사&면접	7/6	7/8	주	
		3. 계약/서약서작성		7/15	주	
		4. 외부 전문 강사 섭외	5/26	6/9	주	

	3. 안전관리 요원, 진행요원, 수송인력	1. 모집공고	6/19	7/10		주
		2. 서류심사&면접	7/13	7/14	주	부
		3. 계약/서약서작성		7/21		부
성과 홍보 확산	1. 워크숍	1. 스텝 워크숍		7/19	주	
		2. 주강사, 보조강사 워크숍		7/15	주	
		3. 안전관리 요원 워크숍		7/17	주	부
		4. 프로그램 교육	7/13	7/14	주	
		5. 교육/안전 동선관리		7/17		주
	2. 캠프 모집 홍보	1. 블로그/SNS 홍보	7/17	2/29		주
		2. 홍보 게시글 탑재	7/17	2/29		주
		3. 일간지 신문 홍보	7/17	2/29		주
	3. 홈페이지	1. 교내 홈페이지에 행사안내	7/17	2/29	주	
	4. SNS 관리	1. 캠프 온라인 카페	7/17	2/29		주
		2. 인스타그램 - 교육현장 소개	7/17	2/29		주
		3. 카카오 오픈톡방 - 챗봇, 24시간 안내	7/17	2/29		주
	5. 행사운영	1. 수기공모전	8/1	2/29	주	부
		2. SW 경진대회 - 개인별, 팀별	8/1	2/29	주	부
		3. 대학탐방 프로그램 진행	7/17	2/29	부	주
	6. 성과 분석	1. 성과 분석도구 설계	7/17	2/29	주	부
		2. 설문조사	7/24	8/31		주
		3. 디지털 새싹캠프 효과성 논문 게재		11~12월	주	
	7. 홍보물 제작	1. 플랜카드, X배너	7/15	7/24		부
		2. 각종 안내 표지판 제작	7/17	7/24		부

구분	항목	세부내용				
운영	1. 접수 및 학부모 응대	상담 및 접수	7/17	2/29	주	부
	2. 교구구매·관리	업체견적 및 계약	7/17	2/29	주	부
	3. 노트북, wifi 도시락임대	업체견적 및 계약	7/17	2/29	주	부
	4. 교육장소 섭외	1. 교내 교육장 섭외	7/15	7/24	주	
		2. 방문형(늘봄교실, 자유학년제, 특성화고, 마이스터고 섭외)	7/15	7/24		주
		3. 권역내 집합교육 장소 섭외(다문화센터, 청소년 수련관 등)	7/15	7/24		주
	5. 보험	보험견적 및 등록	7/17	2/29	주	부
	6. 반편성	1. 학년/수준별 반편성	7/17	2/29		주
		2. 반별 인원편성	7/17	2/29		주
		3. 학생별 명찰 제작	7/17	2/29		주
		4. 반별 강사, 안전요원배정	7/17	2/29	주	부
	7. 식당/간식	1. 식단, 간식표 작성	7/17	2/29		주
		2. 식단점검, 수정	7/17	2/29		주
		3. 일별 식수 현황 점검	7/17	2/29		주
	8. 기념품	업체 견적 및 계약	7/17	7/24		주
	9. 안전관리	1. 안전관리 매뉴얼 작성	7/17	7/21	주	부
		2. 구급약품 및 안전관리용품 구매	7/17	7/21		주
	10. 교재인쇄	업체 견적 및 계약	7/17	7/21	주	
	11. 사업비 교부 및 관리감독	1. 사업비 집행	7/17	2/29	주	주
		2. 사업비 관리 감독	7/17	2/29	주	
	12. 기타	운영전 사전 리허설		7/21	주	부

❹ 실습 기관 관련 법 및 정책이해와 기관 분석(선택 1)

평생교육 실습 기관과 관련된 법과 정책은 기관의 성격에 따라 다르고 그 시기의 교육정책, 지역사회의 요구 등에 따라 다를 수 있다. 이에 따라 아래에는 일반적으로 평생교육 실습 기관과 관련된 법과 정책에 대한 이해와 기관 분석을 제공한다. 하지만 구체적인 내용은 지역 및 기관에 따라 다를 수 있으므로, 해당 지역 및 기관의 법률 및 정책을 확인하는 것이 중요하다.

1) 평생교육법: 개정 2014. 1. 28., 2021. 6. 8

1. "평생교육"이란 학교의 정규교육과정을 제외한 학력보완교육, 성인 문자해득교육, 직업능력 향상교육, 인문교양교육, 문화예술교육, 시민참여교육 등을 포함하는 모든 형태의 조직적인 교육활동을 말한다.
2. "평생교육기관"이란 다음 각 목의 어느 하나에 해당하는 시설·법인 또는 단체를 말한다.
   가. 이 법에 따라 인가·등록·신고된 시설·법인 또는 단체
   나. 「학원의 설립·운영 및 과외교습에 관한 법률」에 따른 학원 중 학교교과교습학원을 제외한 평생직업교육을 실시하는 학원
   다. 그 밖에 다른 법령에 따라 평생교육을 주된 목적으로 하는 시설·법인 또는 단체
3. "문자해득교육"(이하 "문해교육"이라 한다)이란 일상생활을 영위하는데 필요한 문자해득(文字解得)능력을 포함한 사회적·문화적으로 요청되는 기초생활능력 등을 갖출 수 있도록 하는 조직화된 교육프로그램을 말한다.
4. "평생교육사업"이란 국가 및 지방자치단체가 국민과 주민의 평생교육을 위하여 예산 또는 기금으로 조직적인 교육활동을 직·간접적으로 지원하는 사업을 말한다.
5. "평생교육이용권"이란 평생교육프로그램을 이용할 수 있도록 금액이 기재(전자적 또는 자기적 방법에 따른 기록을 포함한다)된 증표를 말한다.

2) 교육과정 개발: 평생교육기관은 수요자들의 다양한 교육 요구를 충족시키기 위해 적절한 교육과정을 개발해야 한다. 이를 위해 국가나 지역의 평생교육정책에 따라 교육과정 개발과정이 이루어질 수 있다. 교육과정은 수강생들의 요구사항과 직업적 필요에 부응하고, 성취 목표와 평가 방법을 명시해야 한다.

3) 자격 인정과 인증: 평생교육기관이 제공하는 교육과정에 따라서는 수강생들의

학력, 자격 등을 인정하고 인증해 줄 수 있다. 이를 통해 수강생들은 평생교육을 통해 취득한 자격을 진로나 취업에 활용할 수 있다.

4) 예산 지원 및 장학금 제도: 정부나 지역사회에서는 평생교육을 지원하기 위해 예산을 배정하고, 장학금 제도를 마련할 수 있다. 평생교육기관은 이러한 예산 지원과 장학금 제도를 활용하여 교육비 부담을 줄이고 참여율을 높일 수 있다.

5) 평생교육자의 권리와 보호: 평생교육기관은 수강생들의 권리와 보호에 관한 법률 및 정책을 준수해야 한다. 이는 개인정보보호, 근로시간 및 임금, 교육 품질 보장 등을 포함할 수 있다.

6) 기관 분석: 평생교육기관의 목표는 평생교육의 필요성을 이해하고 수요자들의 교육 요구를 충족시키는 것이다. 기관은 교육과정 개발, 교사 역량 강화, 학습자 지원 프로그램 구축 등을 통해 목표를 달성하려고 노력해야 한다. 또한 기관은 정부의 교육정책, 법률 및 정책을 준수하며, 평가 및 개선을 통해 지속적인 품질 향상을 추구해야 한다.

(과제 1) 기관분석 SWOT 분석

SWOT 분석은 조직이나 프로젝트의 강점, 약점, 기회, 위협을 파악하기 위해 사용되는 도구입니다. 다음은 SWOT 분석을 7단계로 하는 방법입니다.

1. 목표 설정: SWOT 분석을 수행하기 전에 목표를 설정해야 합니다. 분석하려는 조직, 제품, 서비스, 프로젝트 등에 대해 명확한 목표를 설정합니다.

2. 내부 강점 분석: 조직 내부의 강점을 파악합니다. 제품, 서비스, 운영 프로세스, 인력, 기술 등 조직이 가지고 있는 장점과 우위를 찾습니다. 예를 들어, 탁월한 품질 관리 시스템, 우수한 인력, 기술적 전문성 등이 내부 강점일 수 있습니다.

3. 내부 약점 분석: 조직 내부의 약점을 식별합니다. 제품 또는 서비스의 결함, 부족한 자금, 인력의 부족 등 조직 내부에서 해결해야 할 문제를 파악합니다. 예를 들어, 고객 서비스의 불만족, 제한된 자금 조달, 기술적 부족 등이 내부 약점일 수 있습니다.

4. 외부 기회 식별: 조직 외부의 기회를 찾습니다. 시장 동향, 경쟁 상황, 법규제 변경 등 조직이 활용할 수 있는 외부적인 요소들을 식별합니다. 예를 들어, 새로운 시장

진입 기회, 산업 규모의 확장, 기술 혁신 등이 외부 기회일 수 있습니다.

5. 외부 위협 식별: 조직 외부의 위협을 파악합니다. 경쟁사, 경제적 불안정, 변화하는 법규제 등 조직에 부정적인 영향을 줄 수 있는 외부적인 요소들을 식별합니다. 예를 들어, 새로운 경쟁 업체의 등장, 경제 침체, 기술적 변화에 대한 미처 준비하지 못한 상황 등이 외부 위협일 수 있습니다.

6. SWOT 매트릭스 작성: 내부 강점, 내부 약점, 외부 기회, 외부 위협을 종합하여 SWOT 매트릭스를 작성합니다. 강점과 기회를 활용하여 조직의 강점을 최대한 활용할 수 있는 전략을 개발하고, 약점과 위협을 극복할 수 있는 방안을 마련합니다. SWOT 매트릭스는 2x2 행렬로 표시되며, 강점-기회(Strengths-Opportunities), 강점-위협(Strengths-Threats), 약점-기회(Weaknesses-Opportunities), 약점-위협(Weaknesses-Threats)으로 구성됩니다.

7. 전략 수립 및 실행: SWOT 분석의 결과를 바탕으로 전략을 수립하고 실행합니다. 강점을 최대한 활용하며 기회를 잡아내기 위해 적절한 전략을 수립하고, 약점을 극복하고 위협을 대응하기 위해 필요한 대책을 마련합니다. 전략의 실행에는 조직 내부의 리소스, 역량, 우선순위, 타임라인 등을 고려하여 구체적인 계획을 수립하고 실천합니다.

SWOT 분석 매트릭스

강점(내부요인) 1. 2. 3.	약점(내부요인) 1. 2. 3.
기회(외부요인) 1. 2. 3.	위협(외부요인) 1. 2. 3.

SWOT 분석을 작성하는 방법

1. 내부 강점(Strengths):
- 조직의 핵심 역량과 우위를 파악합니다.
- 제품, 서비스, 기술, 인력 등 조직 내부에서 가지고 있는 강점을 나열합니다.

2, 내부 약점(Weaknesses):
- 조직의 부족한 부분과 개선이 필요한 요소를 파악합니다.
- 제품, 서비스, 운영 프로세스, 인력 등 조직 내부에서 가지고 있는 약점을 나열합니다.

3. 외부 기회(Opportunities):
- 조직 외부에서 나타나는 유망한 기회를 파악합니다.
- 시장 동향, 경쟁 상황, 법규제 변화 등 조직이 활용할 수 있는 외부적인 기회를 나열합니다.

4. 외부 위협(Threats):
- 조직 외부에서 발생하는 위험과 경쟁 요소를 파악합니다.
- 경쟁사, 경제적 불안정, 기술 변화 등 조직에 부정적인 영향을 줄 수 있는 외부적인 위협을 나열합니다.

❺ 교육프로그램 운영지원(선택 2)

1) 프로그램 개발 참여

- 실습생은 교육프로그램 개발에 참여하여 자신의 전공 지식과 역량을 활용할 수 있다.
- 교육과정 설계, 교재 및 학습 자료 작성 등에 참여하여 실전적인 경험을 쌓을 수 있다.

2) 수업 지원

- 실습생은 수업 진행에 도움을 주는 역할을 수행할 수 있다. 강의자나 교사와 협력하여 수업 자료 준비, 장비 관리, 학습 환경 조성 등을 지원한다.
- 수강생들의 질문에 대답하거나 그룹 활동 시 도움을 주는 등 학습자들의 학습을 지원한다.

3) 학습자 관리

- 실습생은 수강생들의 출석 관리, 성적 기록 등을 도와주는 역할을 수행한다.
- 학습자들과의 소통을 원활히 하고, 필요한 경우 개별 상담이나 그룹 토론을 지원한다.

4) 자원 관리

- 실습생은 교육 기관의 자원 관리에 기여할 수 있다. 장비나 시설의 관리와 유지보수, 자원의 효율적인 활용 등을 지원한다.
- 필요한 자원의 조달이나 대여 등을 추진하고, 실습 기관 내 자원 관리 시스템을 구축하거나 개선하는 데 참여한다.

5) 학습 지원

- 실습생은 수강생들의 학습 지원을 위한 활동을 수행한다. 학습 자료 제공, 온라인 학습 플랫폼 관리, 학습 커뮤니티 운영 등을 지원한다.
- 학습자들의 질문에 대답하거나 보조 강의를 제공하는 등 학습 과정에서의 어려움을 해결하고 지원한다.

6) 평가 및 피드백

- 실습생은 교육프로그램의 평가 및 피드백 활동에 참여한다. 수강생들의 평가 데이터 수집, 통계 분석, 평가 보고서 작성 등을 지원한다.
- 교육프로그램의 개선점 도출 및 향후 운영에 반영될 수 있는 의견을 제공한다.

7) 연구 및 혁신

- 실습생은 교육프로그램 운영과 관련한 연구와 혁신에 참여할 수 있다. 교육 동향 조사, 외부 연구 기관과의 협업, 교육 기술 및 방법론 개발 등을 수행한다.
- 새로운 아이디어나 도전적인 프로젝트를 추진하고, 실습 기관의 교육프로그램에 혁신적인 변화를 가져올 수 있다.

이러한 방안을 통해 실습생은 실제 교육프로그램 운영에 참여하고, 교육 기관의 운영에 기여할 수 있다. 이를 통해 평생교육 현장에서 실무적인 경험과 전문성을 키울 수 있으며, 교육 분야에서의 진로나 취업에 도움을 받을 수 있다.

❻ 유관기관 방문 및 관련행사 참석(선택 3)

평생교육 현장실습에서 실습생은 실습 기관의 유관기관 방문 및 관련 행사 참석을 통해 보다 다양한 경험을 쌓을 수 있다.

1) 유관기관 방문

- 실습생은 평생교육과 관련된 유관기관을 방문하여 기관의 역할과 운영 방식을 실제로 경험할 수 있다.
- 예를 들어, 대학교의 평생교육센터, 교육연구소, 지역 사회교육센터 등을 방문하여 프로그램 운영과정, 교육자원의 활용, 학습자 지원 시스템 등을 살펴볼 수 있다.
- 기관 관계자와의 인터뷰나 회의에 참여하여 평생교육 현장의 실제 상황과 이슈들을 이해할 수 있다.

2) 관련 행사 참석

- 실습생은 평생교육과 관련된 학회, 콘퍼런스, 워크숍 등의 행사에 참석하여 최신 동향과 연구결과를 접할 수 있다.
- 이러한 행사에서는 전문가들의 강연, 세미나, 토론 등을 통해 평생교육 분야의 다양한 주제에 대해 알아볼 수 있다.
- 다른 교육기관이나 기업의 사례 발표나 전시 부스를 통해 다양한 교육프로그램을 살펴보고 네트워킹 기회를 가질 수 있다.

3) 경험 공유 및 토론

- 실습생은 방문 및 행사 참석 후에는 실습 기관 내에서 해당 경험을 공유하고 토론할 수 있는 기회를 갖는다.
- 팀 미팅이나 그룹 토론 등을 통해 실습생들끼리 서로의 경험을 나누고, 이를 바탕으로 평생교육 프로그램 운영에 대한 아이디어와 개선점을 도출할 수 있다.

4) 보고서 작성 및 발표

- 실습생은 방문 및 행사 참석 후에는 보고서를 작성하고 발표하는 과정을 통해 학습과정과 결과를 정리하고 공유할 수 있다.
- 보고서 작성은 경험의 정리와 분석, 개선점 도출 등을 포함하며, 발표를 통해 다른 실습생들과 함께 의견을 공유하고 피드백을 받을 수 있다.

5) 기관과의 협력

- 방문 및 행사 참석을 통해 실습생은 기관과의 협력 관계를 형성할 수 있다.
- 협력 기회는 실습 기관과 유관기관 간의 교류, 연구 프로젝트, 공동 프로그램 개발 등의 형태로 이뤄질 수 있으며, 평생교육 실습생으로서 차후 진로나 취업에도 도움을 줄 수 있다.

위의 방안을 통해 실습생은 평생교육 분야의 전문성을 확장하고 네트워크를 구축하는 동시에, 다양한 경험과 지식을 얻을 수 있다. 이는 실습생의 전문성 향상과 평생교육기관의 발전에 큰 도움을 줄 것이다.

❼ 실습 평가(필수 4)

평생교육실습에서 실습 평가는 학습자의 평생교육 역량과 성과를 평가하여 학습자의 개인적인 성장과 능력 향상을 도모하는 과정이다. 이를 위해 다양한 평가 방법과 도구가 사용될 수 있다.

1) 학습자의 역량 평가: 실습 평가는 학습자의 지식, 기술, 태도, 창의성 등의 역량을 평가한다. 이를 통해 학습자의 현재 수준과 강점, 개선이 필요한 부분을 파악할 수 있다.
2) 프로그램 품질 평가: 실습 평가는 평생교육 실습 프로그램의 품질을 평가하는 데에도 활용된다. 학습자의 성과와 만족도를 측정하여 프로그램의 운영 방향과 개선점을 도출할 수 있다.
3) 개인 발전 및 진로 지원: 실습 평가는 학습자의 개인 발전과 진로 지원에 활용

된다. 학습자의 강점과 약점, 발전 가능성을 파악하여 개인 맞춤형 지도와 자원을 제공할 수 있다.

4) 평생학습 환경 개선: 실습 평가는 평생학습 환경의 개선을 위한 데이터로 활용된다. 평가 결과를 분석하여 평생교육기관이나 교육자에게 피드백을 제공하고, 교육 프로그램의 효과성과 효율성을 높일 수 있다.

5) 다양한 방법과 도구를 활용한 실습 평가: 실습 평가는 다양한 방법과 도구를 활용하여 이루어질 수 있다. 예를 들어, 실습 일지, 작품 물 평가, 관찰 체크리스트, 인터뷰, 포트폴리오, 그룹 프로젝트 평가 등이 사용될 수 있다. 이러한 평가 방법들은 학습자의 참여도, 업적의 완성도, 문제 해결 능력, 협업 능력, 자기평가 등을 종합적으로 평가할 수 있도록 도와준다.

평생교육실습에서 실습 평가는 학습자의 성과 파악과 함께 개인의 성장을 위한 개선 방안을 도출하고, 평생학습 환경의 품질 향상을 위한 중요한 과정이다.

평생교육
실습의 평가

평생교육실습의 평가

01 실습종결

　정해진 시간 동안 평생교육 실습을 수행하고 실습이 종료하게 된다. 실습 기간 동안에 주어진 과제와 임무, 업무를 중심으로 실습 결과물을 작성하여 제출하고 평가 세미나에 참석한다.

1) 실습 내용 및 성과 평가: 실습 기간 동안 실습생은 평생교육 현장에서 수행한 업무와 경험에 대해 정기적으로 실습 지도자나 담당자와 소통하고 평가를 받는다. 평가의 목적은 실습생의 성과를 확인하고, 학습 및 발전을 돕는 것이다. 평가 방법에는 업무보고서 작성, 실습 일지 작성, 실습 발표 등이 포함될 수 있다.

2) 평가 결과 확인 및 피드백: 평가가 완료된 후, 결과를 확인하고 실습 지도자에게 피드백을 받게 된다. 평가 결과는 보통 등급 형태로 표시되며, 실습생의 업무 수행 능력, 전문성, 협업 능력 등을 평가한다. 피드백은 실습생에게 잘한 점과 개선이 필요한 점에 대한 구체적인 정보와 조언을 제공하여 학습과 성장을 돕는 역할을 한다.

3) 평생교육 현장실습 보고서 작성: 평생교육 현장실습이 종료되면, 실습생은 종

결 보고서를 작성해야 한다. 이 보고서는 실습 기간 동안 수행한 업무 내용, 경험, 성과 등을 상세히 기록하는 문서이다. 종결 보고서는 보통 학교나 담당자에게 제출되며, 실습의 결과와 학습 내용을 정리하여 보여준다.

4) 실습 평가 및 인증: 종결 보고서 제출 후에는 해당 학교나 담당자가 실습 평가를 실시한다. 실습 평가 결과에 따라 실습 인증이 부여된다. 이 인증은 실습생이 해당 분야에서의 실습을 성공적으로 마쳤다는 증명이 된다.

02 실습 평가

실습 평가는 다양한 방법과 도구를 활용하여 이루어질 수 있다. 예를 들어, 실습일지, 모의 프로그램 기획 결과물 평가, 관찰 체크리스트, 인터뷰, 포트폴리오, 그룹 프로젝트 평가 등이 사용될 수 있다. 이러한 평가 방법들은 실습자의 참여도, 실습 결과물의 완성도, 문제 해결 능력, 협업 능력, 자기평가 등을 종합적으로 평가할 수 있도록 도와준다.

평생교육실습에서 실습 평가는 실습자의 성과 파악과 함께 실습자 개인의 성장을 위한 개선 방안을 도출하고, 평생학습 환경의 품질 향상을 위한 중요한 과정이다.

❶ 실습자 자기 평가

평생교육 현장실습을 종결한 후 실습자 본인 스스로를 평가하는 절차는 다음과 같이 구성될 수 있다. 이를 위해 먼저 평가 기준을 정의하고, 실습 경험을 돌아보며 자기평가를 수행하고 점수를 매길 수 있는 루브릭을 작성하는 것이 중요하다. 아래에는 이에 대한 예시를 제시하였는데, 실제 상황과 목적에 맞게 필요한 수정을 해서 사용할 수 있다.

1) 1단계: 평가 기준 정의

실습 경험과 관련하여 어떤 측면을 평가하고자 하는지 명확히 정의한다. 이는 실습 기관의 기대 사항, 실습 목표 및 개인적인 성장을 고려하여 설정해야 한다.

2) 2단계: 자기평가 준비

평가 기준을 바탕으로 자기평가를 수행하기 위한 자료 및 증거들을 모으고 정리한다. 이 자료에는 실습 도중 수행한 업무, 성과, 발전 과정 등이 포함될 수 있다.

3) 3단계: 자기평가 수행

- 각 평가 기준에 따라 본인의 실습 경험과 성과를 돌아보고, 객관적인 시각으로 자기평가를 수행한다.
- 각 평가 기준에 대해 본인의 강점과 약점을 분석하고, 어떻게 성장하였는지에 대해 고려한다.
- 주관적인 경험, 감정, 반성 등을 고려하여 실제로 느꼈던 부분을 토대로 자기평가를 진행한다.

4) 4단계: 루브릭 작성

평가 기준에 따라 점수를 매길 수 있는 루브릭을 작성한다. 이 루브릭은 각 평가 기준별로 다양한 수준의 성과를 포함하며, 각 수준에 따라 점수를 부여할 수 있도록 구성한다.

[표 7-1]은 리커드 5점 척도를 사용하여 실습자 본인 스스로를 평가하는 루브릭의 예시이다. 각 항목에 대해 5점 척도에서 해당하는 수준을 선택하여 자신의 성과에 가장 적합한 수준을 골라 점수를 매길 수 있다.

표 7-1 | 자기평가 루브릭 예시

평가 기준	5-우수 (Outstanding)	4-우수에 가까움 (Excellent)	3-좋음 (Good)	2-보통 (Average)	1-개선이 필요 (Needs Improvement)
전문 지식 및 기술	전문적인 지식과 기술을 효과적으로 적용함. 일상 업무에서 창의적인 문제 해결과 혁신을 이룸.	필요한 전문 지식과 기술을 충분히 습득하였으며, 일상 업무를 독립적으로 수행할 수 있음.	기본적인 이론과 기술을 습득하였고, 업무 수행에 어려움이 없음.	전문 지식과 기술이 부족한 부분이 있으며, 업무 수행에 제한이 있음.	기본적인 전문 지식과 기술에 대한 이해도가 부족하고, 업무 수행에 많은 어려움이 있음.
협업 및 의사 소통	뛰어난 의사소통과 협력 능력을 보유함. 다양한 사람들과의 관계를 원활히 유지함.	대체로 효과적인 의사소통과 협력을 수행하며, 다른 사람들과의 관계를 원활히 유지함.	일부 의사소통과 협업 상황에서 어려움을 겪을 수 있으며, 개선이 필요함.	의사소통과 협력에 제한이 있으며, 타인과의 관계에서 문제가 발생함.	효과적인 의사소통과 협력이 어려움을 겪으며, 타인과의 관계에서 심각한 문제가 발생함.
문제 해결 및 책임감	복잡한 문제를 효과적으로 해결하고, 책임감을 가지고 일을 수행함.	문제 해결에 있어서 적극적으로 참여하며, 책임감을 가지고 업무를 수행함.	일부 문제 해결 능력을 보유하였으나, 책임감을 부여받은 업무 수행에 제한이 있음.	문제 해결에 어려움을 겪을 수 있으며, 책임감이 부족함.	문제 해결에 많은 어려움을 겪으며, 책임감이 부족한 상태임.

5) 5단계: 점수 부여

작성한 루브릭을 기반으로 자기평가를 통해 얻은 결과에 대해 점수를 부여한다. 이를 통해 본인의 실습 경험과 성과를 정량적으로 파악할 수 있다.

6) 6단계: 피드백 및 개선

자기평가 결과에 대해 피드백을 받고, 개선할 점이나 앞으로의 목표를 설정한다. 이를 통해 지속적인 발전과 성장을 도모할 수 있다.

❷ 평생교육 현장실습 기관 분석

평생교육 실습에서 실습 기관을 분석하는 데 도움이 되는 몇 가지 도구는 다음과 같다. 이 도구들은 실습 기관의 역할과 기능, 운영 상태 등을 평가하고 분석하는 데 도움을 줄 수 있다.

1) SWOT 분석: SWOT 분석은 실습 기관의 강점(Strengths), 약점(Weaknesses), 기회(Opportunities), 위협(Threats)을 평가하는 도구이다. 이를 통해 실습 기관의 내부적인 장·단점과 외부적인 기회와 위협을 파악할 수 있다.
2) Balanced Scorecard: Balanced Scorecard는 실습 기관의 성과를 다양한 측면에서 평가하는 도구이다. 재무, 고객, 프로세스, 학습 및 성장 등의 관점에서 실습 기관의 성과를 측정하고 개선할 수 있다.
3) 자료 분석 도구: 실습 기관의 운영 및 학습 데이터를 분석하여 통계적인 인사이트를 도출할 수 있는 자료 분석 도구를 활용할 수 있다. 대표적인 도구로는 엑셀, SPSS, R, Python 등이 있다.
4) 인터뷰 및 설문지: 실습 기관의 관계자나 학습자들에게 인터뷰를 진행하거나 설문지를 활용하여 실습 기관에 대한 의견과 만족도를 수집할 수 있다. 이를 통해 실습 기관의 강점과 개선점을 파악할 수 있다.
5) 벤치마킹: 다른 우수한 실습 기관이나 비슷한 규모의 기관을 조사하여 실습 기관의 운영 방식, 프로그램, 성과 등을 비교 분석하는 방법이다. 벤치마킹을 통해 우수한 실습 기관의 사례를 도출하고 실습 기관의 발전 방향을 찾을 수 있다.

이러한 도구들은 실습 기관의 분석과 평가를 보다 체계적이고 객관적으로 수행하는 데 도움을 줄 수 있다. 실습 기관의 특성과 목적에 따라 적합한 도구를 선택하여 활용하면 좋다.

❸ Balanced Scorecard 평가 도구(송해덕, 신서경, 2010)

Balanced Scorecard는 실습 기관의 성과를 평가하는 도구로, 재무적인 측면뿐만 아니라 고객, 프로세스, 학습 및 성장 등의 다양한 관점을 포함한다.

1) 관점(Perspectives) 설정: 먼저, 분석할 실습 기관에 적합한 관점을 설정한다.
   Balanced Scorecard는 전략적인 관점에서 실습 기관을 평가하기 위해 다양한
   관점을 사용한다. 일반적으로 재무, 고객, 프로세스, 학습 및 성장 관점을 고
   려한다.

2) 지표 선정: 각 관점에 대해 적합한 성과 지표를 선정한다. 예를 들어, 재무 관
   점의 경우 매출액, 비용 절감, 이익률 등을 고려할 수 있다. 고객 관점의 경우
   고객 만족도, 서비스 품질 지표 등을 고려할 수 있다. 이와 같이 각 관점에 적
   절한 지표를 선택한다.

3) 목표 설정: 각 관점의 지표에 대해 목표를 설정한다. 목표는 실습 기관이 달성
   하고자 하는 성과 수준을 나타낸다. 목표는 구체적이고 측정 가능해야 하며,
   실습 기관의 비전과 전략과 일치해야 한다.

4) 대시보드 구성: 각 관점과 해당하는 지표 및 목표를 시각적으로 표현하는 대
   시보드를 구성한다. 대시보드는 각 지표의 현황과 실습 기관의 성과를 한눈에
   파악할 수 있도록 도와준다. 이를 통해 실습 기관의 전반적인 성과를 쉽게 이
   해할 수 있다.

5) 데이터 수집 및 분석: 대시보드에 필요한 데이터를 수집하고 분석한다. 이를
   통해 각 지표의 현재 상태와 실습 기관의 성과를 측정할 수 있다. 데이터는
   정기적으로 업데이트되어야 하며, 품질과 신뢰성이 보장되어야 한다.

6) 결과 해석 및 개선: 분석 결과를 해석하고 실습 기관의 성과를 평가한다. 이를
   통해 각 관점과 지표의 성과 수준을 파악하고 문제점을 도출한다. 이후 개선
   방안을 도출하고 우선순위를 정하여 전략적으로 개선할 수 있다.

7) 평가 결과 보고: 분석 결과와 개선 활동에 대한 보고서를 작성하여 실습 기관
   내외의 이해관계자들과 공유한다. 보고서는 실습 기관의 성과와 개선 방향을
   명확하게 전달해야 한다.

표 7-2 | Balanced Scorecard 관점의 평생교육기관 성과측정 평가지표

부문	영역		항목
1. 비전	기관 운영의 비전		기관장 리더십
			기관 비전
2. 학습 및 조직역량	학습역량/조직역량		학습 역량
			조직 역량
3. 경영 및 혁신 활동	기관 경영	기관운영의 전략	경영목표 실천 계획의 달성도
		혁신경영	혁신 경영을 위한 노력
			모니터링 활성화 노력 및 실적
		관리체계	조직체계의 적절성 및 조직관리의 효율성
			사업추진 체계의 합리성
			사업관리 및 집행의 적절성
			사업성과관리의 적절성
	교육 운영	수강생 관리	수강생 선발
			상담 및 중도탈락 방지 노력
			사후관리
		교육 프로그램 개발	교육과정
			수요조사
			교육계획 수립
		교육 프로그램 운영방법	교육과정 운영의 적절성
			교수방법 및 매체활용
			교육과정 성과
		교육 프로그램 운영실적 및 역량	참가율
			교육과정 개설 실적
			중도탈락률
			교육결과의 활용성
		강사관리 및 질적수준 제고	강사역량관리
4. 재무 및 가치 창출	재무관리		예산관리 및 집행의 견실성 교육비/회계관리의 투명성
5. 고객만족도	고객만족		수요자 만족도

❹ 평생교육 실습 기관 평가지표

앞에서 설명한 Balanced Scorecard 관점의 평생교육 실습 기관의 비전, 학습 및 조직역량, 경영 및 혁신 활동, 고객 만족도, 재무 및 가치창출 각 영역의 성과측정 지표를 바탕으로 평가도구를 [표 7-3]과 같이 구성한다.

표 7-3 | Balanced Scorecard 관점의 평생교육기관 평가도구

항목	평가측정 지표	측정
기관 운영의 비전	▪ 기관이 달성하고자 하는 목적이 명확하고 구체적으로 설정되어 있는가?	① 매우 그렇지 않다 ② 그렇지 않다 ③ 보통이다 ④ 그렇다 ⑤ 매우 그렇다.
학습 역량	▪ 기관운영을 계획하고 이를 적절히 수행하기에 적합한 역량(예: 기획, 조사 도구 개발, 대안제시)을 갖추고 있는가?	① 매우 그렇지 않다 ② 그렇지 않다 ③ 보통이다 ④ 그렇다 ⑤ 매우 그렇다.
	▪ 사업목적을 위하여 조직 내외부의 관계자들과 협력적 관계를 구축하고 있는가?	① 매우 그렇지 않다 ② 그렇지 않다 ③ 보통이다 ④ 그렇다 ⑤ 매우 그렇다.
	▪ 평생교육 학습자의 특성을 이해하고 이를 반영하여 교육에 적절하게 활용할 수 있는가?	① 매우 그렇지 않다 ② 그렇지 않다 ③ 보통이다 ④ 그렇다 ⑤ 매우 그렇다.
조직 역량	▪ 조직 및 조직행동에 대하여 이해하고 있는가?	① 매우 그렇지 않다 ② 그렇지 않다 ③ 보통이다 ④ 그렇다 ⑤ 매우 그렇다.
	▪ 조직의 학습 및 성과증진을 위한 기회와 전략들이 적절히 제공되고 있는가?	① 매우 그렇지 않다 ② 그렇지 않다 ③ 보통이다 ④ 그렇다 ⑤ 매우 그렇다.
	▪ 조직학습 및 조직개발이론과 기법을 이해하고 적절히 활용하고 있는가?	① 매우 그렇지 않다 ② 그렇지 않다 ③ 보통이다 ④ 그렇다 ⑤ 매우 그렇다.
경영목적 및 내용의 타당성	▪ 사업을 통해 달성하고자 하는 목적이 명확하고 구체적으로 설정되어 있는가?	① 매우 그렇지 않다 ② 그렇지 않다 ③ 보통이다 ④ 그렇다 ⑤ 매우 그렇다.
	▪ 사업목적이 당초 기획의도를 일관성 있게 유지하고 있는가?	① 매우 그렇지 않다 ② 그렇지 않다 ③ 보통이다 ④ 그렇다 ⑤ 매우 그렇다.
	▪ 사업목적에 따라 사업내용이 명확하게 구성되어 있는가?	① 매우 그렇지 않다 ② 그렇지 않다 ③ 보통이다 ④ 그렇다 ⑤ 매우 그렇다.
경영목표 달성결과	▪ 성과목표 및 성과지표가 사업목적을 달성할 수 있도록 설정되어 있으며 인과관계가 명확한가?	① 매우 그렇지 않다 ② 그렇지 않다 ③ 보통이다 ④ 그렇다 ⑤ 매우 그렇다.

경영목표 달성결과	▪ 성과지표가 측정가능하고 합리적으로 설정되어 있는가?	① 매우 그렇지 않다 ② 그렇지 않다 ③ 보통이다 ④ 그렇다 ⑤ 매우 그렇다.
	▪ 가중치가 핵심/일반지표에 따라 적절하게 설정되었는가?	① 매우 그렇지 않다 ② 그렇지 않다 ③ 보통이다 ④ 그렇다 ⑤ 매우 그렇다.
	▪ 성과지표별 목표치 설정이 타당한가?	① 매우 그렇지 않다 ② 그렇지 않다 ③ 보통이다 ④ 그렇다 ⑤ 매우 그렇다.
	▪ 사업별로 검증 가능한 근거자료를 제시하였는가?	① 매우 그렇지 않다 ② 그렇지 않다 ③ 보통이다 ④ 그렇다 ⑤ 매우 그렇다.
혁신 경영	▪ 기관은 자율적인 변화와 혁신을 위해 노력하였으며, 그 결과가 적절한 성과로 나타나고 있는가?	① 매우 그렇지 않다 ② 그렇지 않다 ③ 보통이다 ④ 그렇다 ⑤ 매우 그렇다.
	▪ 자체/상위평가, 특정평가 등의 평가결과를 제도개선에 반영하거나 방안을 수립하였는가?	① 매우 그렇지 않다 ② 그렇지 않다 ③ 보통이다 ④ 그렇다 ⑤ 매우 그렇다.
	▪ 자체 모니터링 또는 집행과정상 발생한 문제점들을 적절히 대응 및 해결하였는가?	① 매우 그렇지 않다 ② 그렇지않다 ③ 보통이다 ④ 그렇다 ⑤ 매우 그렇다.
조직체계의 적절성 및 조직관리의 효율성	▪ 기관의 특성에 부합되도록 효율적 조직운영에 필요한 각종 제도 및 시스템이 마련되어 있는가?	① 매우 그렇지 않다 ② 그렇지 않다 ③ 보통이다 ④ 그렇다 ⑤ 매우 그렇다.
	▪ 조직운영체계는 기관운영을 위해 적절한가?	① 매우 그렇지 않다 ② 그렇지 않다 ③ 보통이다 ④ 그렇다 ⑤ 매우 그렇다.
사업추진 체계의 합리성	▪ 사업추진 주체간 역할분담 및 협력체계가 제대로 구성되어 있는가?	① 매우 그렇지 않다 ② 그렇지 않다 ③ 보통이다 ④ 그렇다 ⑤ 매우 그렇다.
사업관리 및 집행의 적절성	▪ 성과관리시행계획 등 사전에 제시한 사업추진 일정이 사업목적 및 내용을 충실히 달성할 수 있도록 설정되어 있는가?	① 매우 그렇지 않다 ② 그렇지 않다 ③ 보통이다 ④ 그렇다 ⑤ 매우 그렇다.
	▪ 정기적으로 사업관리 실태를 점검하고 있으며, 점검체계가 구축·운용되고 있는가?	① 매우 그렇지 않다 ② 그렇지 않다 ③ 보통이다 ④ 그렇다 ⑤ 매우 그렇다.
성과관리의 적절성	▪ 성과달성도 향상을 위한 전략 및 계획이 적절한가?	① 매우 그렇지 않다 ② 그렇지 않다 ③ 보통이다 ④ 그렇다 ⑤ 매우 그렇다.
	▪ 성과를 정기적으로 점검하고 객관적인 성과분석을 실시하고 있는가?	① 매우 그렇지 않다 ② 그렇지 않다 ③ 보통이다 ④ 그렇다 ⑤ 매우 그렇다.
	▪ 차년도/차차년도 성과지표, 가중치, 목표치가 적절하게 설정되었는가?	① 매우 그렇지 않다 ② 그렇지 않다 ③ 보통이다 ④ 그렇다 ⑤ 매우 그렇다.
	▪ 성과활용 및 확산실적이 우수한가?	① 매우 그렇지 않다 ② 그렇지 않다 ③ 보통이다 ④ 그렇다 ⑤ 매우 그렇다.

수강생 관리	▪ 기관특성에 적합한 수강생을 모집·선발하고 있는가?	① 매우 그렇지 않다 ② 그렇지 않다 ③ 보통이다 ④ 그렇다 ⑤ 매우 그렇다.
	▪ 수강생들을 위한 상담 및 중도탈락방지 노력을 체계적으로 실시하고 있는가?	① 매우 그렇지 않다 ② 그렇지 않다 ③ 보통이다 ④ 그렇다 ⑤ 매우 그렇다.
	▪ 교육과정의 주요정보를 적절하게 제공하는가?	① 매우 그렇지 않다 ② 그렇지 않다 ③ 보통이다 ④ 그렇다 ⑤ 매우 그렇다.
교육 프로그램 개발	▪ 과정개발 및 교과편성 등을 위하여 수요자 대상으로 수요조사를 실시하고 있는가?	① 매우 그렇지 않다 ② 그렇지 않다 ③ 보통이다 ④ 그렇다 ⑤ 매우 그렇다.
	▪ 과정별 교육계획이 적정하고 실효성이 있는가?	① 매우 그렇지 않다 ② 그렇지 않다 ③ 보통이다 ④ 그렇다 ⑤ 매우 그렇다.
교육 프로그램 운영 방법	▪ 교육기준에 맞는 교육내용이 적합하게 구성되어 있는가?	① 매우 그렇지 않다 ② 그렇지 않다 ③ 보통이다 ④ 그렇다 ⑤ 매우 그렇다.
	▪ 교육과정 특성을 고려한 현장교육 등을 실시하고 있는가?	① 매우 그렇지 않다 ② 그렇지 않다 ③ 보통이다 ④ 그렇다 ⑤ 매우 그렇다.
	▪ 교육과정에 적합한 교수방법 및 훈련교재를 선택 및 활용하고 있는가?	① 매우 그렇지 않다 ② 그렇지 않다 ③ 보통이다 ④ 그렇다 ⑤ 매우 그렇다.
	▪ 교육성과의 평가내용과 시기, 방법, 결과 활용이 적절한가?	① 매우 그렇지 않다 ② 그렇지 않다 ③ 보통이다 ④ 그렇다 ⑤ 매우 그렇다.
교육 프로그램 운영 실적 및 역량	▪ 전체 교육참가 인원수는 당해 연도 목표치에 도달했는가?	① 매우 그렇지 않다 ② 그렇지 않다 ③ 보통이다 ④ 그렇다 ⑤ 매우 그렇다.
	▪ 전체 교육과정의 개수와 교육개최 회수는 당해 연도 목표치에 도달했는가?	① 매우 그렇지 않다 ② 그렇지 않다 ③ 보통이다 ④ 그렇다 ⑤ 매우 그렇다.
	▪ 전체 교육과정의 평균 중도 탈락률이 어떠한가?	① 매우 높다 ② 높은 편이다 ③ 보통이다 ④ 낮은 편이다. ⑤ 매우 낮다.
강사관리 및 질적수준 제고	▪ 강의내용과 관련하여 전문성이 있는 강사를 선발하여 운영하는가?	① 매우 그렇지 않다 ② 그렇지 않다 ③ 보통이다 ④ 그렇다 ⑤ 매우 그렇다.
	▪ 강사 오리엔테이션은 체계적으로 실시되고 있는가?	① 매우 그렇지 않다 ② 그렇지 않다 ③ 보통이다 ④ 그렇다 ⑤ 매우 그렇다.
	▪ 강의평가를 실시하고 결과를 강사에게 통보하는가?	① 매우 그렇지 않다 ② 그렇지 않다 ③ 보통이다 ④ 그렇다 ⑤ 매우 그렇다.
	▪ 강사성과관리 시스템(예: 우수강사 표창 등)을 갖추고 있는가?	① 매우 그렇지 않다 ② 그렇지 않다 ③ 보통이다 ④ 그렇다 ⑤ 매우 그렇다.
고객 만족	▪ 기관의 고객만족도 수준은 어느 정도인가?	① 매우 낮다 ② 낮은 편이다 ③ 보통이다 ④ 높은 편이다. ⑤ 매우 높다.
예산관리 및 집행의 견실성	▪ 예산구조의 안정성과 재정규모 성장성이 갖추어져 있는가?	① 매우 그렇지 않다 ② 그렇지 않다 ③ 보통이다 ④ 그렇다 ⑤ 매우 그렇다.
	▪ 재원집행방식이 사업목적을 달성할 수 있도록 적절하게 설정되어 있는가?	① 매우 그렇지 않다 ② 그렇지 않다 ③ 보통이다 ④ 그렇다 ⑤ 매우 그렇다.

	▪ 사업계획에 따라 재원이 집행되고 있 는가?	① 매우 그렇지 않다 ② 그렇지 않다 ③ 보통이다 ④ 그렇다 ⑤ 매우 그렇다.
연구비. 회계관리의 투명성	▪ 예산집행이 관련 규정 및 절차를 통해 투명하고, 적절히 집행되고 있는가?	① 매우 그렇지 않다 ② 그렇지 않다 ③ 보통이다 ④ 그렇다 ⑤ 매우 그렇다.
	▪ 자체수입 초과액에 대한 집행계획 및 실적이 적정한가?	① 매우 그렇지 않다 ② 그렇지 않다 ③ 보통이다 ④ 그렇다 ⑤ 매우 그렇다.
	▪ 당해연도 재무제표와 결산(재무)보고서 가 출연(연) 회계기준에 따라 충실히 작성되었는가?	① 매우 그렇지 않다 ② 그렇지 않다 ③ 보통이다 ④ 그렇다 ⑤ 매우 그렇다.

03 평가 세미나

양성기관 지도자 주관으로 이루어지는 평가세미나는 실습자의 실력 평가와 개인
적인 성장을 도모하는 동시에, 현장에서의 경험 공유와 교류, 교육 프로그램 개선 등
다양한 의미와 목적을 가지고 있다.

❶ 평가 세미나의 의미

1) 학습 결과 평가

평생교육 현장실습은 실습자의 학습 성과를 평가하는 중요한 요소이다. 평가세
미나는 학습자가 현장실습 동안 얼마나 성장하고 발전했는지를 평가하고 측정할 수
있는 기회를 제공한다. 실습자의 지식, 기술, 태도 등을 평가하여 실습 결과를 정량
적 또는 정성적으로 평가할 수 있다.

2) 자기 성찰과 피드백

평가세미나는 실습자에게 자기 성찰의 시간을 제공한다. 실습자는 자신의 실습
경험을 돌아보고, 자신의 강점과 약점을 파악하며 개인적인 성장을 도모할 수 있다.
또한, 평가세미나를 통해 양성기관 지도자 및 다른 실습자로부터 피드백을 받을 수

있다. 이는 실습자에게 실력 향상을 위한 지침이 될 수 있다.

3) 경험 공유와 학습 자료화

평가세미나는 실습자가 현장실습에서의 경험을 공유하고, 다른 실습자들과 의견을 나눌 수 있는 자리를 제공한다. 실습자들은 서로의 경험을 듣고 배울 수 있으며, 현장실습에서 얻은 학습 자료를 다른 사람들과 공유하여 지식의 확산과 교류를 이룰 수 있다.

4) 교육 프로그램 개선과 향후 계획 수립

평가세미나를 통해 실습자들의 평가 결과와 의견을 종합하여 교육 프로그램을 개선하는 데 활용할 수 있다. 또한, 평가세미나에서 도출된 결과를 기반으로 실습자의 향후 계획을 수립할 수 있다. 실습자들은 평가 결과를 토대로 자신의 약점을 보완하고, 더 나은 성과를 이루기 위한 계획을 세울 수 있다.

❷ 평가 세미나 진행 절차

1) 1단계: 준비 단계

- 양성기관 지도자는 평가 세미나의 목적과 내용을 결정한다.
- 양성기관 지도자는 평가 방법과 기준을 설정한다.
- 양성기관 지도자는 평가에 사용할 도구와 자료를 선정한다.

2) 2단계: 일정 및 참여자 확정

- 양성기관 지도자는 평가 세미나의 일정을 계획한다.
- 세미나에 참여할 평가자, 실습자, 현장실습 지도자 등을 확정한다.

3) 3단계: 평가 준비

- 양성기관 지도자는 평가에 사용될 평가 지표와 평가 기준을 개발한다.
- 평가에 활용될 평가 도구 및 자료를 제작하거나 수집한다.

- 실습자가 다른 실습자를 평가할 수 있도록 평가 절차와 방법에 대한 설명을 준비한다.

4) 4단계: 평가 진행

- 평가 세미나가 진행되는 날에 실습자들은 자신의 경험과 성과를 발표한다.
- 실습자들은 다른 실습자의 발표를 듣고 평가 도구를 사용하여 실습자를 평가한다.
- 평가 도구에는 평가 점수, 자기 성찰서, 피드백 양식 등이 포함될 수 있다.

5) 5단계: 토론 및 피드백

- 실습자들은 각자의 발표와 평가 결과를 바탕으로 토론을 진행한다.
- 실습자들은 피드백을 받고 개인적인 성장을 위한 계획을 세울 수 있다.
- 양성기관 지도자는 실습자들에게 피드백하고, 개선점이나 강점을 강조한다.

6) 6단계: 결과 분석 및 보고

- 양성기관 지도자는 평가 세미나의 결과를 분석하여 실습자의 전반적인 성과와 발전 가능성을 파악한다.
- 지도자는 보고서나 평가 결과를 요약한 문서를 작성하여 관련 기관에 제출한다.
- 지도자는 결과 분석을 통해 평가 세미나와 평생교육 현장실습 프로그램의 개선을 위한 제언을 도출한다.

표 7-4 | 평가 세미나 일정 예시

일정		내용
세미나 2주전		평가 세미나 일정 확정 및 참여자 확정
세미나 2주전		평가 세미나 목적 및 내용 결정
세미나 1주전		평가 도구 및 자료 제삭 및 준비(실습생)
평가 세미나	1차시	평가 방법 교육 및 훈련
	2차시	학습자 발표 및 평가 진행
	3차시	
	4차시	토론 및 피드백
세미나 이후		결과 분석 및 보고

❸ 평가 세미나 예시

Y대학 평생교육실습 평가 세미나의 [실습 기관 SWOT 분석] 모음을 소개하니 참고하면 된다.

그림 7-1 | SWOT 분석 예시 1

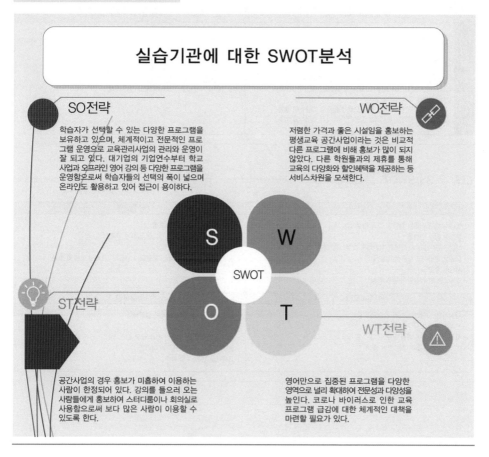

그림 7-2 | SWOT 분석 예시 2

	강점(STRENGTH)	약점(WEAKNESS)
내부환경	- 다양한 프로그램을 진행하여 학습자의 선택의 폭이 넓음. - 교육프로그램의 관리 · 운영이 체계적이고 전문성이 뛰어남. - 전국적으로 지부가 있어서 네트워크가 탄탄함. - 자격증 및 강사양성 프로그램이 운영되고 있음.	- 적극적인 홍보가 이루어지지 않음. - 강의 수강료가 다소 비싼 편. - 강의 개강일이 명시되어 있지 않아 학습자의 학습계획 세우기 불편. - 노후된 건물과 부대 시설. - 체험/견학 프로그램의 부재. - 낙후된 홈페이지. - 창의적인 주제 및 트렌드를 반영한 새로운 프로그램이 한정적임. - 대중교통의 접근이 어려움.
	기회요인(OPPORTUNITIES)	위협요인(THREATS)
외부환경	- 공영주차장 시설이 잘 되어 있음. - 주변에 공원 및 운동장이 많음. - 교육열이 높은 지역으로 교육에 대한 기대와 관심이 높음. - 주변에 10개 이상의 초, 중, 고등학교가 위치함. - 삶의 질 향상과 행복 추구에 대한 시민의식이 높아짐. - 4차 산업혁명시대에 사용할 새로운 평생교육프로그램 개발이 적극적으로 요구되고 있음. - 거주민의 경제만족도가 높은 편으로 학습자의 접근성이 좋음. - 트렌드와 분위기를 중시하는 젊은층 학습자가 늘어나고 있음.	- 장기화되는 코로나 사태. - 온라인 교육수요의 증가. - 진로적성교육 및 인성교육, 청년취업 교육이 상대적으로 미흡하여 장기적으로 볼 때 사회경제적으로 영향을 미칠 수 있음. - 지속 발전하는 타 평생학습도시. - 주변 행정복지센터와 문화센터 등이 다수 존재.

그림 7-3 | SWOT 분석 예시 3

강점요인	단점요인
- 학습자 요구에 맞는 다양한 교육 프로그램 제공 - 우수한 강사 인력풀 - 야간, 주말 강좌 등 다양한 시간대의 프로그램 제공 - 교통이 편리하고 접근성이 높음 - 저렴한 수강료 - 프로그램 별 적절한 인원수 편성	- 기관과 강좌의 홍보가 부족함 - 수강생 연령대가 높아 트렌디한 강좌가 부족함 - 온라인 프로그램의 부족 - 일부과정의 경우 수강료는 저렴하나 재료비, 교재비 부담이 발생
기회요인	위협요인
- 지식기반, 고령화 사회의 학습요구 증대 - 온라인 원격 교육 시대의 도래 - 자격관련 교육에 대한 요구 증대 - 여가 · 문화생활에 대한 관심 증대	- 평생교육기관의 증대에 따른 경쟁심화 - 노후된 시설 - 경기 침체에 따른 학습비 지출 규모 감소 - 일부 시설 · 기자재 관리의 어려움 - 코로나로 인한 수업 축소

그림 7-4 | SWOT 분석 예시 4

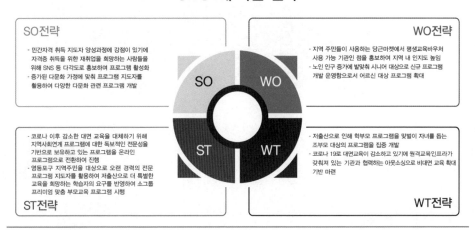

평생교육 실습에서 '평가'란 실습자의 성과를 파악하고 개별적인 피드백을 통한 학습 경험을 증진시키는 데 그 목적이 있다. 다면적인 평가를 통해 실습자의 지식과 기술뿐만 아니라 태도, 창의성, 문제 해결 능력, 협업 능력 등 다양한 측면을 평가하고 그에 따른 학습을 최대화할 수 있다. 성공적인 평생교육 실습 평가 세미나를 통해 경험을 내재화하고 스스로를 성찰할 수 있는 시간이 되었으면 한다.

평생교육실습 서류 작성

평생교육실습 서류 작성

　　평생교육사 양성기관, 평생교육실습 기관, 평생교육실습생은 평생교육실습을 준비 및 진행하면서 실습 진행을 원활하게 하고 실습 결과를 증빙하기 위한 각종 서류를 작성 및 공유해야 한다. 특히 평생교육실습 서류는 평생교육실습 여부와 질적 수준을 평가하여 평생교육사 자격을 인증하기 위한 필수적 요소라는 점에서 중요하다. 하지만 평생교육사 양성기관이나 평생교육실습 기관에 따라 차별적 서류 구성, 자체 양식 사용 등으로 난맥상이 커지면서, 교육부와 국가평생교육진흥원은 「평생교육실습 과목 운영지침」을 2015년 발표하였고 현재까지도 실습의 중요한 기준으로 활용되고 있다.

　　8장에서는 평생교육실습을 진행하면서 작성되는 서류의 양식과 내용을 살펴보고, 실습 관련 서류 작성의 기준을 제시하였다. 기본적으로는 교육부의 「평생교육실습 과목 운영지침」을 준용하였다.

　　평생교육실습 과목은 평생교육사 양성기관에서 별도의 교과목으로 구성하여 운영된다. 「평생교육실습 과목 운영지침」에서 제시하는 평생교육실습 과목 수업과정의 예는 [그림 8-1]과 같다. 사전교육, 현장실습, 보고 및 평가로 이어지는 실습교과목 진행의 과정에서 다양한 서류 작업이 요청된다. 이를 간편하게 하고 필요한 서류 양식을 제공하기 위해 교육부는 「평생교육실습 과목 운영지침」을 제시하였다. 그 안에 필요한 서류 양식의 예를 제시하였다. 물론 이 양식은 어디까지나 예시이지 반드시 따라야할 사항은 아니다. 즉, 양성기관이나 실습 기관의 상황이나 기존의 양식

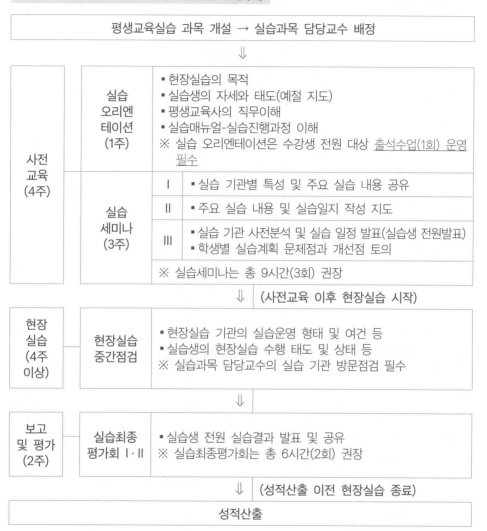

그림 8-1 | 평생교육실습 과목 수업과정 편성(예)

평생교육실습 과목 개설 → 실습과목 담당교수 배정

⇓

사전 교육 (4주)	실습 오리엔 테이션 (1주)	▪ 현장실습의 목적 ▪ 실습생의 자세와 태도(예절 지도) ▪ 평생교육사의 직무이해 ▪ 실습매뉴얼-실습진행과정 이해 ※ 실습 오리엔테이션은 수강생 전원 대상 출석수업(1회) 운영 　필수
	실습 세미나 (3주)	I ▪ 실습 기관별 특성 및 주요 실습 내용 공유 II ▪ 주요 실습 내용 및 실습일지 작성 지도 III ▪ 실습 기관 사전분석 및 실습 일정 발표(실습생 전원발표) 　▪ 학생별 실습계획 문제점과 개선점 토의 ※ 실습세미나는 총 9시간(3회) 권장

⇓ (사전교육 이후 현장실습 시작)

현장 실습 (4주 이상)	현장실습 중간점검	▪ 현장실습 기관의 실습운영 형태 및 여건 등 ▪ 실습생의 현장실습 수행 태도 및 상태 등 ※ 실습과목 담당교수의 실습 기관 방문점검 필수

⇓

보고 및 평가 (2주)	실습최종 평가회 I·II	▪ 실습생 전원 실습결과 발표 및 공유 ※ 실습최종평가회는 총 6시간(2회) 권장

⇓ (성적산출 이전 현장실습 종료)

성적산출

출처: 교육부(2015), p.6.

을 활용할 수 있다. 실습 과정에 따라 실습에 필요한 서류 양식을 정리하면 [표 8-1]과 같다.

표 8-1 | 실습과목 진행 단계별 필요한 서류 양식

실습과목 단계	서식
협약	【양식 1】현장실습 협약서
현장실습 의뢰	【양식 2】실습의뢰서
방문지도	【양식 3】현장실습 방문지도 확인서
실습결과 확인	【양식 4】평생교육 현장실습 확인서
실습수행	【양식 5】실습일지
실습의뢰 회보	【양식 6】실습의뢰 결과 회보서
실습 지도	【양식 7】실습 지도 기록서
실습 평가	【양식 8】실습생 평가서 【양식 9】평생교육 현장실습 평가서
실습결과 확인	【양식 4】평생교육 현장실습 확인서

*서식 앞의 양식 번호는 「평생교육실습 과목 운영지침」의 양식 번호임.

01 사전교육 단계에서 필요한 서류

실습의 과정을 좀 더 세분하여 보면, 실습교과목이 개설되고 수강생이 수강신청을 한 이후에 개강이 되면, 우선적으로 실습오리엔테이션과 실습세미나를 중심으로 하는 강의가 먼저 실시된다. 물론 이 시기에 출석 수업이 주요하게 진행되지만, 실습 측면에서는 실습 기관과 실습시기를 정해야 한다는 점에서 중요한 시기이다.

▶ 사전교육에서 중요사항

- 실습에 대한 기본적 이해와 함께 사전에 실습에서 작성해야 할 서류 양식 작성 방법을 익히는 단계
- 실습 기관을 섭외하여 실습 기간 등을 결정하는 실습 준비 단계
- 실습과목 수강생별, 실습 기관별 실습 일정을 공유하고 확정하는 단계

사전교육을 실시하면서 실습 기관을 섭외하는 것이 가장 중요한 일이다. 평생교육 실습 지침에서 실습 기관 섭외는 실습생의 몫이다. 하지만 실습생이 실습 기관을 접촉하여 섭외하는 것이 어려운 경우도 적지 않아서 양성기관이 기존에 실습생이 실습해왔던 실습 기관을 소개하기도 한다. 또한 국가평생교육진흥원의 실습 기관 목록 제공 서비스(https://lledu.nile.or.kr/practice/info)를 활용하도록 안내되기도 한다.

사전교육 단계에서 실습 기관 섭외를 진행하면서 실습 기관과의 사전 면담을 통해 어느 정도 실습에 대한 공통분모를 찾게 되면, [양식 2]의 실습의뢰서를 공문으로 발송한다. 양식의 순서는 [양식 1] 협약서가 먼저 나오지만, 실제 진행 과정에서는 양성기관이 실습의뢰서 공문을 발송하는 것이 먼저이다. 실습의뢰서의 세부 사항을 살펴보면 다음과 같다.

- 실습의뢰서는 공문 양식으로 수신, 참조, 제목을 먼저 기입함. 여기에서 수신은 실습 기관이고 참조는 실습담당자인 평생교육사 또는 실습 기관 기관장이 됨.
- 사전에 실습에 대한 공감대가 형성되었다는 전제하에 실습의뢰서는 발송하게 되며, 실습생명, 생년월일, 학과/전공, 학년/학기, 평생교육 관련 경력 등을 기재하여 발송함.
- 실습의뢰서 작성에서 유의해야 할 점 중에 하나는 개인정보 제공 동의가 필요하다는 점임. 즉, 실습생의 개인정보를 실습 기관에 제공해야 한다는 점에서, 실습의뢰서 발송 이전에 개인정보 제공 및 활용에 대한 동의를 실습생에게 받아야 함.
- 개인정보 제공 및 활용에 대한 동의는 실습의뢰서뿐만 아니라 실습과목 진행 전체에서 요구된다는 점에서, 실습과목 시작과 동시에 동의 절차를 진행하는 것이 추천됨.
- 한편 양성기관이 대부분 대학이라는 점에서 실습의뢰서 발송에서 유의사항이 존재함. 즉, 실습과목은 양성과목 개설자, 즉 양성지도자에 의해서 발송되지 못한다는 것임. 양성지도자는 사인으로서 양성기관 조직 체계에서 공문 발송의 권한을 갖지 못함. 따라서 양성기관 조직 체계에서 공문 발성이 가능한 기관이나 조직의 장의 명의를 따라 실습의뢰서가 발송되어야 함. 예를 들어, 사범대학의 평생교육사 양성과정으로서 실습과목이 개설된 경우, 사범대학 교육학과장 또는 사범대학장의 명의로 공문 발송이 진행됨.

그림 8-2 | 실습의뢰서

실 습 의 뢰 서

수 신:

참 조:

제 목:

---

1. 항상 평생교육 현장실습을 위해 애써 주시는 귀 기관에 감사드리며 귀 기관의 무궁한 발전을 기원합니다.

2. 『평생교육실습』 과목을 수강하는 아래 학생의 현장실습을 귀 기관으로 요청하오니 협조하여 주시기 바랍니다.

– 다 음 –

실습생명	생년월일	학과/전공	학년/학기	평생교육 관련 경력
				총 개월
				총 개월

○○ 기관장

- -

담당자 000   학과장 000

시행 000－000(0000(년)00(월)00(일))   접수 0000－0000(0000.00.00.)

주소:

전화: / E－mail:

출처: 교육부(2015), p.15.

실제로 사용된 실습의뢰서 공문사례는 아래와 같다.

그림 8-3 | 실습의뢰서 사례

* *대학교

수신자   ***** 문화센터 담당자
(경 유)
제 목   평생교육 현장실습 관련 협조 요청

1. 항상 평생교육 현장실습을 위해 애써 주시는 귀 기관에 감사드리며 귀 기관의 무궁한 발전을 기원합니다.
2. 『평생교육실습』 과목을 수강하는 다음 학생의 현장실습을 귀 기관으로 요청하오니 협조하여 주시기 바랍니다.

– 다 음 –

실습생명	생년월일	학과/전공	학년/학기	평생교육 관련 경력
윤**	19**.**.**	일반대학원 교육학과	3학기	총 10 개월
조**	19**.**.**	일반대학원 교육학과	4학기	총 24 개월
김**	19**.**.**	교육대학원 평생교육 전공	5학기	총 15 개월

교육학과장   관인생략

★주무관   학과장
협조자
시행교육학과-   (   )접수
우   /
전화   /전송   /   /공개

끝.

출처: 연구진 개발.

실습의뢰서가 양성기관에서 실습 기관으로 전송되면 실습 기관은 실습의뢰서에 대한 답신 공문을 발송하는 것이 일반적이다. 이와 관련하여 실습의뢰 결과 회보서가 실습 기관이 발송하는 서류 양식이다.

▶ 실습의뢰 결과 회보서 작성

- 실습의뢰 결과 회보서는 양성기관의 실습 의뢰에 대하여 실습 기관이 수용할 것인지의 여부를 결정하여 알려주는 공문양식임.
- 수용 여부뿐만 아니라 수용할 경우 양성기관에 실습 기관과 실습 지도자의 자격을 공유해야 하기 때문에 관련 사항을 충분히 기재하고 관련 증빙자료로 동봉하도록 되어 있음.
- 구체적으로 실습 기관은 실습의뢰의 수락 여부를 표시하고 실습 기관의 기본적 정보와 실습 지도자의 정보를 기입하도록 되어 있음. 또한 실습 지도자의 평생교육관련 경력을 기재하여 총경력이 지도자로서 적절한지를 판단할 수 있어야 함.
- 또한 실습 기관이 양성기관에 요청하는 서류도 기재하도록 되어 있음. 요청사항을 보면, 필요서류, 실습비, 참고사항 등을 기재하여 양성기관에 통보하고 이를 실습생에게 안내하도록 하는 사항이 포함됨.
- 마지막으로 실습 기관이 평생교육기관인지를 확인하기 위해, 평생교육기관 증빙서류를 동봉하도록 되어 있음.
- 실습의뢰 결과 회보서 작성에서 유의 사항 중에 하나는 실습 지도자의 개인정보가 양성기관에 제공되므로, 개인정보 제공 및 활용에 대한 동의가 실습의뢰 결과 회보서 발송 이전에 실습 기관에서 진행되어야 한다는 점임.

그림 8-4 | 실습의뢰 결과 회보서

실습의뢰 결과 회보서

1. 실습의뢰 결과

□ 수락합니다(수락시 하단의 내용 기재)   □ 거절합니다

2. 실습 기본사항

① 실습 기관 정보

기 관 명		기 관 유 형	[참고 1] 참조
전화번호		실습운영부서	
주 소			

② 실습 지도자 정보

성 명			급 수	
생년월일		평생교육사 자격소지	취득기관명	
직 위			취 득 일	
			자격번호	

평생교육 관련 경력

기관명	소속부서	경력기간(년월)	담당업무
		년 월~ 년 월(총 개월)	
		년 월~ 년 월(총 개월)	
총 경력개월		총 개월	

③ 요청사항

필요서류	
실습비	원(실습개시일 납부 요망)
참고사항	

상기 내용으로 귀 기관에서 의뢰한 현장실습 의뢰 결과를 회보합니다.

실습 기관의 장 [직인]

※ [붙임] 평생교육기관 증빙서류 1부.

출처: 교육부(2015), p.19.

양성기관과 실습 기관 간의 실습의뢰서와 답신 공문이 교류되면, 이후 실습에 대한 협약을 체결한다. 이 역시 실습을 하기 전에 사전교육 단계에서 진행되는 사항이다. 협약서 양식은 [그림 8-4]와 같고, 주요 내용은 다음과 같다.

- 교육부 지침에서 제공되는 현장실습 협약서 양식은 예시라는 점에서 양성기관과 실습 기관에서 필요하다고 판단되는 사항은 추가적으로 기재할 수 있음.
- 협약서에서 '갑'은 실습 기관이고 '을'은 양성기관임. 이 협약서의 목적은 실습생이 평생교육 실습을 효과적으로 참여할 수 있도록 양성기관과 실습 기관이 서로 협력한다는 점을 약속하는 것이 주요 목적임.
- 관련하여 구체적인 사항으로 현장실습 운영기준(실습 시간 등), 실습 기관의 현장실습 운영, 양성기관의 현장실습 운영, 현장실습 시간 및 장소, 실습지원비, 지도교수 지정, 보험가입, 협약의 효력 및 기간, 기타 등으로 구성됨.
- 최근에는 추가적으로 실습비를 요구하는 수준 등에 대하여 협약서에 기재하는 경우도 있음. 실습 기관에 따라 실습비 수준은 차이가 있으나, 수십만 원 이상되는 경우가 대부분이라는 점, 그리고 양성기관에도 양성관련 등록금 등을 실습생이 지급한다는 점에서 실습비는 민감한 사항이 되고 있음. 이에 실습금액의 규모나 책임 등을 분명히 하기 위해 협약서에 관련 사항을 기재하는 경우도 존재함.

그림 8-5 | 현장실습 협약서

현장실습 협약서(예시)

　○○○○(이하 "갑"이라 한다)과 ○○대학교(이하 "을"이라 한다)는 "을"소속 학생들(이하 "실습생"이라 한다)의 진로 선택에 도움을 주고, 평생교육 현장에서 요구하는 전문지식과 경험 습득을 목적으로 하는 평생교육 현장실습(이하 "현장실습"이라 한다) 운영과 관련된 지침을 준수하고, 상호간의 운영에 필요한 사항을 이행하기 위하여 다음과 같이 협약을 체결한다.

제1조 (현장실습 운영기준)
① 현장실습은 최소 4주간, 20일(160시간) 이상 실시하여야 한다.
② 현장실습은 1일 8시간(9:00~18:00), 주 5회(월~금)의 통상근로시간 내 운영하되, 현장실습 기관의 특성 및 실습생의 상황(직장인 등)을 고려하여 야간 및 주말시간을 이용한 현장실습을 운영할 수 있다.

제2조 ("갑"의 현장실습 운영)
① "갑"은 실습생의 전문지식 함양과 경험습득을 위하여 현장실습 내용에 맞는 이론 및 실습교육 내용을 수립한다.
② "갑"은 현장실습이 내실 있게 실시될 수 있도록 하기 위하여 실습생의 희망 진출분야 및 진로를 고려하여 배치함으로써 다양하고 폭넓은 현장 경험을 쌓을 수 있도록 최선의 기회를 제공한다.
③ "갑"은 현장실습을 지도할 담당자를 배치하여 실습생이 성실히 현장실습을 수행할 수 있도록 지도하고 실습생에 대한 출결 관리 및 평가를 실시한다.

제3조 ("을"의 현장실습 운영)
① "을"은 현장실습 운영계획 및 일정 수립 후 "갑"과 실습생에 대한 안내 및 홍보를 실시한다.
② "을"은 "갑"으로부터 현장실습 운영에 필요한 모집인원, 실습 기간 등의 신청서를 접수, 검토 후 실습생 지원 및 모집에 관한 업무를 실시한다.
③ "을"은 "갑"의 실습생 선발에 필요한 정보 및 업무지원을 실시한다.
④ "을"은 선발된 실습생을 대상으로 다음 각 호의 사항이 준수될 수 있도록 사전교육을 실시한다.

1. 실습생은 실습 기간 동안 주어진 과제를 성실하게 수행한다.
2. 실습생은 실습 기간 동안 "갑"의 사규 등 제반 수칙을 준수한다.
3. 실습생은 실습을 위한 기계, 공구, 기타 장비가 파손되거나 분실되지 않도록 주의한다.
4. 실습생은 실습 과정에서 알게 된 "갑"의 기밀사항을 누설하지 아니한다.
⑤ "을"은 현장실습 중 "갑"의 현장 방문을 통하여 "갑"과 실습생의 건의사항 및 애로사항이 개선될 수 있도록 조치를 취한다.
⑥ "을"은 "을"의 현장실습 관련 규정에 따라 현장실습 종료 후 "갑"과 실습생의 제출 서류 검토 후 실습생에 대한 학점인정 절차를 실시한다.

제4조 (현장실습 시간 및 장소)
① 실습 시간은 "갑"의 근로시간을 기준하여 1일 8시간 실습하는 것을 권장하되, 식사시간은 총 실습 시간에서 제외한다.
② 실습 장소는 "갑"의 사업장 또는 사업과 관련된 장소로 하고, 실습생의 보건·위생 및 산업재해 등으로부터 안전한 장소로 지정토록 "갑"과 "을"이 협의한다.

제5조 (실습지원비) "갑"은 실습생에게 숙식비, 교통비, 실습보조금 등의 실습지원비를 별도로 정하여 지원할 수 있으며, 지원할 경우 "을"과 협의하여 지급한다.

제6조 (지도교수 지정 등) "갑"과 "을"은 현장실습의 효율적 운영과 실습생의 올바른 지도를 위하여 지도교수 및 실습 지도자를 지정하여 운영할 수 있다.

제7조 (보험가입) "을"은 현장실습 기간 동안 실습과 관련하여 실습생에게 발생할 수 있는 상해에 대비한 보험에 가입하여야 한다. 이와 별도로 "갑"은 "갑"의 필요에 따른 보험을 가입할 수 있다.

제8조 (협약의 효력 및 기간) 본 협약의 효력은 협약체결일로부터 발생하며 협약기간은 협약체결일로부터 1년으로 한다. 단, "갑" 또는 "을" 중 이의를 제기하지 않을 경우 자동 갱신뇌는 것으로 한다.

제9조 (기타) 본 협약에 명기되지 아니한 세부사항에 대해서는 당사자 간 협의하여 별도로 정한다.

본 협약의 성립을 증명하기 위하여 협약서 2부를 작성, "갑"과 "을"은 각각 서명 날인 후 1부씩 보관한다.

20 년   월   일

"갑"	"을"
기관명 : ○○○○	기관명 : ○○대학교
주소 :	주소 :
대표자 : ㉑	대표자 : ㉑

출처: 교육부(2015), p.13.

02 현장실습 단계에서 필요한 서류

현장실습은 실습 과정의 핵심적 단계이다. 실제로 실습생이 실습 기관에서 160 시간의 실습을 진행하면서 현장학습이 진행되는 단계이기 때문이다. 따라서 보고 및 평가 단계를 제외하고 대부분의 서류 작성이 현장실습 단계에서 작성되고, 이를 통해 실습과목 학점과 이수 여부가 결정된다. 더불어 현장실습은 실습 기관에서 주로 진행되는 단계라는 점에서 대부분의 서류 작성은 실습 기관과 실습생에 의해서 진행된다.

실습 기관에 작성되는 서류는 실습일지, 현장실습 방문지도 확인서, 평생교육 현장실습 확인서, 실습의뢰 결과 회보서, 실습 지도 기록서, 실습생 평가서, 평생교육 현장실습 평가서가 모두 해당된다. 즉, 실습 과정의 마지막 단계인 보고 및 평가는 양성기관에서 실습 관련 서류를 확인하고 학점인정 등이 진행되는 단계이므로, 실습 관련 서류는 대부분이 실습단계에서 실습 기관에 의해 작성된다.

▶ 실습일지 작성

• 실습 과정에서 가장 많은 분량을 차지하는 서류 양식이 실습일지임. 이론적으로는 하루마다 작성해야 하므로 최소한 20일 이상의 일지가 요구됨.

- 실습일지 양식은 실습일, 실습 지도자 확인, 실습 시간, 실습 내용, 실습 소감 및 자기평가로 구성됨.
- 실습일은 실습 기간 동안 매일 작성되므로 실습일이 최소한 20일 이상 기재되어야 하고, 매 실습일지마다 실습 지도자의 확인이 필요함. 여기서 실습 지도자는 평생교육사 자격을 갖춘 실습 기관 소속직원임.
- 실습 시간은 출근시간, 퇴근시간, 식사시단, 지각/조퇴/결근여부(사유), 실습 시간을 기재하도록 되어 있음. 실습 시간은 실제 160시간의 실습 시간이 충족되었는지를 확인하는 증거가 된다는 점에서 시간 기재를 정확하고 사실과 다름 없이 기재되어야 함. 더불어 실습 기관과 양성기관은 실습 시간의 기재 내용을 계산하여 160시간의 실습 시간 준수 및 실습 시간 산정에서 다양한 지침을 준수하는지를 반드시 확인해야 함. 예를 들어, 식사시간의 제외, 저녁 시간 실습 제한, 휴일 실습 사항 등 다양한 사항을 면밀하게 검토하여 실습 시간의 적절성을 판단해야 함.
- 실습 내용은 하루 동안의 실습 진행 과정을 시간 순으로 기재하는 것으로 실제 어떤 실습활동을 하였는지를 상세하게 기재할 것을 요구함. 또한 실습 내용에 대한 것이므로 실습생의 개인적 느낌이나 의견을 적기보다는 실습한 활동 그 자체에 집중하게 기재하는 것이 적절함.
- 실습 내용을 기재할 때는 상세하게 기재하는 것이 필요함. 단순히 프로그램 참관이나 서류 작업 등의 추상적이거나 간단한 표현보다는 실제 어떤 활동을 하였고, 구체적인 시간이나 주요 내용이 무엇이었는지도 함께 기재하는 것이 필요함. 이는 실습의 질적 수준을 판단하는 것과 함께, 실습생이 매일의 실습활동을 정리하고 이를 통해 성찰과 성장의 시간을 갖도록 하기 위함임.
- 실습소감 및 자기평가는 실습활동에 대하여 실습생이 자신의 의견이나 성찰, 향후 발전적 활동에 대한 각오 등의 다양한 생각을 기재할 수 있는 공간임. 또한 실습을 통해 실습생이 얻게 된 지식, 기술, 태도 등을 기재하도록 하고, 실습 지도자에게 제안하고 싶은 사항도 기재하여 실습생과 실습 기관의 소통 채널로 활용되는 부분이기도 함.

그림 8-6 | 실습일지

실습일지(0일차)					
실습일		년 월 일(요일)		실습 지도자 확인	(서명 또는 인)
실습 시간	출근일시	퇴근시간	식사시간	지각/조퇴결근 여부(사유)	실습 시간
					시간
실습 내용	※ 실습 일정에 따른 업무명 순으로, 주요 활동내용을 기술 ※ 실습 지도가 가능하도록 구체적, 객관적으로 기술(실습일지는 개인일기가 아니므로, 실습일과에 대한 개인의 감정, 의견, 느낌 등은 가능한 한 피해야 함) ※ 프로그램 참관(보조진행) 시, 단순히 '000프로그램 참관'이 아닌, 프로그램의 목적, 주요내용, 강의자의 진행방법 등을 자세히 기록				
실습소감 및 자기평가 (협의사항 포함)	※ 실습 내용에 관한 실습생의 의견 및 자기평가를 기술하되 사실에 기초하여 기록하며 발전·진행적으로 기록 ※ 실습 지도를 통해 습득한 지식과 기술을 실무에 어떻게 적용할 수 있는지 등을 기록 ※ 해당 일자의 실습업무 수행을 통해 실습 지도자에게 제안하고 싶은 사항 기록				

출처: 교육부(2015), p.18.

　　현장실습일지의 구체적인 사례는 [그림 8-7]과 같다. 실습 시간 등을 구체적으로 기재하고 실습 내용도 시간대별로 정리하고 실제 활동한 내용을 증빙하기 위해 사진을 넣는 등의 구체성을 가미하였다. 또한 실습소감 및 자기평가에서도 실습활동을 통해 얻게 된 구체적인 지식이나 경험에 대한 생각을 기술하였다.

그림 8-7 | 실습일지 사례

실습일지(**일차)

실습일	20**년 *월 **일(*요일) 실습 지도자 확인 (서명 또는 인)				
실습 시간	출근일시	퇴근시간	식사시간	지각/조퇴결근 여부(사유)	실습 시간
	09:00	18:00	12:00-13:00		8시간

실습 내용	09:00-10:00: 강의실 정리 및 프로그램 준비 10:00-12:00: 여름학기 프로그램 전단지 2차 시안 오타 확인 작업 12:00-13:00: 점심시간 13:00-14:00: '평생교육시설 운영법 규정' 숙지(운영과정 및 환불과정) 14:00-15:00: 환불요청서 파일철 작업, 강사료 지급방식에 대한 설명과 숙지 15:00-16:00: 평생교육시설 운영법에 따른 환불요청서 서류검색 17:00-18:00: 비품목록표 파일 정리 작업 및 강의실 정리 
실습소감 및 자기평가 (협의사항 포함)	실습담당자가 프로그램 협의로 강사님과의 면담자리에 함께 할 수 있는 기회를 제공해 주었다. 강사님과의 프로그램 협의 과정(현재진행상황 및 강의실 협의, 여름학기 진행 여부, 수강료 및 등 기타 협의사항)을 통해 상담 방식, 접근방법 등에 관해 많이 배울 수 있는 기회가 되었다.

출처: 연구진 개발.

현장실습 진행 중에 양성기관의 양성지도자는 실습 기관을 방문하여 실습에 대한 다양한 사항을 점검하도록 되어 있다. 이를 적절하게 수행했는지를 확인하는 양식이 현장실습 방문지도 확인서이다. 확인서 양식은 [그림 8-8]과 같고, 주요 내용은 다음과 같다.

▶ 현장실습 방문지도 확인서

- 실습이 진행되는 중간에 양성기관의 양성담당자는 실습 기관을 방문하여 실습생과 실습담당자를 면담하고, 실습 상황을 점검하는 등의 방문지도를 해야 함.
- 방문지도의 증빙을 위해서는 별도의 서류인 현장실습 방문지도 확인서 작성이 요구됨.
- 방문지도 확인서 양식([그림 8-8] 참조)에는 실습 기관명, 방문일자, 실습 지도자, 실습생, 방문지도내용, 협의사항, 현장조사 실태 의견을 기재함.
- 방문지도 확인서 하단에는 양성기관명과 양성담당자의 서명 날인을 하도록 되어 있음. 즉, 방문확인서는 실습 기관이 작성하는 것이 아니라 양성기관이 작성하고 평생교육 현장실습 과목을 개설한 양성담당자, 즉 지도교수나 실습과목 담당교수의 확인으로 진행됨.

그림 8-8 | 현장실습 방문지도 확인서 ─────────────────

현장실습 방문지도 확인서				
실습 기관명		방문일자		
실습 지도자	직위	성명		
실습생	성명	학번	학년	전공/학과
방문지도 내용				
협의사항				
현장조사 실태의견	※ 실습 기관 환경, 실습 내용의 적합성, 실습학생 업무처리 사항, 학생 면담 결과, 기타내용 등을 포함하여 서술			

위와 같이 실습 기관을 방문하여 업무협의 및 학생들에 대한 지도를 하였음을 확인합니다.

년   월   일

기관명: 직위: 성명: (서명)

출처: 교육부(2015), p.16.

현장실습 진행 중에 실습 기관의 실습 지도자는 다양한 양식을 작성해야 하는데, 이 양식 중 실습 기관 내내 작성하는 양식이 실습 지도 기록서이다. 주차별로 실습 지도자는 실습생의 실습활동에 그에 대한 의견을 실습 지도 기록서에 기록하도록 되어 있다. 기록서 양식은 [그림 8-9]와 같고, 주요 내용은 다음과 같다.

▶ 실습 지도 기록서

- 실습 지도기록서는 실습 시간 동안 실습 지도자의 실습 지도 활동과 의견을 기재하는 양식임.
- 실습 지도기록서는 실습 지도자의 성명과 날인이 필요함.
- 실습 지도서의 기록은 주차별로 4주간을 기록하도록 되어 있음. 다만 실습 시간이 주차와 정확하게 일치되지 않을 경우 20시간씩 구분하여 주차를 기록함. 즉, 실습 시간을 20시간씩 4구간으로 구분하여 1구간을 1주차, 2구간을 2주차와 같은 방식으로 구분하여 기재함.
- 실습 지도자 의견은 실습생의 실습 내용에 대한 정성적 평가의 의미를 가짐. 따라서 실습 지도자는 실습생의 실습 활동을 판단하여 실습생의 강점과 향후 개선이 필요한 사항, 그리고 실습에 대한 피드백 등을 중심으로 실습 지도자 의견을 작성함. 즉, 주차별 실습 내용을 구체적으로 기록하고, 이에 기초하여 실습생의 실습 태도, 실습을 통해 보여지는 장점, 실습생의 태도 등을 기재하고 관련하여 피드백을 제공하는 것임.

그림 8-9 | 실습 지도기록서

실습 지도기록서

실습 지도자: (서명 또는 인)

주차	실습 지도자 의견
1주차	※ 실습생의 강점 및 개선점에 대한 의견 제시 ※ 실습 내용에 대한 피드백 등을 주차별 작성
2주차	
3주차	
4주차	

※ 총 160시간의 실습 시간 중 40시간을 1주로 산정하여 작성
출처: 교육부(2015), p.20.

실습 기관에서 실습이 종료되면 바로 실습에 대한 평가를 진행하여 평가관련 양식을 작성해야 한다. 그리고 평가 관련 양식을 양성기관에 송부하여 양성기관에서 실습과목 이수와 학점 부여 등을 진행할 수 있도록 해야 한다. 이와 관련된 서류가 실습생 평가서와 평생교육 현장실습 평가서이다. 실습생 평가서는 실습생이 실습 기관에 보여주고 또 발전된 능력이나 태도 등에 대한 평가로서 양식은 [그림 8-10]과 같다. 평생교육 현장실습 평가서는 실습생 평가서를 바탕으로 추가적인 평가를 실행하여 최종적인 점수를 산출하는 영식이다. 평생교육 현장실습 평가서 양식은 [그림 8-11]과 같다. 관련된 주요 내용은 다음과 같다.

▶ 실습생 평가서

• 실습생 평가서는 실습대상인 실습생명, 생년월일, 양성기관명, 실습 지도자 이름과 날인이 포함됨.
• 평가 영역은 근무태도, 자질, 학습지도능력, 연구조사활동, 학급경영 및 사무처리능력으로 구분되고, 배점은 각각 50점에서 10점으로 구분됨. 이 중 학습지도능력의 배점이 50점으로 전체의 절반을 차지함.
• 세부 평가 항목는 근무태도의 근무사항과 태도, 자질에는 목표설정 및 계획수립, 가치관, 관계형성, 학습지도능력은 기관이해, 모의프로그램개발, 실습 기관 관련 법 및 정책 이해와 기관 분석, 교육프로그램 운영 지원, 유관기관 방문 및 관련 행사 참석, 연구조사활동에는 모의 프로그램개발, 학습경영 및 사무처리 능력에는 행정업무가 배치됨. 평가 항목별로는 배점이 20점에서 5점 정도임.
• 실습생 평가서의 평가는 정성평가임. 물론 배점 자체는 정량으로 평가하는 점수제이지만, 이 점수 수준을 평정하기 위한 기준은 실습 지도자의 주관적 판단에 기초한다는 점에서 정성적 평가 지표로 구성된 것으로 판단됨.

그림 8-10 | 실습생 평가서

실습생 평가서

실습생명		생년월일	
양성기관명		실습 지도자	(서명 또는 인)

평가영역 (배점)	평가항목		배점	점수
근무태도(10)	근무사항	▪ 출석, 결석, 지각, 조퇴 등	5	
	태도	▪ 성실성, 근면성, 친절성, 적극성, 예절 등	5	
자질(15)	목표설정 및 계획수립	▪ 실습목표 설정 ▪ 실습세부계획 수립 등	5	
	가치관	▪ 평생교육에 대한 가치관 및 신념 ▪ 실습생으로서의 자세와 역할 등	5	
	관계형성	▪ 기관 내 직원들과의 협조적인 대인관계 ▪ 동료실습생과의 관계 ▪ 평생학습 네트워크체제 이해 등	5	
학습지도 능력(50)	필수 항목	기관이해 (오리엔 테이션)	▪ 실습 기관의 평생교육 관련 주요업무 이해 ▪ 실습 기관의 주요 학습자 및 프로그램 이해 ▪ 구체적 실습목표 설정 및 일정별 세부계획 수립	10	
		모의 프로그램 개발(II)	▪ 평생교육 프로그램 개발	15	
			▪ 평생교육 프로그램 홍보 및 마케팅	5	
	선택 항목* (택 1)	실습 기관 관련 법 및 정책이해 와 기관 분석	▪ 평생교육법 및 관련 정책 파악하기 ▪ 실습 기관의 SWOT 분석을 통한 전략 도출		
		교육 프로그램 운영 지원	▪ 학습자 관리 및 지원 ▪ 강사, 학습동아리 등 인적DB 관리 및 지원 ▪ 학습정보DB 관리 및 지원 ▪ 학습시설·매체 관리 및 지원 ▪ 프로그램 관리·운영 및 모니터링 ▪ 프로그램 만족도 조사 지원(결과분석 수행 등)	20	
		유관기관 방문 및 관련행사 참석	▪ 유관기관 프로그램 조사 및 분석을 위한 방문 ▪ 평생학습 관련 행사(지역축제, 박람회 등)		

연구조사 활동(15)	필수 항목	모의 프로그램 개발(I)	• 실습 기관의 주요 프로그램 조사 및 분석 • 학습자 요구분석(실습 기관 학습자 대상)	15	
학급경영 및 사무처리능력 (10)	필수 항목	행정업무	• 기안 및 공문서의 모의작성 여부 • 사업예산(안) 편성	10	
총 점				100	

※ 「[참고 3] 평생교육 현장실습 프로그램」의 실습 내용을 바탕으로 실습생을 평가하고, 「평생교육 현장실습 평가서」에 평가점수를 반영하시기 바랍니다.

* 선택항목 부분은 실습 내용으로 택 1하여 실시한 항목만을 기재하고 평가하도록 합니다.

출처: 교육부(2015), p.21.

▶ 평생교육 현장실습 평가서

• 평생교육 현장실습 평가서는 실습생 평가서에 기초하여 최종적인 평가 점수를 기재하고 이를 기관장이 인증하는 양식임.

• 구체적인 기재 사항은 실습 기관명, 실습 기간, 실습 지도자 사항, 실습 내용, 실습사항에 대한 것임.

• 실습상황은 실습생에 대한 평가 점수를 기재하는 공간으로, 실습생명, 학과명, 근무태도, 자질, 학습지도능력, 연구조사활동, 학습경영 및 사무처리, 총평, 비고로 구성됨. 이 중 근무태도, 자질, 학습지도능력, 연구조사활동, 학습경영 및 사무처리는 실습생 평가서와 동일한 구성 및 배점임. 따라서 실습생 평가서의 평가결과 중 점수만 기재하고 이를 실습 기관장이 인증하는 것이 평생교육 현장실습 평가서의 핵심 내용임.

• 평생교육 현장실습 평가서는 양성기관에 송부되어 실습과목 이수 및 학점 부여의 핵심적 근거 자료로 사용됨. 즉, 실습과목의 수강생 평가 기준에 실습점수 등이 반영되고 있는데, 이 점수가 평생교육 현장실습 평가서의 총점에 해당됨. 예를 들어, 양성기관의 실습과목의 평가 준거에 실습점수를 50% 반영하도록 했다면, 평생교육 현장실습 평가서의 총점이 100점인 경우 실습과목에는 50점 (100점×0.5)으로 환산되어 기입되는 것임. 즉, 실습과목 이수 및 학점 부여의 중요한 증빙자료가 된다는 점에서 평생교육 현장실습 평가서를 양성기관에게 도 중요한 양식 중에 하나임.

그림 8-11 | 평생교육 현장실습 평가서

평생교육 현장실습 평가서

1. 실습 기관명:

2. 실습 기간:　　년　월　일　～　년　월　일(주, 총 시간)

3. 실습 지도자:

직명	성명	담당	내용	비고
(소속부서명 포함 기재)		(담당업무 기재)	(주요업무 상세 기재)	(평생교육사 자격소지 사항 및 평생교육 관련 경력 기재)

4. 실습 내용:

제1주	제2주	제3주	제4주

5. 실습상황

실습생 성명	학과명	근무태도 (10%)	자질 (15%)	학습지도 능력 (50%)	연구조사 활동 (15%)	학급경영 및 사무처리 능력 (10%)	총평 (100%)	비고

위 사실을 증명함

년　　　월　　　일

실습 기관의 장　 직인

출처: 교육부(2015), p.22.

▶ 실습 종료 공문

- 실습 종료가 되면 실습 기관은 실습 종료 공문을 통해 평가결과를 송부함. 실습 종료 공문 양식은 교육부 지침에서 별도로 제공되는 것은 아님. 다만 국가직무능력표준(National Competency Standards: NCS)의 평생교육사 자격 관련 사항에 대한 자료가 제공되어 있음.
- 국가직무능력표준에서 평생교육사 관련 학습모듈을 10개로 제시하고 있음. 이 중 평생교육 현장실습관리(LM0402020215_16v1)는 관련 자료를 PDF파일로 제공하고 있고, 실습관련 양식의 실제 사례도 포함하고 있음.
- 국가직무능력표준에서 제시한 사례는 관악구가 백석예술대학교와 한림대학교에 보내는 공문으로 관악구 평생학습관에서 실습한 2명의 실습생의 평생교육 현장실습 평가서, 관악기 평생학습시설 확인증, 실습 지도자의 평생교육사 자격증이 첨부된 공문이었음. 관련하여 공문 내용에는 실습자의 소속기관, 학과, 실습 기간, 실습 기관의 시설현황이 기재되었음.
- 특히 실습 종료 공문은 평생교육 현장실습 평가서를 동봉한다는 점에서 중요성이 큼. 즉, 최종 실습 평가에 반영되는 점수시 적힌 평가서는 수정하지 못하게 처리하고 밀봉하여 실습생을 통하지 않고 실습 기관에서 양성기관으로 전달됨. 따라서 실습 종료 공문은 실습을 마쳤다는 것을 넘어서 실습 평가 결과의 전달의 의미를 가짐.

03 실습 운영 결과 평가

실습과목이 진행되면서 최종적으로 보고 및 평가 그리고 성적 산출의 단계가 진행된다. 이 단계에서도 양성기관은 나름의 양식이나 절차를 마련하여 운영하고 있다. 즉, 평생교육실습 과목의 수강생별 이수를 판단하고 학점을 부여하기 위한 나름의 절차와 양식을 운영하는 것이다. 다만 그 대부분은 양성기관에서 기존에 운영하던 과목의 운영 절차와 양식과 동일하다. 다만 실습과목이라는 점에서 실습 운영에 대한 결과 평가를 추가적으로 고려할 수 있다.

즉, 평생교육실습과 실습과목에 대한 프로그램 평가를 통해 실습과목의 개선점 등의 형성평가 피드백을 얻을 수 있다. 이를 위해 실습과목 마지막에는 평가회를 개최하도록 되어 있다. 다만 구체적인 평가준거나 방식, 평가문항 등은 별도의 장에서 다루므로 여기에서는 실습 운영결과 평가회를 위한 양식 등을 살펴보았다.

▶ 최종 평가회 식순 예시

• 최종 평가회는 실습과목의 종료 시점에서 진행되는 양성기관 운영의 평가회임. 하지만 실습생과 함께 실습 기관 관계자의 참석도 유도하여 진행함.
• 개회 선언: 양성지도자
• 평생교육실습 개요 설명: 양성지도자
• 실습생의 실습 소감 발표: 대표실습생 또는 실습생 전원
• 실습 기관의 실습 평가: 실습 기관 관계자
• 기타 의견: 실습생, 실습 지도자, 양성지도자
• 종회 선언: 양성지도자

▶ 실습평가회 실습개요 구성

• 실습평가회에서 일차적으로 실습개요를 양성지도자의 발표로 구성하였음. 실습개요는 실습 인원, 실습 기간, 실습 기관을 주요 현황으로 하고 보고하는 방식임.
• 실습평가회 실습개요의 예는 아래와 같음.

2023학년도 경북대학교 학교현장실습 운영현황

1. **실습 인원**(상세내역 참고자료 수강신청 현황 참조)

구분	사범대학	타대학	대학원	계
인원	00명	00명	00명	00명

2. **현장실습 기간**

가. 메디교육기관 등 2개 기관: 2023. 4. 3. ~ 4. 28.(4주)

나. **평생교육원: 2023. 4. 17. ~ 5. 12.(4주)

다. **대학교 평생교육원 등 5개 학교: 2023. 5. 1. ~ 5. 26.(4주)

3. 현장실습 배정기관(실습협력기관): 메디교육기관 등 8개

※ 상세내역 참고자료 교육실습 협력학교 배정현황 참조

4. 지역별 협력학교 현황

가. 경상북도: 메디교육기관 등 1개 기관

나. 대구광역시: **평생교육원 등 등 7개 기관

▶ 실습평가회 실습생 발표 양식

- 실습평가회의 원활한 진행을 위해 실습생의 발표를 특정 양식으로 사전에 정리하도록 하고 이를 활용하여 발표하거나 실습생의 의견을 수합하는 방식이 추천됨.
- 실습평가회 의견 발표 양식([그림 8-12] 참조)를 보면 간단하게 실습생이 실습, 실습 기관, 양성기관에 대한 의견을 기재할 수 있도록 되어 있음.
- 실습에 대해서는 실습에서 어려웠던 점, 실습을 통해 배울 수 있었던 점, 실습을 통해 향후 평생교육사로서의 진로에 대한 생각을 기재하도록 하였음.
- 실습 기관에 대해서는 실습생이 실습을 하면서 실습 기관이 평생교육실습 기관으로서의 적절한지에 대한 평가, 실습 기관의 개선이 필요한 점, 실습 기간 중 실습 기관으로부터 부여된 업무의 내용을 기재하도록 하였음.
- 양성기관에 대한 의견은 전반적인 생각을 묻는 방식으로 구성되었음. 물론 필요한 경우 양성기관에 대한 의견도 실습 기관처럼 상세하게 구분하여 구성될 수 있음.

그림 8-12 | 실습평가회 발표 양식

실습평가회 의견발표

성 명:

항목	내용	
평생교육 실습을 통해 변화된 사항	실습에서 어려웠던 점	
	실습을 통해 얻은 점	
	평생교육 분야 진로에 대한 생각	
	기타	
실습 기관에 대한 의견	실습 기관의 적합성	
	실습 기관의 개선점	
	실습 기관에서 부여한 업무	
양성기관에 대한 의견		

평생교육의
현재와
미래 방향

평생교육의 현재와 미래 방향

평생교육은 역동적 변화와 다양한 실천을 특징으로 하는 영역이다. 평생 동안 발생하는 다양한 학습과 이를 뒷받침하는 정책, 프로그램, 기관 등이 수도 없이 발생하고 또 없어지는 역동적 영역이다. 실제로 평생교육은 1년에 전체 인구의 30% 이상이 참여하고 5,000개 이상의 등록된 평생교육기관이 약 25만 개의 교육프로그램을 운영하는 영역이다(한국교육개발원, 2022a; 한국교육개발원 2022b). 이런 다양성과 규모는 평생교육의 역동성을 보여주는 반면에 미래의 예측을 어렵게 하는 원인이 되기도 한다. 이 장에서는 이 책의 마지막 장으로서 평생교육실습을 넘어 평생교육 전체의 현재 모습과 미래 전망 그리고 과제에 대한 이야기를 하려고 한다.

01 평생교육의 현황

평생교육의 규모를 파악하기 위해 매년 공인통계로 조사 및 발표되는 「한국 성인의 평생학습실태」와 「평생교육통계자료집」을 활용하였다. 「2022 한국 성인의 평생학습실태」는 만 25세에서 79세까지 한국 성인 9,968명을 대상으로 2021년 1월부터 12월까지의 평생교육 참여 현황을 조사한 결과를 포함하였다.

우선 핵심적인 조사 결과로서 2022년 전체 평생학습 참여율은 28.5%였다. 이 결과는 형식교육과 비형식교육의 참여율을 합친 것이다. 여기에서 형식교육은 대표적으로 학교교육을 의미하고, 비형식교육은 문화센터, 대학 평생교육원 등 전통적 평생교육프로그램을 의미한다. 표본조사로서의 한계는 있지만, 전 인구의 약 30% 정도가 평생교육에 참여하고 있다는 것으로 약 1,500만 명으로 추산된다. 그런데 최근 5년 동안의 참여율을 보면, 2018년 41.2%, 2019년 41.7%, 2020년 40.4%, 2021년 30.1%로 코로나 19 상황에 의해 감소하는 추세였다. 따라서 코로나19 상황이 해소되면 전체 참여율은 다시 높아질 것으로 예상된다. 현재 참여 수준이 약간은 낮아졌다고 해도, 1,500만 명의 학습자가 참여하는 교육은 실로 엄청난 평생교육의 규모를 보여주는 것이다. 더불어 조사에 포함되지 않은 평생교육프로그램까지 고려한다면, 그 규모를 상상하기 어렵다.

그림 9-1 | 학습영역별 평생학습 참여율

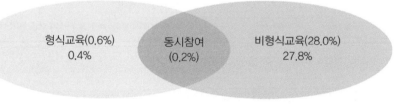

2022년 학습영역별 평생학습 참여율(만 25~79세 성인대상)

- 전체 평생학습 참여율(형식·비형식) : 28.5%
- 비참여율 : 71.5%

형식교육(0.6%) 0.4%　　동시참여 (0.2%)　　비형식교육(28.0%) 27.8%

출처: 한국교육개발원(2022a), p.38.

한편, 평생교육 참여는 성, 연령, 소득 등에 따라 다양한 특성을 보이고 있다. 과거에는 성별의 경우 남성과 여성의 차이가 컸지만, 최근에는 유사한 수준을 보이고 있어서 성별에 따른 차이가 크지 않은 것으로 이해된다([그림 9-2] 참조). 다만, 직장내 연수와 같이 취업 상황과 연관된 참여율의 경우 남성이 더 높은 것으로 나타났다([그림 9-5] 참조). 이는 여성의 경제참여 또는 취업률이 남성에 비해 낮은 한국 상황을 반영한 결과였다.

이와 함께 연령별 참여율은 연령이 증가할수록 참여율이 급격하게 감소하는 현상을 분명하게 보여주었다([그림 9-2] 참조). 형식교육이든 비형식교육이든 25세에서 34세의 참여율은 38%에서 39% 수준인 반면, 45세부터 54세는 약 29%, 55세에서 64세는 약 23%, 65세에서 79세는 약 18%로 연령별로 5-6%p의 감소가 나타났다. 물론 20대의 취업준비를 위한 다양한 교육 참여로 인한 높은 참여율이 이해되지만, 그 동안 평생교육이 중·고령층의 성인을 중심으로 이루어지는 교육과 학습이라는 인식은 부정되는 결과였다. 더불어 성보다 연령이 평생교육 참여의 차이를 보여주는 요인이라는 점에서 연령에 의한 평생교육 참여 차별에 대한 이해와 적극적 대처가 필요하다는 점도 보여주는 결과였다.

그림 9-2 | 성별, 연령별 평생학습 참여율

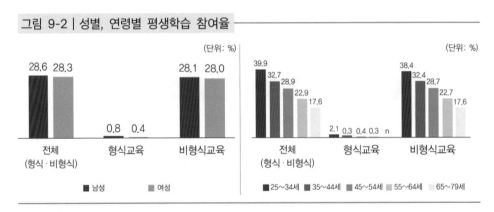

출처: 한국교육개발원(2022a), p.39.

월가구소득 역시 연령만큼 평생학습 참여율의 차이를 가져오는 요인이었다. [그림 9-3]에서 보는 바와 같이 소득이 낮아질수록 평생학습 참여율은 급격하게 낮아졌다. 500만원 이상 집단에 비해 150만원 미만 집단의 평생교육 참여율은 절반 정도 수준으로 낮았다. 한편 수도권과 비수도권에서도 평생교육 참여율의 차이가 존재하였다. 수도권의 참여율이 비수도권에 비해 4.5%p 높았다. 특히 형식교육보다 비형식교육에서 참여율 차이가 컸다.

그림 9-3 | 월가구소득별, 지역별 평생학습 참여율

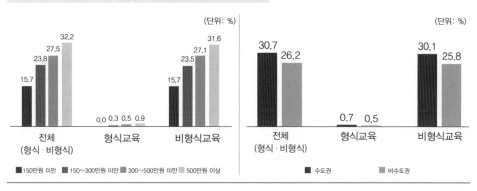

(단위: %)

전체(형식·비형식): 150만원 미만 15.7, 150~300만원 미만 23.8, 300~500만원 미만 27.5, 500만원 이상 32.2
형식교육: 0.0, 0.3, 0.5, 0.9
비형식교육: 15.7, 23.5, 27.1, 31.6

■150만원 미만 ■150~300만원 미만 ■300~500만원 미만 □500만원 이상

(단위: %)

전체(형식·비형식): 수도권 30.7, 비수도권 26.2
형식교육: 0.7, 0.5
비형식교육: 30.1, 25.8

■ 수도권 　■ 비수도권

출처: 한국교육개발원(2022a), p.40.

취약계층 여부에 따른 평생학습 참여율에서도 차이가 컸는데, 취약계층은 비취약계층에 비해 약 15%p 낮았고, 형식교육의 경우에는 참여자가 없게 나타났다. 이는 소득 수준에 의한 차이와도 유사한 결과로 해석되었다.

그림 9-4 | 취약계층별 평생학습 참여율

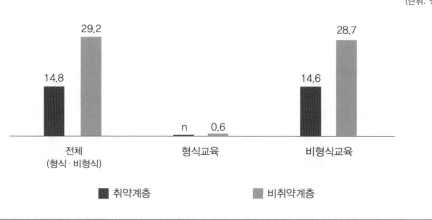

(단위: %)

전체(형식·비형식): 취약계층 14.8, 비취약계층 29.2
형식교육: n, 비취약계층 0.6
비형식교육: 취약계층 14.6, 비취약계층 28.7

■ 취약계층　　■ 비취약계층

출처: 한국교육개발원(2022a), p.40.

다음으로는 비형식교육의 참여형태에 따라서 참여율을 살펴보면 남녀를 고려하지 않고 높은 참여율은 일정 장소에서 강사가 강의하는 강좌로 32.1%였다. 그 다음으로는 원격·사이버 강좌 수강이 12.0%, 직장내 직무연수가 9.1%, 개인 교습이 5.5%의 순이었다. 학습동아리는 0.8%로 가장 낮은 참여율을 보였다. 따라서 전통적인 방식인 오프라인 강의프로그램에 참여하는 경우가 여전히 많았으며, 원격강의나 직무연수가 그 다음이었다. 반면에 평생교육 분야에서 지속적으로 지원 사업이 추진되는 학습동아리의 경우 참여율이 저조하였다.

비형식교육의 참여형태에 따라서 성별 참여율 차이가 큰 경우는 일정 장소에서 강사가 강의하는 강좌로 여성이 남성보다 4.9%p 높았다. 그 외의 다른 참여형태에서는 작게나마 남성의 참여율이 여성보다 높았다.

그림 9-5 | 비형식교육 참여형태별 참여율(성별)

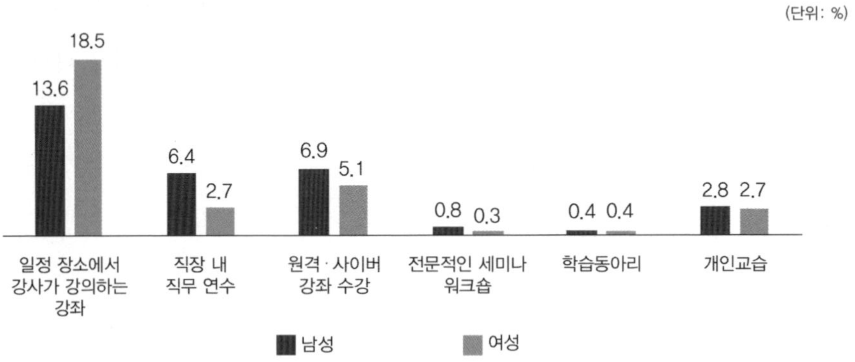

출처: 한국교육개발원(2022a), p.49.

비형식교육 영역별로 지역에 따른 참여율 차이도 극명하였다. 비형식교육 영역은 직업능력향상교육, 인문교양교육 문화예술스포츠교육, 시민참여교육으로 구분되었다. 4개 영역 중 직업능력향상교육의 참여율이 27.7%로 가장 높았다. 그 다음이 문화예술스포츠교육(22.4%), 인문교양교육(9.0%) 등의 순이었다. 수도권과 비수도권을 비교하면 직업능력향상교육과 시민참여교육은 비수도권의 참여율이 높은 반면, 인문교양교육과 문화예술스포츠교육은 수도권의 참여율이 높아 대조적이었다.

그림 9-6 | 비형식교육 영역별 참여율(지역별)

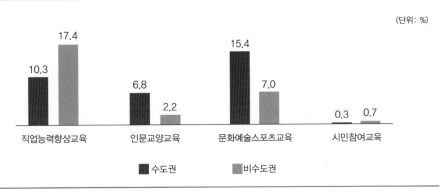

출처: 한국교육개발원(2022a), p.51.

비형식교육의 참여목적에 대한 조사에서는 직업과 무관한 목적과 직업과 관련된 목적이 유사한 수준으로 응답되었다. 세부적으로 보면, 직업과 관련된 목적 중에는 일하는데 필요한 기능습득이 26.9%, 고용안정이 14.0%의 순이었다. 직업과 무관한 목적에서는 건강이 27.1%로 가장 높았고, 그 다음으로 심리적 만족 및 행복감 증대 12.1%, 교양 함양이나 지식습득 등 자기계발 9.2%의 순이었다.

그림 9-7 | 비형식교육 참여목적

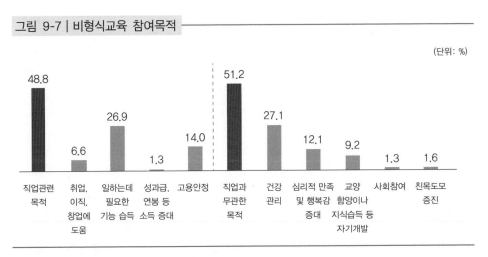

출처: 한국교육개발원(2022a), p.57.

한편, 한국교육개발원은 성인의 평생학습실태뿐만 아니라 평생교육 프로그램을 공급하는 평생교육기관에 대한 조사결과도 발표하고 있다. 이 조사결과는 「평생교육통계자료집」에 수록되어 제공되는데 2022년 「평생교육통계자료집」은 2021년 12월 31일을 통계기준일로 하여 5,901개의 등록 평생교육기관을 대상으로 조사가 진행되었다(한국교육개발원, 2022b).

2022년 「평생교육통계자료집」에 따르면 한국의 평생교육기관은 2022년 5,901개이고 이 중 비형식평생교육기관은 4,869개, 준형식평생교육기관은 1,032개였다. 이 규모는 2020년과 2021년에 비해 증가한 수치였다. 여기에서 비형식평생교육기관은 초중등학교 부설, 대학(원)부설, 원격형태, 사업장부설, 시민사회단체부설, 언론기관부설, 지식ㆍ인력개발형태, 시ㆍ도평생교육진흥원, 평생학습관이다. 준형식평생교육기관은 고등공민학교, 고등기술학교, 각종학교, 방송통신중학교, 방송통신고등학교, 학교형태의 학력인정평생교육시설, 방송통신대학, 산업대학, 기술대학, 사이버대학, 원격대학, 사내대학, 기능대학, 전공대학, 특수대학원을 포함한다.

비형식평생교육기관이 제공하는 비형식평생교육프로그램은 2022년 247,013개였다. 이 규모는 2020년에 비해서는 줄어들었으나 2021년에 비해서는 증가한 수치였다.

표 9-1 | 평생교육기관 현황

연도	2020	2021	2022
평생교육기관	5,573	5,536	5,901
비형식평생교육기관	4,541	4,493	4,869
준형식평생교육기관	1,032	1,043	1,032
비형식평생교육프로그램	281,420	225,000	247,013

출처: 한국교육개발원(2022b).

지금까지 살펴본 바를 정리하면, 한국의 평생교육 현황은 코로나19로 약간 줄어들었으나 다시 회복중이다. 다만 연령, 소득, 지역 등에 의해 평생학습 참여율은 큰 차이를 보이고 있다. 이는 평생학습 참여에서 연령, 소득, 지역이 불평등을 발생시키는 요인이라는 점을 시사하였다. 또한 평생교육 프로그램 측면에서 보면, 직업능력향상교육과 문화예술스포츠교육이 주류를 구성하고 있었고 비형식평생교육기관에 제공하는 평생교육프로그램이 25만 개에 육박하였다.

02 평생교육의 변화 동인

평생교육의 다양성과 역동성은 사회와 인간의 변화를 직접적으로 반영하기에 발생한다. 이런 점에서 평생교육의 미래 방향을 읽기 위해서는 변화 동인을 찾는 것이 적절하다. 이 장에서는 디지털 전환, 축소사회, 취약계층 변화, 지속가능발전 등의 요소를 평생교육 변화 동인으로 살펴보았다.

① 디지털 전환과 Upskill 평생교육의 강화

디지털 전환(Digital transformation: DX)은 IT, 컴퓨팅, 인공지능(Artificial Intelligence: AI) 등의 디지털 기술이 발전하면서 다양한 분야에 디지털 기술이 적용되어 기존의 일이나 삶의 방식이 디지털 방식으로 변화되는 것을 의미한다. 예를 들어, 전통적 문서 기록 방식, 노동력 중심의 생산 방식, 면대면 방식의 판매 방식 등이 전통적 방식이었다면, 여기에 디지털 기술이 적용되어 디지털 문서 기록, AI로 노동력 대체, 비대면 방식의 주문과 생산 등으로 생산이나 소비 등의 방식이 변화되는 것이다.

디지털 전환의 대표적인 사례는 컴퓨팅 역량을 극대화할 수 있는 AI의 확산이다. AI는 디지털 관련 기술이 종합하여 만들어지는 디지털 전환 기술의 핵심 영역이다. 특히 기술 변곡(Technology Chasm)을 주도하는 기술로서 인공지능이 평가된다. 기술 변곡은 특정 기술이 나타나서 기술 확산 또는 창조의 속도를 가속화하는 지점이면서 기술이 대중화되는 지점을 의미한다(B2U, 2020). 속도의 가속화는 인공지능이 적용되면서 새로운 기술의 발견과 적용이 더욱 빨라지는 것을 의미한다. 예를 들어, 인공지능을 활용하여 AR, VR, XR 등 가상현실 기술이 빠르게 발전한다. 또 다른 한편으로 기술 변곡은 인공지능을 접목하여 해당 기술 사용이 크게 증가하면서 대중화되는 것을 의미한다. 예를 들어, 챗봇 활용은 인터넷 소비에서 빠지지 않는 서비스가 되고 있다.

현재 디지털 전환을 이끌고 있는 기술은 대부분이 기술 변곡 지대를 통과하여 급격한 확산 시기에 위치하고 있다. 특히 인공지능 관련 대부분의 기술은 변곡 지대를 지나서 확장이 이루어지는 단계에 들어가 있다. 더불어 네트워크 기술, 소비자 지원 기술, 장면 및 상황 인식 기술 등은 새롭게 확장되는 기술로서 인공지능 기술과 결합되면서 디지털 전환을 가속화하고 또 대중화하고 있다(Garter, 2020).

디지털 전환의 핵심적 표현이었던 4차 산업혁명이 세계경제포럼에서 발표된 것이 2016년 1월이었다. 4차 산업혁명이 의미하듯이 디지털 혁신은 주로 생산 영역의 기업이나 관련 기술 발전에 한정된 표현이었다. 그러나 현재는 국가마다 차이는 있으나 소비와 일상 생활에서 AI 또는 이와 관련된 기술, 예를 들어 만물인터넷, 빅데이터, 초고속 네트워크 기술이 소비와 그 외 일상 생활에서 활용되면서 디지털 전환을 유도하고 있다.

예를 들어, 대부분의 상품은 온라인 거래를 통해 구매가 가능하고 온라인 상거래 시스템에서 디지털 기술 적용은 필수적이다. 또한 소셜미디어 기술이 발전하면서 텍스트 중심의 이메일 교환 시스템에서 실시간의 텍스트, 사진, 영상의 교환과 의견을 공유하는 의사소통의 새로운 방식이 정착되었다. 또한 근로 방식이나 생활의 방식도 변화되어 재택근무, 원격근무, 스마트워크 등의 새로운 근무 방식 확산, 온라인 학습, 비대면 학습과 같이 원격 학습의 확대, 원격 진료 실행, 해외 다양한 지점에서 벨루체인 연결로 인한 비대면 근로자 선발 확대, 메타버스 등 새로운 공간 및 가상 공간 기술의 적용 확대 등 다양한 디지털 전환이 일생 생활에 적용되고 변화를 유도하고 있다.

디지털 전환은 2010년대부터 나타나기 시작하였으나 코로나19 팬데믹으로 인하여 가속화되었다. 정량적으로 측정하기는 어렵지만 2019년부터 시작된 팬데믹으로 인해 디지털 전환의 속도는 5배에서 10개 이상 속도가 빨라진 것으로 판단된다. 예를 들어, 화상 온라인 회의의 경우 전면적 도입 시기는 2025년 또는 2030년 정도로 예상되었으나 2019년 이후 본격적으로 활용되었다.

디지털 전환의 가속화는 미처 인류가 준비하기 전에 직면해야 하는 다양한 변화와 그로 인한 부정적 영향도 함께 발생시켰다. 대표적으로 일자리 파괴와 양극화 심화이다. 생산 방식의 변화에 의한 부정적 현상은 일자리 파괴이고 소비와 소득 측면에서의 부정적 현상은 양극화이다. 생산의 방식은 전통적 생산과 디지털전환 생산으로 구분되며, 디지털 전환으로 인한 생산은 일하는 데 필요한 능력과, 일하는 방식에서의 변화를 발생시킨다. 일하는 데 필요한 능력은 컴퓨팅을 중심으로 하는 컴퓨터 활용 능력이 가장 중요한 역량으로 등장하였다(서울특별시평생교육진흥원, 2022). 이런 일자리 디지털 전환은 새로운 직무와 직업 등장 및 기존 직무와 직업의 소멸로 인한 일자리 교체인 일자리 파괴 현상을 발생시켰다. 실제로 2025년 노동인구 70%인 1,800만 명의 일자리가 변동성에 노출될 것으로 예상되었다(한국고용정보원, 2016).

표 9-2 | 12대 신산업 인력수요 전망

(단위: 천 명)

	주력산업 유망분야							유망신산업					합계
	미래형 자동차	친환경 선박	첨단 신소재	OLED	시스템 반도체	IoT 가전	로봇	에너지 신산업	고급 소비재	Bio 헬스	항공 드론	AR /VR	
2015	7.5	1.0	16.3	11.9	24.9	26.8	16.6	13.6	74.2	6.6	0.4	2.8	202.7
2025	52.8	12.0	31.2	19.4	53.1	45.3	83.9	67.8	136.5	33.9	3.5	45.4	584.8

출처: 교육부(2018), p.5.

디지털 전환의 한 모습으로 평가되는 플랫폼 형성은 생각지 못한 영역에서 직업과 노동을 만들어내기도 한다. 하지만 플랫폼 노동은 고용주 없이 시스템에 의해서 수요자와 생산자를 연결하여 발생하는 노동이라는 점에서 안정성이나 적절한 노동복지의 측면에 간과된다(김도균, 2021; van Doorn, 2017). 예를 들어, 한국에서도 '배달의 민족', '요기요', '쿠팡', '우버이츠', '로켓펀치' 등 다양한 플랫폼 기업의 등장으로 배달, 생활서비스, 교통, 오피스 사용, 영화, 강의 등 다양한 플랫폼 서비스가 증가하였다(현영섭, 2022). 그 외에도 교육 영역에서도 방과후 강사, 유튜브 강사 등 새로운 유형의 플랫폼 노동자가 증가하고 있다.

| 표 9-3 | 플랫폼 종사자 규모 | | | | |

전체(%)		남성(%)		여성(%)	
배달 · 배송 · 운전	29.9	배달 · 배송 · 운전	47.5	음식조리 · 접객 · 판매 · 수리	33.1
음식조리 · 접객 · 판매 · 수리	23.7	음식조리 · 접객 · 판매 · 수리	15.5	전문서비스	14.5
전문서비스	9.9	사무보조 · 경비	8.5	가사 · 청소 · 돌봄	10.1
사무보조 · 경비	8.6	전문서비스	6.0	배달 · 배송 · 운전	9.8
데이터 입력 등 단순작업	5.7	데이터 입력 등 단순작업	3.5	사무보조 · 경비	8.6

출처: 고용노동부(2021), p.2.

2021년의 경우 플랫폼 종사자 규모는 약 220만 명으로 전체 15-69세 취업자 중 8.5%이다(고용노동부, 2021). 하지만 지속적으로 증가 추세를 보이기 때문에 향후 플랫폼 종사자의 규모와 비율은 증가할 것으로 예상된다(고용노동부, 2021). 플랫폼 노동의 문제점은 노동 구조의 특성상 추가적인 노동, 소위 그림자 노동의 증가, 경력 불인정, 학습 발생 어려움 등이다. 즉, 다수의 인구가 플랫폼 노동형태로 근무하게 되는 상황에서 경력개발이나 진로개발을 위한 지원의 한계에 노출되는 노동자층이 많아진다는 점에서도 평생교육 차원의 관심이 필요한 영역이다.

디지털 전환은 새로운 직무 수행 방식에 적응할 수 있도록 하는 역량 향상 (Upskill) 교육의 필요성을 강화한다. 기존에 일을 하고 있던 노동자의 경우 새로운 직무나 직업에 적응할 수 있는 경력전환과 직무전환 교육의 요구가 커지는 것이다. 이를 반영하듯이, 2022년 발표된 제5차 평생교육진흥 기본계획에서도 Upskill은 주요한 변화 동향 및 정책 방향으로 제시되었다.

Upskill 요구에 대응하여 해외의 경우 다양한 교육프로그램과 공급업체가 등장하였다. 대표적으로 유다시티(Udacity)의 '나노디그리(Nano degree)'로 표현되는 교육과정이 있다. '나노디그리'의 출발은 미국 AT&T사의 주문형 교육과정이었다. AT&T사는 한국의 KT와 유사한 기업으로 전기산업을 운영하면서 새로운 기술 적용의 필요에 직면하여, 직원 대상의 교육내용을 빅데이터, 인공지능 등으로 변화시키고 이를 외부 교육 전문 업체에 의뢰하고 새로운 교육방식인 '나노디그리'를 운영하였다. 또한 신입사원을 선발할 때에서 외부 교육 전문 업체의 관련 교육과정을 이수해야 신입사원 선발에 지원할 수 있도록 하였다(현영섭, 2017). 이 때 AT&T사의 교육과정 개발 의뢰를 받고 온라인 교육과정을 개발한 업체가 유다시티이다. 이후 유다시티는 '나노디그리' 형태로 다수의 디지털 관련 교육과정을 개발하여 세계적인 교육전문업체로 발전하였다. '나노디그리'뿐만 아니라 이른바 MOOC로 통칭되는 온라인 교육의 확장이 이루어지면서 디지털 인재 육성을 위한 온라인 업체와 교육과정이 대규모로 운영되고 있다. 당초 스탠포드 대학의 MOOC 시스템 또는 MIT의 MOOC 시스템이 진화하여 edx, Udacity, Coursera와 같은 유형의 MOOC로 발전하였다. 대표적인 예로 '코세라(Coursera)'는 5,000만 명 이상의 학습자를 보유한 유니콘급 기업으로 온라인 교육과정을 제공하며, 디지털 기술능력영역뿐만 아니라 인문학, 과학, 철학 등 다양한 영역에서 교육과정을 제공한다. 또한 온라인 교육과정을 대학 등 기존 형식교육에도 제공하여, 기업뿐만 아니라 전통적 교육기관을 사업대상자로 포함한다. 코세라의 성공 비결에는 학점 인정을 위한 관리와 지원 등의 서비스 강화도 일조한 것으로 평가된다.

재직자 전환 교육 및 새로운 디지털 진입 인재 양성 교육이 디지털 전환에 따라 평생교육에 요구되는 핵심 사항이다. 재직자 전환교육은 기존의 산업체에서 근무하던 직원을 디지털 전환에 따라 변화된 직무를 수행할 수 있도록 육성하는 평생교육이다. 이에 비해 디지털 인재 육성은 청년층, 청년, 중년층 등을 가리지 않고 디지털 기술 분야의 전문가를 양성하는 것과 관련된다. 이를 위해 각국은 온라인 기반의 새로운 기술을 배울 수 있는 평생교육 기회를 제공하는 체계를 구축하려고 하고 있다. 미국의 디지털 인재 육성 계획, 독일의 K-Campus 등이 사례이다.

❷ 축소사회, 장수사회 그리고 경력개발

인구 변화는 평생교육을 포함한 다양한 사회 영역의 중요한 고려 요인이다. 특히 한국은 빠른 인구 감소가 예상되면서 2021년부터 감소가 시작되었고, 고령화가 가속화되고 있다. 이렇게 인구가 감소하는 사회를 축소사회라고 한다. 한편 인구 중 65세 이상의 고령층 비율이 증가하는 것을 고령화라고 한다. 한국은 2020년대에 전 인구의 20% 이상이 고령인구인 초고령사회에 진입할 것으로 예상된다. 이렇게 고령 인구의 비중이 높은 사회를 장수사회라고 한다. 축소사회와 장수사회는 인구 변화의 다른 측면을 보여주는 것이기는 하지만, 결국 한국의 저출생, 인구감소와 연결된 표현이다.

총인구 축소 현상은 2021년부터 시작되었다. 한국의 총인구는 2020년 5,184만 명을 정점으로 하였고, 2021년부터 하락 추세로 전환되었다. 실제로 총인구는 2016년 5,122만 명, 2017년 5,136만 명, 2018년 5,158만 명, 2019년 5,176만 명, 2020년 5,184만 명, 2021년 5,174만 명이었다. 2070년에는 3,766만 명(2020년 대비 27.3% 감소) 수준으로 축소 예상된다(저출산고령사회위원회, 2022).

그림 9-8 | 합계출산율과 총인구의 추이

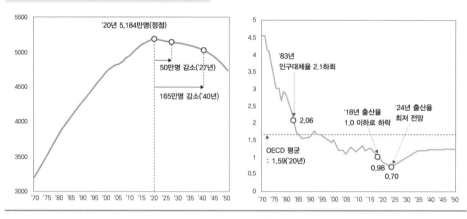

출처: 저출산고령사회위원회(2022).

축소사회의 직접적인 영향은 구군 단위의 소멸이 가시화되고 또 진행된다는 것이다. 저출산고령사회위원회(2022)의 보고에 따르면 2022년 소멸위험지역이 한국 시·군·구의 49.6%로 113개로 나타났다. 여기서 소멸위험지역은 소멸위험지수(20~39세 여성인구/65세 이상 인구)가 0.5미만인 지역으로 결국 65세 이상 인구가 20-39세 인구의 2배 이상되는 지역이다.

또한 기대수명 증가와 저출생 가속화로 고령화가 빠르게 진행되고 있다. 한국 총인구의 고령자 비중을 보면, 2020년 7.3%, 2018년 14.3%, 2021년 16.6%, 2025년 20.6%, 2050년 40.1%, 2070년 46.4%로 고령화가 진행될 것으로 예상된다. 특히 한국은 베이비붐 세대('55년~'63년, 710만 명)의 고령층 진입에 따라, 2025년 초고령사회로 진입될 것으로 예상되어 전 세계에서 가장 빠른 고령화 속도를 보이는 국가이다(저출산고령사회위원회, 2022). 한국의 문제는 고령화 속도이다. 예를 들어, 프랑스는 초고령사회 진입까지 총 154년이 걸렸고, 미국은 94년, 독일은 77년이었다. 반면에 한국은 26년으로 2025년이면 전체 인구 중 20% 이상이 65세 이상인 초고령 국가로 진입한다. 조선시대 평균 수명은 40세였으나 2021년 한국의 평균기대수명은 84세로 1세기 동안 2배 증가하였다. 한국은 세계에서 가장 빠른 고령화 속도를 보였다. 한국의 최근 10년(2011−2020)의 고령인구 평균 증가율은 4.4%로 OECD 최고 수준이다 ([그림 9−9] 참조).

그림 9-9 | OECD 가입국의 평균 고령인구 증가율(2011-2020)

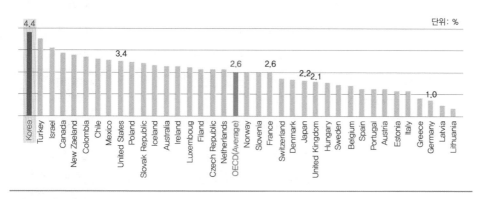

출처: 한국경제연구원(2021), p.2.

인구 감소는 사회 전반에서의 변화를 유도하고 그 변화의 모습 중에 하는 축소사회가 되는 것이다. 축소사회는 인구 절벽 또는 인구 지진으로 불릴 정도의 한국 사회의 인구 감소로 발생하는 사회 전반의 규모와 기능 축소를 포함한다. 예를 들어, 학교 축소가 발생한다. 이는 이미 한국에서 나타나는 현상으로 학령기 인구의 감소는 교육기관, 초중등학교와 대학교의 감소, 교원 감소로 이어지고 있다. 그리고 이에 대처하기 위해 학교의 다운사이징, 체질 개선, 폐교 부지 활용, 폐교 후 지역 상권 회복 등의 정책이 추진된다. 학교 폐교는 해당 지역의 경제 쇠퇴로도 연결될 정도로 중요한 문제이다.

경제적 측면에서 가장 중요한 문제는 숙련 인력 부족이다. 숙련 인력의 감소로 장인(Master)의 부족이 예상된다. 필요한 재화와 서비스의 감소가 가져오지만, 사회

유지를 위한 필수적 재화 및 서비스에 대한 수요가 급격하게 줄어들지는 않을 것으로 예상된다. 반면에 필수적 재화 및 서비스를 공급하기 위한 생산 영역에서는 숙련 인력의 감소로 우수한 품질의 재화와 서비스 공급의 한계가 발생한다. 실제로 건축 현장에서 일용직 노동자의 고령화는 심각한 문제로 지적되고 있다. 물론 일부는 디지털 전환이 가능한 영역도 존재하지만, 숙련 노동의 특성상 디지털 전환이 쉽지 않고 오랜 시간이 요구된다. 또한 숙련 인력 부족은 다음 세대 인력을 공급하기 위한 멘토와 육성 체계가 부족하다는 점을 의미한다는 점에서 지속적인 숙련 인력 부족의 문제가 발생될 소지가 있다.

이 외에도 교통 서비스 제공 인력(자동차운전면허증 소지자 감소), 지방자치단체의 소멸과 지방자치단체의 통폐합, 도시권 공간 축소와 도시권 공간 연계 필요, 개별화된 서비스 확대(1인 거주, Co-dividual 확산 등)의 모습이 나타나고 있다. 예를 들어, 일본에서는 광역도시권을 빠르게 연결하는 수퍼 메가 리전(Super Mega Region) 정책 추진, 공공교통 거점지 중심으로 도시 기능을 집약하는 콤팩트시티(Compact City) 정책이 추진되고 있다.

중장기적으로 생산 가능한 연령대의 인구가 급격하게 감소될 것으로 예상되며 이는 숙련 인력을 넘어서 전체 사회생산의 침체를 가져오는 위기 상황이다. 한국은 2019년부터 생산가능연령대의 인구가 급격하게 줄어들었다. 매년 30-50만 명씩 감소하여 2050년에는 2019년에 비해 1/3이 감소할 것으로 예상된다. 생산가능연령은 기준이 약간씩 다르지만, 19세에서 64세 이전까지로 인구가 빠르게 감소하는 젊은 층의 감소분이 다른 연령대에 비해 월등하게 크다는 점이 특징이다. 결국 19세에서 34세 정도의 인구가 전체 인구에 비해 12% 이상 많이 감소하는 경향을 보이는 것이다(저출산고령사회위원회, 2022).

생산연령인구 고령화에 따른 성장잠재력 약화와 함께 초고령사회 진입에 따른 노인빈곤층 확대도 중요한 부정적 현상으로 예상된다. 장수사회는 직접적으로 기대수명의 증가를 의미한다. 그리고 기대 수명의 증가는 총 수명의 증가를 의미하는 것이다. 하지만 유병 수명을 제외한 이른바, 건강 수명에서 한국은 감소 추세를 보인다. 2022년 발표된 OECD 보건통계에 따르면 2020년 한국의 기대수명은 83.5세로 1위인 일본(84.7세)에 이어 2위였다. OECD 회원국의 평균 기대수명은 80.5년이었다. 하지만 병을 앓고 있는 기간을 제외한 건강수명의 경우 한국은 2010년 65.7세에서 2020년

66.3세로 0.6세 증가한 것에 그쳤다. 유병기간이 17.2년이었다(보건복지부, 2022).

유병기간이 길다는 것은 경제적, 사회적 활동을 하지 못하게 되는 시간이 길다는 것이고 이는 개인의 빈곤 증가와 국가 복지 부담 증가로 연결된다. 즉, 65세 이상 유병기간이 증가하면서 65세 이상의 고령자의 삶이 준비되지 않은 채 긴 생애를 맞이할 경우, 건강하지 않은 긴 생애와 이로 인한 경제적 부담, 사회적 네트워크 단절, 사회적 부양비 증가 등의 다양한 부정적 결과를 예상하게 한다. 또한 단지 노인 인구가 증가하는 것이 아니라 가난한 취약계층 노인 인구가 증가한다는 것이다. 한국의 노인빈곤율은 2018년 43.4%로, OECD평균(14.8%)의 약 3배에 달해 가장 높은 수준이다. 또한 G5국가인 미국(23.1%), 일본(19.6%), 영국(14.9%), 독일(10.2%), 프랑스(4.1%)보다 압도적으로 높다(한국경제연구원, 2021). 그리고 이런 빈곤율은 취약계층인 노인의 일자리 및 복지 지원 요구로 직결되는 것으로 이해된다.

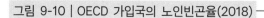

그림 9-10 | OECD 가입국의 노인빈곤율(2018)

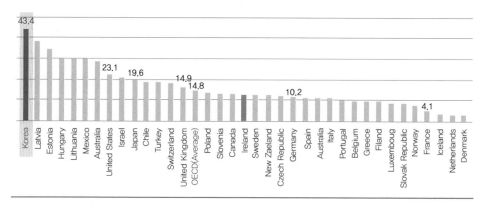

출처: 한국경제연구원(2021), p.2.

유병기간이나 빈곤의 문제는 평생교육을 통해 직접적으로 해결하기 어려운 문제이다. 하지만, 평생교육의 효과를 통해 축소사회/장수사회에서 발생하는 어려움이나 현상을 완화할 수 있는 방안이 가능하다. 예를 들어, 재취업과 소득활동을 위한 역량 강화를 중심으로 하는 경력지속 지원과 은퇴 준비, 건강 관리, 지역공동체 사회 참여 증진 등으로 통한 복지적 교육 제공이 될 것이다. 실제로 이에 대한 중·고령층의 요구가 증가하고 있으나, 이에 대한 적절한 대응은 충분하지 못하다. 평생교육에 대한 요구 증가는 직접적으로 새로운 경력개발 또는 지속적 경력개발에 대한 요구로 표현된다. 즉, 정년을 넘어서도 지속적으로 자신의 전문성 있는 영역에 대한 활동을 계속하고자 하는 요구가 커지면서 전 생애적 경력개발의 요구가 커지고 있으며 이는 평생교육의 요구와 연동된다(권인탁 외, 2021).

구체적으로 인생 주기의 변화와 장수사회의 도래는 평생 동안의 경력전환(Career Transformation: CT) 또는 경력지속을 의미하는 경력변화(CX)의 시대를 의미한다. 인생주기가 길어지면서, 일과 학습에 대한 프레임이 변화된다. 일과 학습에 대한 프레임 전환의 핵심은 직업의 전환 주기가 짧아진다는 것이다.

직업의 전환 주기가 짧아지는 것은 생애에 여러 직종을 선택한다는 것도 의미하고, 때로는 동일한 영역에서 여러 직무 유형을 경험하는 것을 의미하기도 한다. 예를 들어 평생교육 분야에서 강사에서 평생교육담당자로, 이후에 시민활동가로 변화된다면, 평생교육의 영역 안에서 경력전환이 발생하는 것이다. 또 직업의 영역이 완전히 바뀌는 경우도 존재할 수 있다. 어느 경우든지 중·고령기로 갈수록 경력전환에 대한 준비의 필요는 증가하는 것으로 생각된다(Gratton, 2011).

경력전환에 대한 일본 사회에서의 시대적 변화를 추적한 가즈히로(2018)의 연구에 따르면, 1800년대의 경력은 하나의 경력으로 일생을 충분히 살 수 있었다. 그 이유는 수명이 40대 정도였기 때문이다. 그래서 이 시기의 경력곡선 유형을 '언덕위 구름형'으로 부른다. 실제 경력의 모든 단계를 거치기보다는 그 전에 사망하는 경우가 많았기 때문에, '언덕위 구름형'으로 명명하였다. 1900년대에도 수명이 길어졌으나, 정년퇴직과 그 이후까지 하나의 경력으로 경제활동을 유지할 수 있는 상황이었다. 이에 하나의 경력곡선으로도 전 생애경력이 가능했던 시기이다. 이에 이 시대의 경력곡선 유형을 '산봉우리형형'으로 명명하였다(경기도평생교육진흥원, 2019에서 재인용).

2000년대 이후 긴 인생으로 인한 인생의 길이에 따라 일생 동안 높은 활동수준을 유지해야 하도록 요구받고 있다. 부모세대의 경우도 자녀의 활동수준의 부담에 따라 활동수준을 높이도록 함께 요구 받는다. 따라서 하나의 경력으로만 경제생활을 유지하는 것이 어려워진다. 이에 긴 인생 동안 여러 경력을 가져야 하고 이를 가즈히로(2018)는 '첩첩산중 겹봉우리형'으로 표현하였다. '첩첩산중 겹봉우리형'은 여러 경력곡선이 인생에 존재하는 것을 의미한다. 또한 경력곡산이 서로 중복된 영역이 존재하여, 경력전환을 위한 시기가 인생 전반에 걸쳐 산재되어 있다는 것을 의미한다(경기도평생교육진흥원, 2019에서 재인용). 일반적으로 '첩첩산중 겹봉우리형'은 '편종형 경력(Carillon Career)'으로 표현되기도 한다. 여러 개의 종이 있는 것이 여러 개의 산봉우리가 있는 것과 비슷한 모습이기 때문이다(Gratton, 2011). 이름의 차이로 기본적으로 인생에서 여러 경력이 필요하다는 점은 동일하다.

그림 9-11 | 시기별 경력곡선 유형

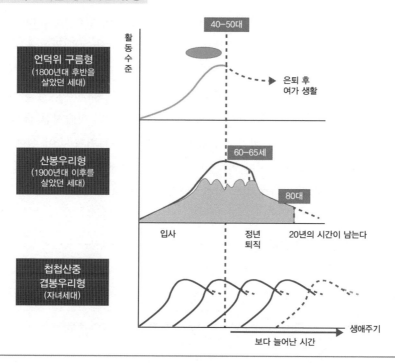

출처: 경기도평생교육진흥원(2019), 4.

편종형 경력은 인생주기 전반에서 경력전환이 수시로 요구된다는 점을 시사한다. 경력전환은 새로운 경력으로의 이동을 의미하는 것으로, 이직이나 창업, 또는 유사 업무 수행, 일하는 방식의 변화 등을 포괄한다. 예를 들어, 대기업에서 자동차 일을 하던 사람이 1인 자동차 강의자로 전환할 경우, 편종경 경력을 진행하고 있는 것이다. 그리고 이런 경력전환 또는 경력지속을 위해 새로운 경력에 대한 준비로서 학습이 매우 중요한 요소가 된다.

전 생애적 경력전환 또는 편종형 경력유형은 인생 전반에서 지속적 경력개발활동을 요구한다. 즉, 20대 초반까지의 경력개발을 넘어서 중년층, 고령층에서도 지속적으로 경력계획, 경력준비, 경력전략 실행 등 경력개발을 수행해야 한다. 이를 전생애적 경력개발이라고 한다. 전 생애적 경력개발이 요구되고 그 핵심이 평생직업교육임에도 불구하고 40대 이후의 중·고령층부터는 평생교육 참여나 요구 그리고 이와 관련된 역량이 급속하게 감소하는 것이 한국의 특징이다. 예를 들어, 2019년 생활시간 조사에 따르면, 30대부터 학습시간은 하루 15분으로 감소하고, 40대부터는 8분, 5분 등으로 감소한 수준으로 유지된다. 반면에 일시간은 50대까지 4시 30분 정도로 계속 유지되었고 여가시간은 30대에 3시 39분에서 계속 증가하여 60세 이상은 6시간 21분이 될 정도로 여가시간의 비중이 높아졌다(통계청, 2020). 이 조사 결과에 따르면 학습시간, 일시간, 여가시간을 비교할 때, 30−40대의 학습시간 급저하, 50대의 여가와 일의 교차, 60대의 여가시간 중심으로 생활시간 변화 등이 생애주기에서의 주요한 변화였다. 학습과 여가, 일에 대한 준비를 사전 준비하는 상황에서 30대, 40대, 50대의 학습시간을 확대하기 위한 준비가 필요하다.

그림 9-12 | 인생주기별 생활시간

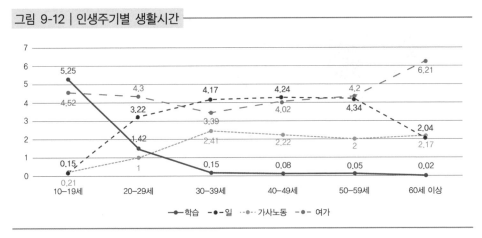

출처: 통계청(2020), p.10.

전반적으로 인생주기 변화와 경력전환으로 인해 새로운 학습과 근로의 필요가 커짐에도, 자신의 학습 요구를 파악하고 학습에 참여하는 데 제한이 존재한다. 특히 중·고령층은 평생교육에 대한 이해가 부족하고 적극적 참여를 위한 경험도 부족하다. 따라서 평생교육의 요구를 자각하고 평생교육에 참여할 수 있도록 지원하고 유도하는 정책적 고려가 필요하다.

❸ 취약계층과 평생교육 필요

양극화는 어떤 사회적 자원이나 자격 등의 격차로 인하여 생존이 위협받거나 보장받지 못하는 경우를 의미한다. 구체적으로 양극화는 2개 이상의 집단의 격차가 점점 커져서 그 격차를 극복하기 어려운 상황 그리고 이로 인해 특정집단의 생존에 문제가 발생되는 경우이다. 양극화의 전통적인 연구 주제는 소득에 대한 것이었다. 소득을 기준으로 인구 비율을 계산했을 때, 점차 중산층이 사라지고 모래시계 모양으로 2개 집단으로 변화하는 양상이 양극화 모습이었다(Wiki, 2022).

한국의 소득 양극화는 심화되고 있다. 소득 양극화가 심화되면서 전체 소득이 감소하였고 필수생계비 비중은 높아졌다. 필수생계에는 식료품·비주류 음료, 주거·수도·광열, 교통, 외식비가 포함된다. 한국의 2022년 2분기에 소득 하위 20%인 1분위 가구의 필수생계비 비중은 75.9%(전체 가처분소득 71만원)였다. 1분위 가구의 필수생계비는 2021년 대비 7.6%가 증가하였다. 즉, 소득 양극화가 더욱 심화되어 소득 최하 집단의 필수생계비 상승률이 가파르게 높아지는 것이다. 반면에 한국의 부유층 소득은 지속적으로 증가하고 있다. 한국 소득 상위 1%의 소득 점유율은 12.2%로 OECD 국가 중 3위였다. 한국 소득 상위 10%의 소득 점유율은 44.9%로 OECD 국가 중 2위였다. 일본은 소득 상위 1%와 상위 10%의 소득비중이 각각 9.51%, 40.5%였다(권인탁 외, 2021).

소득 양극화는 단지 '소득이 적다 또는 많다'의 문제를 넘어서 생존 조건, 삶의 질, 상대적 결핍, 증오, 사회통합 저해 등 다양한 문제와 연결된다. 소득 양극화로 인하여 다양한 사회적 조건에서도 취약해진 집단은 교육에 대한 투자여력이 부족해지면서 작은 위기에도 생존의 위협을 받는 취약계층 상황을 지속하게 된다. 즉, 제2, 제3의 도약을 위한 역량이 부족해지는 것이다(현영섭 외, 2020).

전통적 관점에서 소득 양극화로 인한 취약계층의 발생이 주요 연구와 정책 대상이었다. 하지만 최근에는 소득을 기반으로 하는 다양한 자원이나 조건에서 양극화가 진행되고 있다. 이렇게 새로운 양극화 현상에 의해 나타나는 취약계층을 신취약계층이라고 한다. 전통적 취약계층은 소득의 차이 심화로 인한 소득 양극화(또는 경제적 양극화) 현상과 관련되었다. 즉, 전통적 취약계층은 소득 양극화에서 저소득계층을 의미하는 것이었다. 소득양극화 취약계층은 구체적으로 저소득의 원인 또는 결과로서 저학력, 부모 부재, 연령, 장애 등이 전통적 취약계층의 상황이었다. 즉, 저소득층, 저학력자, 한부모가족, 노인(독거노인), 장애인은 전통적 취약계층이었다(현영섭 외, 2020).

반면에, 신취약계층은 교육, 문화, 건강, 연령 등 다양한 요인과 조건, 자본에서 양극화가 발생되어 나타나는 계층이다. 새로운 요인의 양극화에 의해서 발생하는 신취약계층에는 노동시장 취약계층, 시대적 취약계층, 특수취약계층 등이 있다. 노동시장 취약계층은 노동시장의 유연성 강화 또는 경기변동 등으로 인해 발생되는 실업자나 고용불안정 계층이다. 예를 들어, 장기실업자, 비정규근로자, 경력단절여성이다. 시대적 취약계층은 사회의 변화 등에 의해서 나타나는 취약계층으로 정보화 또는 IT 발전으로 대표되는 4차 산업혁명 등의 흐름 속에서 발생되는 정보취약계층이다. 그 외에도 북한이탈주민, 국제결혼가족, 외국인근로자, 미등록 이민자 및 가족 등은 한국의 국내외 여건 변화로 인하여 발생되는 취약계층도 존재한다. 더불어 코로나19 등으로 발생되는 교육취약계층도 교육접근성의 제약이 발생되는 경우라는 점에서 시대적 취약계층이다. 특수취약계층은 범죄로 인한 수감자가 대표적이다. 예전에는 취약계층으로 포함되지 않았으나, 평생교육 기회가 수감기간에도 제한되고, 수감기간 종료 이후 사회적 제약으로 인한 취약성이 존재하는 계층으로 포함되고 있다(현영섭 외, 2020).

취약계층에 대한 평생교육 접근은 다양한 관점과 방법으로 발전해왔다. 전통적으로는 소득 양극화로 인한 취약계층을 대상으로 하다 보니 주로 노동에 참여할 수 있도록 하는 인적자원개발을 강조하는 방향으로 정책 방향이 진행되었다. 즉, 직업능력향상교육이나 노동기회 제공을 통해 소득을 높이고 이를 통해 취약상황을 해소하고자 하는 것이었다. 하지만 노동시장에 참여하는 것만으로는 다양한 원인에 의해 발생되는 취약계층을 지원하기 어렵고, 더불어 소득 취약계층의 경우도 지속성을 갖는 지원이 어렵다. 즉, 복지적 관점과 연계되지 않으면 인적자원개발 역시 효과를 발휘하기 어렵다. 이에 인적자원개발과 복지적 관점이 연계되어 취약계층과 지역발전을 위해 사회적 안정성을 위한 복지기반에 기초하여 일할 권리를 보장하기 위한 방법으로서 인적자원개발의 역할을 규정할 수 있다(현영섭 외, 2020). 이런 관점에서 인적자원개발은 평생직업교육으로 전환된다. 즉, 지역평생교육 측면에서 인적자원개발은 일할 권리를 충족하기 위한 인적자원개발과 사회적 안전을 위한 복지적 관점이 통일된다.

사회적 안정을 보장하는 복지적 기반의 접근이 제공되면서 동시에 일할 권리를 보장하는 직업능력개발 지원이 제공되어야 한다. 더불어 복지적 관점은 교육이 중요한 위치를 점유하는 복지적 교육을 핵심요소가 되어야 한다. 이에 교육을 통해 상담을 제공하는 심리적 지원, 교육을 통해 사회적 관계를 재구축하는 사회적 자본 회복, 취업과 함께 가정 안정이나 건강 등을 지원하는 취업과 복지 연계 등이 함께 고려되어야 한다.

그림 9-13 | 복지와 인적자원개발을 통합한 평생직업교육의 거시적 모형

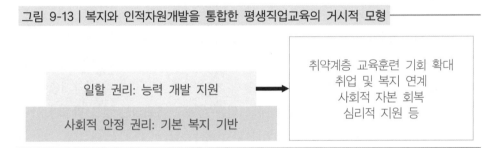

출처: 현영섭 외(2020), 23.

평생교육과 노동, 그리고 복지에 대한 이런 생각은 크게 4세대를 거쳐 발전하였다. 즉, 고용중심모형(제1지대), 교육훈련중심모형(제2지대), 공동체중심모형(제3지대), 공공/민간연계중심모형(제4지대)로 진화되었다.

그림 9-14 | 취약계층 평생직업교육 모형

출처: 현영섭 외(2020), p.24에서 변형.

- 제1지대

고용중심모형으로 적극적 국가 모형을 적용하면서 근로와 복지 연계의 지원 방식을 취할 경우 나타난다. 기본적으로 복지를 근로의 대가로서 지원해줘야 한다는 관점을 가진다. 이에 시장에서 실패하거나 노동시장에서 퇴출된 취약계층을 대상으로 복지 지출을 하는 것을 최소화하고자 하는 지향점을 갖게 된다. 다만 근로를 하도록 하지만 취약계층을 위한 교육훈련을 소극적으로 한다는 점에서 고용중심모형은 충분한 인적자원개발 역할을 보장하지는 않는 유형이기도 하다(현영섭 외, 2020).

- 제2지대

교육훈련중심모형으로 적극적 노동시장 정책(active labor market policy)을 사용하고, 이를 위해 노동력의 질을 제고하고 취약계층의 노동 능력을 강화하는 데 정책적 초점을 두게 된다. 교육훈련을 강조하고 능력 개발을 통하여 다수의 취약계층이 노동시장에 진출하도록 돕는 한편, 공적 부조 의존 상태로 복귀되는 것을 막고자 한다(현영섭 외, 2020).

- 제3지대

공동체중심모형은 사회적 경제, 사회적 기업, 지역사회공동체, 참여적 관계, 공유경제 등과 같이 지역공동체와 발전을 연계하고 경제 및 시장의 원리에 기초하여 취약계층에 대한 지원을 생각하는 관점이다. 즉, 취약계층과 지역개발을 연계하면서 노동 참여뿐만 아니라 공동체적으로 대응하기 위한 사회적 자본과 연계를 강화하는 방향으로 새로운 노동시장과 유형을 수용한다. 이에 취약계층에 대한 지원과 인적자원개발은 심리적 차원, 사회적 관계적 차원, 복지 및 취업 연계적 차원과 함께 동시에 진행되어야 한다. 그리고 이를 통하여 단순한 노동자가 아니라 민주시민으로서 지역문제 해결을 위한 주체자로서 성장하도록 돕는 역할을 한다.

- 제4지대

제3지대가 인적자원개발＋복지＋지역의 개념이라면 제4지대는 공공이 민간, 기업, 대학과 적극적으로 연계하는 방법이다. 즉, 기업 등 이익을 대표하는 집단이었던 사회의 구성원이 지역발전, 소외계층, 평생교육에 대한 관심을 확장하는 것 그리고 기존의 제3섹터가 굳이 시민, 정부 등으로 제한되지 않고 다양한 유형의 조직으로 전환되면서 서로 연계되는 것이다. 특히 코로나 19 팬데믹 이후 사회구성체의 종류 구분이 모호해지고, 다양한 목적을 위한 연계로 진행되면서 제4섹터 또는 제4지대에 대한 관심이 증가한다.

제4지대의 관점에서 평생직업교육은 복지, 인적자원개발, 지역과 함께 민간, 기업, 이윤추구 등의 사적 영역을 수용하여 정부, 시민, 기업의 연계를 강조하는 모습이 된다. 이런 측면에서 평생직업교육은 지역개발과 소외계층 지원을 위해 시민의 힘, 지자체의 힘, 기업의 힘, 대학의 힘을 동원하고 새로운 지역발전을 위한 교육훈련, 일자리, 기업 및 민감 참여, 공유 등을 강화하는 모습이 되어야 한다.

❹ 지속가능발전과 평생교육 요구

지구온난화로 대표되는 기후변화의 원인으로 화석연료의 사용이 지목되면서, 화석연료 사용 제한이 강하게 제안되고 또 실천되고 있다. 이에 에너지 구조가 변화될 것으로 예상된다. 에너지 구조 변화에 대한 미래분석의 대표적인 시나리오는 셸(Shell)로 알려진 로열더치쉘그룹의 미래연구 시나리오이다. 이 시나리오는 스크램블(Scramble) 시나리오와 블루프린터(Blueprint) 시나리오의 2개로 구분된다.

- 스크램블 시나리오

화석연료를 계속하면서 자원 고갈이 진행되고, 자원에 대한 경쟁과 갈등이 심화되는 현상이 발생된다. 2020년대 이후 에너지 부국과 빈국으로 구분되며, 신재생에너지 등에 대한 국제적 협의나 노력은 발전하지 못하는 부정적 미래 예측 시나리오이다. 이 시나리오에서는 궁지에 몰려 선진국에서 새로운 에너지 정책을 수립하는 각국 정부의 에너지 대응이 중요하게 강조된다(Shell International, 2005).

- 블루프린트 시나리오

블루프린트 시나리오는 긍정적 미래 예측을 보여준다. 2020년 이후 기후변화의 위험에 동의한 국제사회의 노력으로 새로운 에너지 수급과 관련되어, 국가, 단체, 기업 등이 모두 연계·참여하는 연합체가 구성되고, 이를 통해, 에너지 생산방식, 생활패턴, 탄소배출권 거래제 등이 활성화된다(Shell International, 2005).

탄소발자국(Carbon Footprint)은 개인이나 단체가 직접 또는 간접적으로 발생시키는 온실 기체의 총량을 의미한다. 탄소발자국은 일상 생활에서 사용하는 연료, 전기, 용품 등과 관련하여 원료채취, 생산, 수성, 유통, 사용, 폐기 등의 전 과정에서 발생하는 모든 탄소(온실가스)가 기후변화에 미치는 영향을 계량적으로 나타낸 지표이다(위키백과, 2023). 탄소발자국으로 대표되는 기후변화에 대한 대응과 인증 그리고 에너지 구조 변화의 노력은 온실효과 방지를 위한 새로운 에너지 사용으로의 전환을 상징한다. 이를 위해 한국을 포함한 국제 사회는 저탄소 사회로의 전환, 기후변화 적응체계 구축, 기후변화 대응 기반 형성 등의 정책 기조를 갖고 다양한 노력을 기울이고 있다. 구체적인 향후 정책으로는 석탄 발전소의 양수발전소로 전환, 재생에너지 비율 증가, 에너지 효율화를 위한 생산 분야의 변화, 내연기관활용 자동차 생산 금지, 건축단열 기준 강화 등 건축 분야 에너지 기준 강화 등 다양한 분야에서의 에너지 변화를 위한 정책이 마련되고 또 운영될 예정이다.

환경오염으로 대표되는 지구와 인류의 위기에 대응하기 위해 지속가능발전목표(Sustainable Development Goals: SDGs)가 UN을 중심으로 발표되었다. 역사적으로는 2012년 Rio+20에서 전지구적 수준의 지속가능발전을 위한 SDGs 수립에 합의되었고, 2015년에 UN 총회에서 만장일치로 채택되어 2016년부터 2030년까지 SDGs를 달성하기 위한 이행활동을 시작하였다. 2015년 이전에는 새천년개발목표(Millennium Development Goals: MDGs)가 먼저 선포되어 2000년부터 2015년까지 추진되었다. 이를 이어 SDGs가 2030년까지 세계 각국에서 추진하는 주요 방향이나 목표가 되었다.

SDGs는 총 17개의 목표를 갖고 세부적 목표가 마련되었다. MDGs는 절대빈곤과 기아퇴치, 보편적 초등교육 달성, 양성평등 및 여성능력고양, 지속가능한 환경 확보, HIV/AIDS 등 각종 질병퇴치에 초점을 두었다. 반면에 SDGs는 빈곤, 기아, 건강, 교육, 성평등, 수질, 해양환경, 기후행동, 재활용, 지속가능도시와 공동체 등 다양한 영역의 세부 목표를 17개로 설정하였다.

그림 9-15 | SDGs 세부 목표

출처: 지속가능발전포털(2023).

　글로벌 수준에서 추진되는 SDGs에 발맞추어 한국도 K−SDGs를 설정하고 중장기적으로 정책을 수립·추진하고 있다. 구체적으로 기본적으로 UN의 17개 SDGs를 그대로 수용하여 유지하면서 2021년부터 2040년까지 추진할 제4차 지속가능발전 기본계획을 수립·실천 중이다(지속가능발전포털, 2023). K−SDGs의 구체적인 비전과 전략은 [그림 9−16]과 같다. 비전은 저출생, 기후위기 등에 대응하여 한국의 지속가능발전을 위한 화두도 포용과 혁신을 강조하고 있다. 그리고 4개의 전략과 17개의 목표를 제시하였다.

그림 9-16 | K-SDGs 비전과 전략

비전	포용과 혁신을 통한 지속가능 국가 실현			
전략	**사람** 사람이 사람답게 살 수 있는 포용사회	**번영** 혁신적 성장을 통한 국민의 삶의 질 향상	**환경** 미래 세대가 함께 누리는 깨끗한 환경	**평화·협력** 지구촌 평화와 협력 강화
K-SDGs 17개 목표	[목표1] 빈곤층 감소와 사회안전망 강화 [목표2] 식량안보 및 지속 가능한 농업 강화 [목표3] 건강하고 행복한 삶 보장 [목표4] 모두를 위한 양질의 교육 [목표5] 성평등 보장 [목표11] 지속가능한 도시와 주거지	[목표8] 좋은 일자리 확대와 경제성장 [목표9] 산업의 성장과 혁신 활성화 및 사회 기반시설 구축 [목표10] 모든 종류의 불평등 해소 [목표12] 지속가능한 생산과 소비	[목표6] 건강하고 안전한 물관리 [목표7] 에너지의 친환경적 생산과 소비 [목표13] 기후변화와 대응 [목표14] 해양생태계 보전 [목표15] 육상생태계 보전	[목표16] 평화·정의·포용 [목표17] 지구촌 협력 강화

출처: 지속가능발전포털(2023).

K-SDGs 목표 중 평생교육은 '목표4 모두를 위한 양질의 교육'과 직접적으로 관련된다. 이 목표는 양질의 초·중등교육 이수와 고등교육 및 직업훈련에 대한 접근의 평등을 보장하며 지속가능발전 교육의 확대를 추구한다. 구체적으로 전문 및 직업기술인을 양성하고 취약계층의 교육접근성을 보장하며, 안전하고 효과적인 학습환경을 제공하고 충분한 재정 및 교사 확보를 포함한다. 주요 정책은 다음과 같다(지속가능발전포털, 2023).

- 공교육 신뢰 제고
- 고등교육 기회 확대

- 평생교육·직업교육훈련·지속가능발전 교육 강화
- 소외계층 기초교육 및 직업교육 학습권 보장
- 균등 교육을 위한 재정투자 확대
- 교원 전문성 강화 등

K-SDGs의 평생교육 관련 목표는 평생교육의 다양한 변화 이슈를 그대로 담고 있다. 직업능력향상을 위한 교육 제공과 확대, 소외계층의 학습권 보장, 기후변화 등에 대응하는 지속가능발전교육 등이 주요 정책이다. 특히 환경오염, 기후변화와 온난화, 코로나19와 같은 전염병 창궐 등의 전지구적 재앙은 앞으로도 지속될 가능성이 높다. 이에 대응하여 시민의식을 강화하고 공동체적 대응을 확대하기 위해서는 평생교육의 필요성과 새로운 교육내용의 반영이 중요해지고 있다.

03 평생교육의 과제

지금까지 한국의 평생교육 현황과 발전 동인 그리고 평생교육의 발전 방향에 대하여 논의하였다. 그렇다면 이런 상황에서 평생교육이 풀어야 할 과제는 무엇인가? 다양한 과제와 이에 대한 해결책이 제시될 수 있으나, 필자의 개인적 의견에 기초한 과제를 제안하고자 한다.

첫째, 다양한 평생교육의 변화를 대응하기 위해 평생교육사의 배치 문제를 생각할 필요가 있다. 평생교육사는 국가자격으로 대부분은 양성과정을 이수함으로써 자격을 취득한다. 2022년 12월 기준으로 평생교육사 1급 자격 소지자는 985명, 2급 소지자는 148,432명, 3급 소지자는 7,818명으로 총 157,235명에게 자격이 발급되었다 (국가평생교육진흥원, 2023). 대략 16만 명 정도가 자격을 취득하였으나 평생교육기관에 배치되어 평생교육 업무를 수행하는 비율은 낮은 편이다. 전체 평생교육기관에 대한 자료는 없지만, 등록된 평생교육기관의 경우 5,000명 정도가 채용되어 있는 것으로 보고되었다. 이는 평생교육법에 따른 평생교육사 배치 기준이 너무 낮기 때문이다. 즉, 평생교육법에는 일반적인 평생교육기관의 경우 평생교육사를 1명 이상 배치하도록 되어 있어서 실제로는 1명만 배치하는 되는 것이다. 여기서 일반적인 평생교육기관은 국가평생교육진흥원, 광역시·도 평생교육진흥원 등 평생교육법에 의해서 평생교육사 1명 초과 배치 기관을 제외한 다수의 평생교육기관을 의미한다.

유사한 자격으로 평가되는 사회복지사, 사서 등은 기관당 1명의 배치 기준을 적용하지 않는다. 서비스 이용자 수, 장서수, 기관 면적 등 다양한 기준을 적용하여 자격증 소지자가 수행해야 할 직무의 규모에 따라 적정수를 배치하도록 법적으로 규정하였다. 이런 점에서 평생교육사의 배치 기준을 서비스 규모나 이용자 규모 등을 고려하여 강화하는 방향으로 정책이 마련될 필요가 있다. 특히 선진국의 경향을 고려할 때 향후 한국의 평생교육 참여자가 지속적으로 증가하여 현재의 2배 이상 될 것으로 예상되는 상황에서 전문성을 갖춘 평생교육사의 배치 증가는 필수적 사안이 되고 있다.

표 9-4 | 평생교육사 및 유사자격의 산정요인 및 배치 법적 기준

구분		산정요인 및 배치 법적 기준
현행 평생 교육 법	국가/시·도 평생교육진흥원	• 1급 1명 이상을 포함한 5명 이상
	시·군·구 평생학습관	• 정규직원 20명 이상: 1급 또는 2급 1명 포함 2명 이상 • 정규직원 20명 이하: 1급 또는 2급 1명 포함 1명 이상
	진흥원/학습관 외 기관	• 제30조-제38조 평생교육시설, 「학점인정 등에 관한 법률」 • 관련 기관: 평생교육사 1명 이상
국내 타 자격	사회복지사 (사회복지사업법 시행령)	• 복지서비스 인원에 비례하여 배정 • 시설의 시설장, 사무/사업분야 책임자별로 의무 채용
	청소년지도사 (청소년기본법 시행령)	• 청소년수련관, 청소년수련원: 수용정원 250명당 비례 배치 • 유스호스텔: 수용정원 500명 이상 • 청소년단체: 회원수 2,000명당 비례 배치
	사서(도서관법시행령)	• 도서관 건물면적과 장서 수 비례 배치
	문화예술교육사(문화예술 교육지원법 시행규칙)	• 관련 기관별 1명 배치
해외 국가	일본 사회교육주사 (일본 사회교육법)	• 지방자치단체 사회교육주사 및 주사보 배치 • 인구 1만 명 이상 의무 배치

출처: 현영섭(2018), p.56.

둘째, 평생교육사의 배치와 함께 전문성 함양을 위한 양성과정의 질적 제고 역시 중요한 사항이다. 현재 평생교육자 자격등급에 따라 양성 방식이 다르지만, 대부분은 특정 교육과정을 이수하고 평가를 받는 방식이다. 이수 과목은 필수과목과 선택과목으로 나눠서 10개 과목을 이수하도록 되어 있다. 다만 대학원생의 경우는 필수과목만 이수하는 것으로 되어 있다. 그리고 평생교육사 1급은 국가평생교육진흥원이 운영하는 승급과정을 이수하도록 되어 있다.

- 평생교육사 필수 과목: 평생교육론, 평생교육방법론, 평생교육경영론, 평생교육 프로그램개발론, 평생교육실습(4주, 160시간 이상 현장실습 포함)
- 평생교육사 선택 과목(실천 영역): 노인교육론, 문자해득교육론, 성인학습 및 상담, 시민교육론, 아동교육론, 여성교육론, 청소년교육론, 특수교육론
- 평생교육사 선택 과목(방법 영역): 교수설계, 교육공학, 교육복지론, 교육사회학, 교육조사방법론, 기업교육론, 문화예술교육론, 상담심리학, 원격(이러닝, 사이버)교육론, 인적자원개발론, 지역사회교육론, 직업·진로설계, 환경교육론

출처: 국가평생교육진흥원(2023).

이런 교육과정 체계 자체는 적절하다고 생각되지만, 변화하는 평생교육사의 근무 환경이나 직무 유형을 고려할 때 탄력적인 접근이 필요하다는 것이다. 예를 들어, 장애성인평생교육이 평생교육법에 반영되면서 평생교육과 특수교육이 결합된 형태의 평생교육기관이 운영되고 있다. 그러나 현재 양성 체계로는 평생교육사가 특수교육에 대한 전문성을 확보하기는 어렵다. 물론 특수교원 자격을 취득하는 방법이 있으나 이는 별도의 자격취득문제이기 때문에 평생교육사 자격체계 자체에서 다룰 수 있는 문제는 아니다. 결국 평생교육사의 특수교육 관련 전문성을 높이기 위한 양성체계의 유연화가 필요한 것이다. 이 외에도 평생교육의 영역이 다양화되면서 평생교육사에게 요구되는 역량이 다양해지고 있다는 점에서 자신의 미래 직업 영역을 고려하여 자기주도적으로 과정을 선택하여 반영할 수 있는 방식 적용이 필요할 것이다. 즉, 선택 영역의 과목을 제한하는 것을 완화하여 선택하는 방안 등의 다양성을 보장하는 방안을 고려할 수 있다.

셋째, 평생교육 참여 확대를 위한 다양한 노력과 취약계층에 대한 지원이 확대될

필요가 있다. 이런 주장은 이미 오래 전부터 제기된 것이었으나 여전히 효과가 나타나지 않는 주제이다. 평생학습 참여율은 지속적으로 증가해왔다. 코로나19 이전까지 40% 이상으로 평생학습 참여율이 높아졌다. 하지만 해외 선진국의 수준은 60−70%까지도 참여율이 높다는 점을 감안한다면 또 최근의 평생교육 변화동인을 고려한다면 평생동안의 학습참여 기회를 확대하고 자신의 미래 경력과 삶의 질을 제고하기 위한 방법으로서 평생교육이 자리매김 할 필요가 있다. 이런 측면에서 연령, 소득, 지역 등에 의한 평생교육 취약계층의 참여 확대가 바람직한 방향이 될 수 있다. 앞서 평생교육 현황에서 볼 수 있듯이, 연령, 소득, 지역 등에 의해 평생학습 참여율은 큰 차이를 보이고 있다. 따라서 연령, 소득, 지역 등에 의한 제약을 해소하기 위한 평생교육 서비스 제공의 새로운 접근법이 필요하다.

새로운 접근법 중에 하나로 마을공동체, 학습동아리 등 학습자 생활공간 착근형 방법이 추천된다. 물론 평생교육 현황에서 다수의 참여율은 오프라인 형태의 강의프로그램이었다. 하지만 이런 강의 프로그램이 연령, 소득, 지역 등의 제한을 뛰어넘어 제공되기 위해서는 한계가 있다. 즉, 평생교육기관 등의 인프라, 접근가능성, 강사 등의 전문인력 확보 등에서 한계가 있기 때문이다. 이에 대한 대안으로 온라인 학습 등이 제시되기도 하지만, 이 역시 디지털 리터러시 등의 접근가능성 제한으로 인한 문제는 여전하다. 이에 마을단위 또는 소규모 행정단위에서 주민의 평생학습을 유도하기 위한 학습공동체, 학습동아리 등의 운영과 지원이 필요하다. 자신이 살고 있는 마을에서 걸어서 수십 분 이내에 주민이 모여서 서로가 서로를 가르치고 그것을 토대로 지역봉사나 지역공동체 확장을 위한 노력으로 연결된다면, 바람직한 형태의 평생학습 참여 조건 형성과 참여율 제고라고 생각된다. 하지만 평생교육 현황에서 볼 수 있듯이, 한국의 학습동아리의 활용 수준은 극히 낮다. 각 지자체마다 학습동아리 지원 사업을 운영하고, 평생교육기관도 경영전략의 일환으로 학습동아리를 지원하지만, 현황 자료는 아직 저변으로 확대되지는 못한 상황을 보여준다. 이에 학습동아리, 학습공동체, 마을공동체 등의 강화 정책을 우선시할 필요가 있다. 다만 그 동안의 방식에서 약간은 변화를 취하여 지역 산업과 연계되어 다양한 연령층이 참여하는 학습동아리나 학습공동체의 접근을 고려할 필요가 있다. 지역이 보유한 전통적으로 강한 산업 영역의 장인이나 전문가의 노하우, 청년이나 대학의 새로운 아이디어를 결합하여 창업, 새로운 아이템 개발, 지역연계 등을 확대할 수 있는 학습동아리 또는 학습모임을 강화하는 것을 고려할 수 있다.

평생교육실습

LIFELONG
EDUCATION

부록

평생교육실습 과목 운영 지침 및 실습 양식

01 개요

▶ (목 적) 본 지침은 평생교육사 자격취득과 관련된 평생교육실습 과목 및 현장 실습을 체계적이고 효율적으로 운영할 수 있도록 지원함으로써, 평생교육사 의 전문역량을 제고하는데 목적이 있다.

▶ (적용범위) 평생교육사 양성기관은 이 지침의 적용을 받는다.

- 대학은 학칙에 따라 운영하되, 현장실습 인정범위, 교과목(선수과목 이수) 및 현장실습 이수요건, 실습과목 담당교수 및 실습 지도자 자격요건, 실습과목 담당교수 현장방문 점검에 관한 사항은 본 지침의 적용을 받는다.

  ※ 「현장실습 운영 매뉴얼(2013.1, 교육부)」을 참고하여 운영

▶ (적용시기) 2015학년 1학기('15.3.1.)에 개설하는 「평생교육실습」과목

  ※ '15.3.1.이전에 「평생교육실습」 과목을 개설하여 운영하는 경우는 적용 대상이 아님

▶ (근거법령) 평생교육법 시행규칙 [별표 1] 평생교육 관련 과목(제5조 제1항 관련)

02 운영 기준

❶ 정 의

- (평생교육 현장실습) 현장실습이란 평생교육 현장 적응력과 전문성을 지닌 인재 양성을 위해 양성기관과 평생교육기관이 공동으로 참여하여 정해진 기간 동안 평생교육 현장에서 실습교육을 실시하고 이를 통해 학점을 부여하는 제도를 말한다.
- (평생교육사 양성기관) 평생교육사 양성기관(이하 "양성기관"이라 한다)이란 평생교육사 양성을 목적으로 평생교육법령에 따라 정하여진 교과목을 개설·운영하는 대학 또는 학점은행기관을 말한다.
- (현장실습생) 현장실습생(이하 "실습생"이라 한다)이란 양성기관에서 평생교육실습 과목을 수강하며 평생교육기관에서 현장실습을 신청·수행하는 학생을 말한다.
- (평생교육실습 과목 담당교수) 평생교육실습 과목 담당교수(이하 "실습과목 담당교수"라 한다)란 평생교육사 양성기관에서 평생교육실습 과목을 담당하고 수강생을 관리하는 교·강사를 말한다.
- (현장실습 기관) 현장실습 기관(이하 "실습 기관"이라 한다)이란 평생교육 현장에 대한 교육과 실습이 가능한 평생교육기관을 말한다.
- (현장실습협약) 현장실습협약(이하 "협약"이라 한다)이란 양성기관과 실습 기관이 현장실습 운영에 관하여 약정하는 행위를 말한다.

❷ 현장실습 운영기준

▶ 현장실습 운영기준
- 현장실습은 최소 4주간(최소 20일, 총 160시간) 이상 실시하여야 한다.
- 현장실습은 실습의 실효성을 고려하여 실습 기관의 근로환경과 동일한 여건 하에서 실습하는 것을 전제로, 1일 8시간(9:00~18:00), 주 5회(월~금)의

통상근로시간 내 진행한다.

※ 점심 및 저녁 등의 식사시간은 총 160시간의 실습 시간에서 제외

- 다만, 현장실습 기관의 특성 및 실습생의 상황(직장인 등)을 고려하여 야간 및 주말시간을 이용한 현장실습도 가능하다.

▶ 현장실습 인정범위

- 평생교육기관 종사자가 근무지(재직기관)에서 실습하는 경우에는 현장실습 의 목적에 맞는 내용의 실습을 실시하여야 한다.
- 다음에 해당하는 경우는 현장실습으로 인정하지 않는다.
- 직장(현장)체험/사회봉사 등 단기체험활동 또는 인턴(단기근로자 형태)을 수 행하는 경우
- 외국 소재 기관에서 현장실습을 실시하는 경우
- 평생교육사 자격증 외의 다른 자격취득을 위한 현장실습과 중복하는 경우
- 2개 이상의 기관에서 현장실습을 실시하는 경우

※ 단, 다음 어느 하나에 해당하는 경우에는 현장실습 기관 재선정 가능
- 현장실습 기관이 폐쇄되거나 운영이 정지된 경우
- 실습 지도자의 퇴직, 부서이동 등으로 실습 지도자의 자격을 갖춘 자가 부재한 경우
- 개인의 질병 및 사고, 자연재해 등의 사유로 현장실습이 지속될 수 없음이 판단될 경우
  (이 때 실습생이 최초 선정한 기관에서 일부 실시한 현장실습 기간을 인정받고자 할 경우 실습과목 담당교수는 이를 전부 인정하여야 함)

❸ 실습 기관

▶ 실습 기관의 자격 요건

- 다음 중 어느 하나에 해당하는 기관은 실습 기관으로 운영할 수 있다.([참고 1] 실습 기관의 유형 및 예시 참조)
- 「평생교육법」제19조에 따른 국가평생교육진흥원
- 「평생교육법」제20조에 따른 시·도평생교육진흥원

－「평생교육법」제21조에 따른 시·군·구평생학습관
　　－「평생교육법 시행령」제69조 제2항에 따라 문자해득교육 프로그램으로 지
　　　정받은 기관
　　－「평생교육법」제2조 제2항에 따른 평생교육기관

　가. 「평생교육법」에 따라 인가·등록·신고 된 시설·법인 또는 단체
　나. 「학원의 설립·운영 및 과외교습에 관한 법률」에 따른 학원 중 학교교과교습학원
　　　을 제외한 평생직업교육을 실시하는 학원
　다. 그 밖에 다른 법령에 따라 평생교육을 주된 목적으로 하는 시설·법인 또는 단체

　• 양성기관은 다음의 사항을 고려하여 실습 기관을 선정하고, 협약을 체결한다.
　－「평생교육법」 또는 그 밖에 다른 법령에 따라 평생교육을 주된 목적으로
　　하는 기관이어야 한다.
　－ 평생교육기관의 특성을 반영한 사업 및 프로그램을 운영하고 있는 기관이
　　어야 한다.
　－ 실습생의 보건·위생 및 안전을 보장할 수 있는 기관이어야 한다.
　－ 실습생의 현장교육 및 실습 지도가 가능한 기관이어야 한다.

[참고 1] 실습 기관의 유형 및 예시

구분	기관유형	예 시
평생교육법 ①유형	국가평생교육진흥원	국가평생교육진흥원
	시·도평생교육진흥원	강원도평생교육진흥원, 경상북도평생교육진흥원, 대구평생교육진흥원, 서울특별시평생교육진흥원, 전라남도평생교육진흥원, 경기도평생교육진흥원, 광주평생교육진흥원, 인천평생교육진흥원, 울산평생교육진흥원, 대전평생교육진흥원, 부산평생교육진흥원, 제주특별자치도평생교육진흥원, 충청남도평생교육진흥원, 충청북도평생교육진흥원
	시·군·구평생학습관	평생학습관, 공공도서관, 문화원, 연수원·수련원, 박물관, 복지관 등(교육청으로부터 시·군·구평생학습관으로 지정받은 기간에 한함)

②유형	문자해득교육프로그램 지정기관		문자해득교육프로그램 설치 · 지정 기관
	성인문해교육 지원사업 선정기관		당해연도 성인문해교육 지원사업 선정 기관
③유형	평생학습도시		시 · 군 · 구 평생학습센터 또는 평생교육 전담 부서 등
	국가 · 지자체 평생학습 추진기구		광역시도청/시 · 군구청/시도교육청/지역교육청 내 평생학습센터 또는 평생교육 업무담당 부서 등
④유형	평생교육 관련사업 수행학교		대학평생교육활성화지원사업, 학교평생교육사업 (지역과 함께하는 학교사업, 방과후학교 사업 등) 수행
⑤유형	평생교육시설 신고 · 인가 기관		유 · 초중등 · 대학부설/학교형태/사내대학형태/ 원격대학형태/사업장부설/시민사회단체부설/ 언론기관부설/지식 · 인력개발 관련 평생교육시설
⑥유형	평생직업교육학원		학원설립운영등록증 상 평생직업교육학원 형 태 등록 여부 확인(학교교과교습학원 형태는 인정 불가)
그 밖 의 다 른 법 령 *	⑦유형	기관형 교육기관	주민자치기관	시 · 군 · 구민회관, 주민자치센터 등
			문화시설기관	도서관, 박물관, 미술관, 과학관, 지방문화원 등
			아동관련시설	아동직업훈련시설, 아동복지관, 지역아동(정보) 센터 등
			여성관련시설	여성인력개발센터, 여성(복지, 문화)회관 등
			청소년관련시설	청소년지원센터, 청소년수련시설, 청소년문화 의집 등
			노인관련시설	노인교실, 노인복지(회)관 등
			장애인관련시설	장애유형별 생활시설, 장애인복지관 등
			다문화가족관련시설	다문화가족지원센터 등
			사회복지시설	종합사회복지관 등
	⑧유형	훈련 · 연수형 교육기관	직업훈련기관	공공직업훈련시설, 지정직업훈련기관 등
			연수기관	공무원연수기관, 일반연수기관 등
	⑨유형	시민사회 단체형 교육기관	비영리민간단체	전국문해 · 성인기초교육협의회, 한국평생교육학 회 등

비영리 사(재)단법인	한국평생교육사협회, 한국문해교육협회 등
청소년단체	한국청소년연맹, 청소년단체협의회 등
여성단체	여성회, 여성단체협의회 등
노인단체	대한노인회, 전국노인평생교육, 단체연합회 등
시민단체	NGO, YMCA, YWCA, 환경운동연합 등
기 타	그 밖의 평생교육을 주된 목적으로 하는 시설 및 단체

* 그 밖의 다른 법령에 의한 기관의 경우 반드시 해당 설치·운영 법적 근거 및 평생교육 사업 수행 여부 확인

④ 이수요건

- (교과목 이수요건) 현장실습 취지를 고려하여 다음과 같은 선수과목을 반드시 이수한 학생에 한하여 실습과목을 수강할 수 있다.
- 대학 및 기관: 평생교육실습 과목을 제외한 필수과목 4과목 이수
  ※ 시간제등록 운영 대학, 학점은행기관 평가인정 학습과정을 포함한다.
- 대학원: 평생교육실습 과목을 제외한 필수과목 3과목 이상 이수
- (현장실습 이수요건)
- 평생교육실습 교과목으로 편성된 실습오리엔테이션을 이수한 학생에 한하여 현장실습을 실시할 수 있다.
- 현장실습은 평생교육실습 교과목의 성적 산출 및 학점 부여 이전에 종료하여야 한다.

⑤ 과목개설 기준

- (정규 교과목 운영) 현장실습은 3학점이 부여되는 정규 교과목으로 운영하여야 한다.
- (실습과목 담당교수 자격요건) 실습과목 담당교수는 다음 어느 하나에 해당하는 자로 선정한다.

– 평생교육 관련* 석사학위 이상 소지자로서, 평생교육 관련과목 교수활동 또는 평생교육 현장에서 3년 이상의 경험이 있는 자
– 평생교육 관련* 박사학위 이상 소지자로서 평생교육 관련과목 교수활동 또는 평생교육 현장에서 2년 이상의 경험이 있는 자

* 평생교육 관련 학위
- 평생교육에 관한 내용을 주된 교육과정으로 삼고 있는 전공분야
  예) 평생교육, 산업교육, 사회교육, 지역사회개발, 인적자원개발, 교육학** 전공
  ** 단, '교육학' 관련 학위는 평생교육사 자격증 2급 이상을 반드시 소지하고 평생교육 현장에서 해당 경험(석사: 3년, 박사: 2년)이 있는 자이어야 함

※ 평생교육 현장경력 산정은 [평생교육사 자격증 발급 운영지침]의 평생교육경력산정표 참조

• (수업과정 편성) 실습과목의 교과과정은 각 양성기관의 운영규정에 따라 실습오리엔테이션 및 4주간의 현장실습을 필수적으로 포함하여 운영하며, 가능한 실습세미나, 실습최종평가회 등도 실시한다([참고 2] 참조).
– 실습오리엔테이션: 실습의 목적, 실습 진행절차 등을 주요내용으로 수강생 전원 출석수업(1회) 실시
– 실습세미나(권장): 실습의 목적, 실습 기관 유형별 특성 및 유의사항, 실습일지 작성 방법 등을 주요내용으로 출석수업 실시
– 현장실습: 4주간(최소 20일 이상, 160시간 이상) 필수 실시
– 실습최종평가회(권장): 실습결과 보고 및 평가 등으로 구성하여 실시

[참고 2] 평생교육실습 과목 수업과정 편성(예)

평생교육실습 과목 개설 → 실습과목 담당교수 배정		
		⇓
사전 교육 (4주)	실습 오리엔 테이션 (1주)	• 현장실습의 목적 • 실습생의 자세와 태도(예절 지도) • 평생교육사의 직무이해 • 실습매뉴얼-실습진행과정 이해 ※ 실습 오리엔테이션은 수강생 전원 대상 출석수업(1회) 운영 필수

실습 세미나 (3주)	I	▪ 실습 기관별 특성 및 주요 실습 내용 공유	
	II	▪ 주요 실습 내용 및 실습일지 작성 지도	
	III	▪ 실습 기관 사전분석 및 실습 일정 발표(실습생 전원발표) ▪ 학생별 실습계획 문제점과 개선점 토의	
	※ 실습세미나는 총 9시간(3회) 권장		

⇓　(사전교육 이후 현장실습 시작)

현장 실습 (4주 이상)	현장실습 중간점검	▪ 현장실습 기관의 실습운영 형태 및 여건 등 ▪ 실습생의 현장실습 수행 태도 및 상태 등 ※ 실습과목 담당교수의 실습 기관 방문점검 필수

⇓

보고 및 평가 (2주)	실습최종 평가회 I·II	▪ 실습생 전원 실습결과 발표 및 공유 ※ 실습최종평가회는 총 6시간(2회) 권장

⇓　(성적산출 이전 현장실습 종료)

성 적 산 출

❻ 구성원별 역할

▶ 양성기관
- 양성기관은 현장실습 시행계획 수립, 관련 규정 제·개정 등 현장실습 시행 전반에 관하여 총괄 조정·관리를 수행한다.
- 양성기관의 주요 역할은 다음과 같다.
  - 실습 기관 및 학생의 참여 신청·접수 관리 및 선정
  - 현장실습 사전교육(실습오리엔테이션 등)
  - 실습 기관과의 협약 체결
  - 학생평가 및 학점인정 처리
  - 실습 기관 및 학생에 대한 현장실습 운영실태 점검 및 지도

내용	서식
협약	【양식 1】현장실습 협약서
현장실습 의뢰	【양식 2】실습의뢰서
방문지도	【양식 3】현장실습 방문지도 확인서
실습결과 확인	【양식 4】평생교육 현장실습 확인서

▶ 실습생

- 현장실습 절차에 따른 참여 신청 및 관련 서류 제출, 성실한 실습 수행

내용	서식
실습수행	【양식 5】실습일지

▶ 실습 기관

- 평생교육 현장 실무능력 배양을 위한 실습계획 수립
- 실습생 선발, 지도, 출결관리, 교육, 평가 실시

내용	서식
실습의뢰 회보	【양식 6】실습의뢰 결과 회보서
실습 지도	【양식 7】실습 지도 기록서
실습 평가	【양식 8】실습생 평가서 【양식 9】평생교육 현장실습 평가서
실습결과 확인	【양식 4】평생교육 현장실습 확인서

03 운영 절차

❶ 협약체결

▶ 협약내용

- 현장실습 협약은 다음의 내용을 포함한 협약으로 체결한다.
  - 현장실습 실시기간 및 장소

－ 현장실습생에 대한 평가 관련 사항

　　－ 현장실습 기간 중 학생의 보건·위생과 산업재해 예방 관련 사항

　　－ 기타 현장실습 교육에 필요한 사항

▶ 협약체결 방법

- 실습 기관 섭외 후 현장실습 참여에 관한 업무협의가 완료되면 협약체결을 실시한다.

- 협약체결은 현장실습 운영에 관한 사항이 포함된 협약서, 공문 등을 통하여 실시하며, 현장실습의 실제 운영/개설에 대한 증빙으로 협약에 관한 문서 등을 구비하여야 한다.

　　※ 협약방법은 각 양성기관의 업무규정, 상황에 따라 달리 할 수 있으나, 현장실습 운영에 관하여 증명할 수 있는 서류, 공문 등의 자료는 필수로 구비하여야 한다.

- 현장실습 협약은 협약서 외 업무 상황에 따라 현장실습 협약내용이 포함된 문서로 대체할 수 있다.

　－ 협약 또는 문서는 현장실습 이전에 체결 또는 시행하여야 함

　－ 문서를 근거로 할 경우 쌍방 간 의사합의를 증빙할 수 있는 경우에 한함

　　※ 현장실습 협약은 [양식 1] 현장실습 협약서를 참고하여 각 양성기관과 실습 기관 간 체결하고, 협약체결이 용이하지 않을 경우 [양식 2] 실습의뢰서 및 [양식 6] 실습의뢰 결과 회보서를 참고하여 공문 등을 통해 현장실습을 운영

❷ 사전 교육

▶ 실습생 대상 오리엔테이션 실시

- 양성기관에서는 현장실습을 신청하여 선발된 실습생을 대상으로 다음과 같이 사전교육(실습오리엔테이션)을 실시한다.

　－ 실습일지 작성에 관한 사항

　－ 실습 기관별 사전 준비사항(서류, 지참물 등)

　－ 실습 기관 내 직장 예절에 관한 사항

　　※ 출퇴근 등의 시간관리, 복장, 언어, 인사예절 등 직장 내 예절에 관한 사항 등 교육

　－ 실습관련 지원 사항

　　※ 실습 기관 또는 양성기관에서 지원하는 사항(교통비, 식대 등의 지원금)이 있을

경우 내용과 절차 등에 관하여 자세하게 안내한다.
- 기타 유의사항
   ※ 무단결근, 중도포기, 실습 기관의 안전관리 기준 준수 등 유의사항을 안내하고
   다음과 같은 사항이 있을 경우 반드시 양성기관 관련학과(또는 관련부서)에
   연락하여 조치될 수 있도록 교육시켜야 한다.

► 무단결근 한 경우
► 학생 개인 사정에 따라 중도포기 하고자 하는 경우
► 실습 기관의 실제 실습 내용이 계획과 달리 운영(단순 업무, 복사 등의 허드렛일을
   시키는 경우)되어 조치가 필요한 경우
► 현장실습 중 상해 또는 부상을 당하는 경우
► 현장실습 중 실습 기관의 재산을 파손하는 경우 등

- 실습오리엔테이션은 현장실습 참여 및 학점이수의 필수조건으로 운영하여
   야 한다.
- 미연의 사고 등을 방지하고 실습 기관과의 대외적 관계 유지를 위해서도
   이와 같은 사전교육은 필수로 운영하여야 한다.

❸ 현장실습 실시

► 실습생
- 실습생은 실습 기관의 실습 지도 사항에 따라 성실하게 실습을 수행하고, 실
   습 내용 및 자기평가 등을 [양식 5] 실습일지에 매일 기록하고 검토 받는다.
   ※ 실습일지는 실습생에게 자신의 실습 내용을 기록하게 하여 실습효과를 증대시킬
   뿐만 아니라, 실습 수행 상태를 파악할 수 있는 중요한 자료임
► 실습 기관
- 실습 기관은 수립하였던 실습계획에 따라 실습을 운영한다.
- 실습 기관은 실습생을 지도·관리하는 실습 지도자를 다음 중 하나에 해당
   하는 자로 선정하여 학생관리 및 실습 지도 등을 실시한다.
- 평생교육사 1급 자격증 소지자
- 평생교육사 2급 자격증을 보유하고 관련업무 2년 이상 종사한 자

- 평생교육사 3급 자격증을 보유하고 관련업무 3년 이상 종사한 자
- 실습 기관은 다음과 같은 현장실습의 목적과 목표에 기반하여 현장실습 내용을 구성한다([참고 3] 참조).

[현장실습의 목적]

· 구조화된 실천적 경험을 통해 교과에서 습득한 평생교육 지식, 기술, 태도를 통합적으로 체화함으로써 평생교육 현장 전문성 향상

[현장실습의 목표]

· 양성기관에서 배운 평생교육 관련 이론을 실습현장에 적용 및 실천
· 평생교육사에게 요구되는 전문적인 지식, 기술 및 올바른 태도와 자질 함양
· 실습현장의 조직 내 인간관계가 갖는 역동성 이해
· 다양한 이해관계자의 요구를 이해할 수 있는 능력 함양
· 평생교육 현장에 따른 구체적인 직무를 이해하고, 수행방법 습득
· 평생교육사로서의 삶의 준비, 소질과 적성이 갖춰졌는지 실습생 스스로 평가·검증
· 실습생 자신의 직업적 적성을 확인하고 구체적인 경력개발 계획 수립의 기회 제공

[참고 3] 평생교육 현장실습 내용 구성(예)

구분		실습 내용
필수 항목	1. 오리엔테이션	① 기관소개 및 평생교육 관련 주요업무 소개 ▪ 기관별 현장실습 운영규정 안내 포함 ② 실습 기관유형 대비 기관특성 소개 ▪ 주요 학습자 및 프로그램 소개 등 ③ 해당 기관 실습생의 자세와 역할 ④ 구체적 실습목표 설정 및 실습 지도자와 일정별 세부계획 수립
	2. 행정업무	① 기안 및 공문서 모의 작성 ② 사업예산(안) 편성 안내
	3. 모의 프로그램 기획	Ⅰ　① 실습 기관의 주요 프로그램 조사 및 분석 　② 학습자 요구분석 실시(실습 기관 학습자 대상) Ⅱ　③ 모의 평생교육 프로그램 개발 　④ 모의 평생교육 프로그램 홍보 및 마케팅
	4. 실습 평가	실습 평가회: 실습생의 실습수행 내용에 대한 평가 등

	1. 실습 기관 관련 법 및 정책이해와 기관 분석	① 평생교육법 및 관련 정책 파악하기 ② 실습 기관의 SWOT 분석을 통한 전략 도출
선택 항목	2. 교육프로그램 운영 지원	① 학습자 관리 및 지원 ② 강사, 학습동아리 등 인적DB 관리 및 지원 ③ 학습정보DB 관리 및 지원 ④ 학습시설·매체 관리 및 지원 ⑤ 프로그램 관리·운영 및 모니터링 ⑥ 프로그램 만족도 조사 지원(결과분석 수행 등) ※ 별개 프로그램 2개 이상 수행
	3. 유관기관 방문 및 관련 행사 참석	① 유관기관 프로그램 조사 및 분석을 위한 방문 ② 평생학습 관련 행사(지역축제, 박람회 등) 참석 ※ 실습목적에 맞춰 2개 이상 5개 이하 기관을 방문하되, 총 방문기간은 3일을 넘지 않도록 함. ※ 각 기관방문에 대해서는 출장 및 결과보고서 제출 권장

- 동일 시간대를 기준으로 하여 실습 지도자 1인당 실습생은 가능한 5명의 범위 내에서 지도·관리하도록 한다.
- 실습 지도자는 실습생이 제출한 실습일지를 검토하고, 주 1회(1주: 40시간), 총 4회에 걸쳐 실습생의 실습수행에 대한 의견을 [양식 7] 실습 지도 기록서에 기록한다.

▶ 양성기관
- 실습 지도교수는 실습 기간 중 실습 기관을 방문하여 실제 운영형태 등을 점검하고, 실습에 참여한 학생들의 실습수행 태도 및 상태 등을 점검한다.
- 방문점검 시에는 실습운영에 관하여 실습 기관과 업무협의를 진행하고, 실습 기관과의 지속적 협력관계 유지를 위하여 실습 기관의 애로사항 및 건의사항을 적극적으로 수용한다.
  ※ 단, 현장실습 방문점검에 관한 사항은 '15년 2학기부터 적용

❹ 평가 및 학점인정

▶ 실습 기관 평가
- 실습 지도자는 실습생의 현장실습이 종료되면 [양식 8] 실습생 평가서의 항

목에 맞게 평가를 실시한다.

- 실습생 평가서의 평가내용을 바탕으로 [양식 9] 평생교육 현장실습 평가서를 작성하고, [양식 4] 평생교육 현장실습 확인서와 함께 양성기관으로 제출한다.

▶ 양성기관 평가 및 학점인정

- 성적은 다음의 사항을 고려하여 각 양성기관의 운영규정에 따라 산출 및 부여한다.
  - 실습과목 수업 참여도(오리엔테이션, 실습세미나, 실습평가회 등)
  - 4주(20일, 160시간) 이상의 평생교육 현장실습 실시 내용 등
- 학점은 실습 기간을 기준으로 각 양성기관의 학점인정기준에 따라 부여한다.

04 행정사항

- (자료보관) 양성기관은 다음의 자료를 전자문서화하여 실습생의 현장실습이 종료된 날로부터 3년간 보관한다. 단, 현장실습수행 증빙자료*는 원본으로 5년간 보관한다.

  * '평생교육 현장실습 평가서' 및 '평생교육 현장실습 확인서'는 학생이 평생교육사 자격증 발급 신청 이전까지 원본 보관

  - 실습과목 운영 관련 증빙자료: 오리엔테이션·실습세미나·실습평가회 수업운영자료(운영규정, 출석부 등), 현장실습 방문지도 확인서
  - 실습의뢰 관련 증빙자료: 협약서(또는 공문, 실습의뢰서 등 협약관련서류), 평생교육기관임을 증빙하는 서류 등
  - 현장실습 수행 증빙자료: 평생교육 현장실습 평가서, 실습일지, 평생교육 현장실습 확인서
- (실습비) 현장실습 기관은 현장실습을 지도하기 위한 목적으로 양성기관 또는 실습생으로부터 실습비를 징수할 수 있다.

【양식 1】 현장실습 협약서

현장실습 협약서(예시)

○○○○(이하 "갑"이라 한다)과 ○○대학교(이하 "을"이라 한다)는 "을"소속 학생들(이하 "실습생"이라 한다)의 진로 선택에 도움을 주고, 평생교육 현장에서 요구하는 전문지식과 경험 습득을 목적으로 하는 평생교육 현장실습(이하 "현장실습"이라 한다) 운영과 관련된 지침을 준수하고, 상호간의 운영에 필요한 사항을 이행하기 위하여 다음과 같이 협약을 체결한다.

제1조 (현장실습 운영기준)
① 현장실습은 최소 4주간, 20일(160시간) 이상 실시하여야 한다.
② 현장실습은 1일 8시간(9:00~18:00), 주 5회(월~금)의 통상근로시간 내 운영하되, 현장실습 기관의 특성 및 실습생의 상황(직장인 등)을 고려하여 야간 및 주말시간을 이용한 현장실습을 운영할 수 있다.

제2조 ("갑"의 현장실습 운영)
① "갑"은 실습생의 전문지식 함양과 경험습득을 위하여 현장실습 내용에 맞는 이론 및 실습교육 내용을 수립한다.
② "갑"은 현장실습이 내실 있게 실시될 수 있도록 하기 위하여 실습생의 희망 진출분야 및 진로를 고려하여 배치함으로써 다양하고 폭넓은 현장 경험을 쌓을 수 있도록 최선의 기회를 제공한다.
③ "갑"은 현장실습을 지도할 담당자를 배치하여 실습생이 성실히 현장실습을 수행할 수 있도록 지도하고 실습생에 대한 출결 관리 및 평가를 실시한다.

제3조 ("을"의 현장실습 운영)
① "을"은 현장실습 운영계획 및 일정 수립 후 "갑"과 실습생에 대한 안내 및 홍보를 실시한다.
② "을"은 "갑"으로부터 현장실습 운영에 필요한 모집인원, 실습 기간 등의 신청서를 접수, 검토 후 실습생 지원 및 모집에 관한 업무를 실시한다.
③ "을"은 "갑"의 실습생 선발에 필요한 정보 및 업무지원을 실시한다.
④ "을"은 선발된 실습생을 대상으로 다음 각 호의 사항이 준수될 수 있도록 사전교육을 실시한다.
  1. 실습생은 실습 기간 동안 주어진 과제를 성실하게 수행한다.
  2. 실습생은 실습 기간 동안 "갑"의 사규 등 제반 수칙을 준수한다.

3. 실습생은 실습을 위한 기계, 공구, 기타 장비가 파손되거나 분실되지 않도록 주의
한다.

4. 실습생은 실습 과정에서 알게 된 "갑"의 기밀사항을 누설하지 아니한다.

⑤ "을"은 현장실습 중 "갑"의 현장 방문을 통하여 "갑"과 실습생의 건의사항 및 애로
사항이 개선될 수 있도록 조치를 취한다.

⑥ "을"은 "을"의 현장실습 관련 규정에 따라 현장실습 종료 후 "갑"과 실습생의 제출
서류 검토 후 실습생에 대한 학점인정 절차를 실시한다.

제4조 (현장실습 시간 및 장소)

① 실습 시간은 "갑"의 근로시간을 기준하여 1일 8시간 실습하는 것을 권장하되, 식사
시간은 총 실습 시간에서 제외한다.

② 실습 장소는 "갑"의 사업장 또는 사업과 관련된 장소로 하고, 실습생의 보건·위생
및 산업재해 등으로부터 안전한 장소로 지정토록 "갑"과 "을"이 협의한다.

제5조 (실습지원비) "갑"은 실습생에게 숙식비, 교통비, 실습보조금 등의 실습지원비
를 별도로 정하여 지원할 수 있으며, 지원할 경우 "을"과 협의하여 지급한다.

제6조 (지도교수 지정 등) "갑"과 "을"은 현장실습의 효율적 운영과 실습생의 올바른
지도를 위하여 지도교수 및 실습 지도자를 지정하여 운영할 수 있다.

제7조 (보험가입) "을"은 현장실습 기간 동안 실습과 관련하여 실습생에게 발생할 수
있는 상해에 대비한 보험에 가입하여야 한다. 이와 별도로 "갑"은 "갑"의 필요에 따른
보험을 가입할 수 있다.

제8조 (협약의 효력 및 기간) 본 협약의 효력은 협약체결일로부터 발생하며 협약기간
은 협약체결일로부터 1년으로 한다. 단, "갑" 또는 "을" 중 이의를 제기하지 않을 경우
자동 갱신되는 것으로 한다.

제9조 (기타) 본 협약에 명기되지 아니한 세부사항에 대해서는 당사자 간 협의하여
별도로 정한다.

　본 협약의 성립을 증명하기 위하여 협약서 2부를 작성, "갑"과 "을"은 각각 서명 날
인 후 1부씩 보관한다.

20　년　　월　　　일

"갑"	"을"
기관명 : ○○○○	기관명 : ○○대학교
주소 :	주소 :
대표자 :　　　㊞	대표자 :　　　㊞

【양식 2】 실습의뢰서

실 습 의 뢰 서

수　신:

참　조:

제　목:

___

1. 항상 평생교육 현장실습을 위해 애써 주시는 귀 기관에 감사드리며 귀 기관
   의 무궁한 발전을 기원합니다.
2. 『평생교육실습』 과목을 수강하는 아래 학생의 현장실습을 귀 기관으로 요청
   하오니 협조하여 주시기 바랍니다.

– 다　음 –

실습생명	생년월일	학과/전공	학년/학기	평생교육 관련 경력
				총　　　개월
				총　　　개월

○ ○ 기관장

- -

담당자 000　　　　　　　　　　　　　　　　학과장 000

시행 000－000(0000(년)00(월)00(일))　　접수 0000－0000(0000.00.00.)

주소:

전화: / E-mail:

【양식 3】 현장실습 방문지도 확인서

현장실습 방문지도 확인서

실습 기관명			방문일자	
실습 지도자	직위		성명	

실습생	성명	학번	학년	전공/학과

방문지도 내용	
협의사항	
현장조사 실태의견	※ 실습 기관 환경, 실습 내용의 적합성, 실습학생 업무처리 사항, 학생 면담 결과, 기타내용 등을 포함하여 서술

　위와 같이 실습 기관을 방문하여 업무협의 및 학생들에 대한 지도를 하였음을 확인합니다.

년　　　월　　　일

기관명:　　　　　직위:　　　성명:　　　　　　(서명)

【양식 4】 평생교육 현장실습 확인서

평생교육 현장실습 확인서

<table>
<tr><td rowspan="4">실습생
정보</td><td>성　명</td><td></td><td>생년월일</td><td colspan="2"></td></tr>
<tr><td>학교/학과명</td><td></td><td>실습 지도 교수명</td><td colspan="2"></td></tr>
<tr><td>실습 기간</td><td colspan="4">　년　월　일부터　~　년　월　일까지(총　일)</td></tr>
<tr><td>실습 시간</td><td colspan="4">총　시간 (매주　요일부터 ~　요일까지)</td></tr>
<tr><td rowspan="11">실습기관정보</td><td colspan="2" rowspan="3">실습기관</td></tr>
</table>

<table>
<tr>
<td rowspan="17">실
습
기
관
정
보</td>
<td colspan="2" rowspan="3">실
습
기
관</td>
<td>기 관 명</td><td></td><td colspan="2">기관유형</td><td>[참고 1] 참조</td>
</tr>
<tr><td>전화번호</td><td></td><td colspan="2">실습운영부서</td><td></td></tr>
<tr><td>주　　소</td><td colspan="4"></td></tr>
<tr>
<td colspan="2" rowspan="10">실
습
지
도
자</td>
<td>성명</td><td></td><td rowspan="3">평생
교육사
자격
소지</td><td>급수</td><td></td>
</tr>
<tr><td rowspan="2">생년월일</td><td rowspan="2"></td><td>취득기관명</td><td></td></tr>
<tr><td>취득일</td><td></td></tr>
<tr><td>직위</td><td></td><td></td><td>자격번호</td><td></td></tr>
<tr><td colspan="5">실습 지도자 평생교육 관련 경력</td></tr>
<tr><td>기관명</td><td>소속부서</td><td colspan="2">기간(년월)</td><td>담당 업무</td></tr>
<tr><td></td><td></td><td colspan="2">　년　월~　년　월(총　개월)</td><td></td></tr>
<tr><td></td><td></td><td colspan="2">　년　월~　년　월(총　개월)</td><td></td></tr>
<tr><td colspan="2">총 경력개월</td><td colspan="2">총　　개월</td><td></td></tr>
</table>

위와 같이 실습 내용을 확인합니다.

년　월　일

실습 지도자:　　　　　　　　(서명 또는 인)

년　월　일

실습 지도교수:　　　　　　　　(서명 또는 인)

국가평생교육진흥원장 귀하

【양식 5】실습일지

실습일지(O일차)

실습일	년 월 일(요일)			실습 지도자 확인	(서명 또는 인)
실습 시간	출근일시	퇴근시간	식사시간	지각/조퇴결근여부(사유)	실습 시간
					시간
실습 내용	※ 실습 일정에 따른 업무명 순으로, 주요 활동내용을 기술 ※ 실습 지도가 가능하도록 구체적, 객관적으로 기술(실습일지는 개인일기가 아니므로, 실습과에 대한 개인의 감정, 의견, 느낌 등은 가능한 한 피해야 함) ※ 프로그램 참관(보조진행) 시, 단순히 'OOO프로그램 참관'이 아닌, 프로그램의 목적, 주요내용, 강의자의 진행방법 등을 자세히 기록				
실습소감 및 자기평가 (협의사항 포함)	※ 실습 내용에 관한 실습생의 의견 및 자기평가를 기술하되 사실에 기초하여 기록하며 발전·진행적으로 기록 ※ 실습 지도를 통해 습득한 지식과 기술을 실무에 어떻게 적용할 수 있는지 등을 기록 ※ 해당 일자의 실습업무 수행을 통해 실습 지도자에게 제안하고 싶은 사항 기록				

【양식 6】 실습의뢰 결과 회보서

실습의뢰 결과 회보서

1. 실습의뢰 결과

☐ 수락합니다(수락시 하단의 내용 기재)   ☐ 거절합니다

2. 실습 기본사항

1 실습 기관 정보

기 관 명		기 관 유 형	[참고 1] 참조
전화번호		실습운영부서	
주 소			

2 실습 지도자 정보

성 명		평생교육사 자격소지	급 수	
생년월일			취득기관명	
직 위			취 득 일	
			자격번호	
평생교육 관련 경력				
기관명	소속부서	경력기간(년월)		담당업무
		년 월~ 년 월(총 개월)		
		년 월~ 년 월(총 개월)		
총 경력개월		총 개월		

3 요청사항

필요서류	
실습비	원(실습개시일 납부 요망)
참고사항	

상기 내용으로 귀 기관에서 의뢰한 현장실습 의뢰 결과를 회보합니다.

실습 기관의 장 [직인]

※ [붙임] 평생교육기관 증빙서류 1부.

실습 지도 기록서

실습 지도자: (서명 또는 인)

주차	실습 지도자 의견
1주차	※ 실습생의 강점 및 개선점에 대한 의견 제시 ※ 실습 내용에 대한 피드백 등을 주차별 작성
2주차	
3주차	
4주차	

※ 총 160시간의 실습 시간 중 40시간을 1주로 산정하여 작성

실습생 평가서

실습생명		생년월일	
양성기관명		실습 지도자	(서명 또는 인)

평가영역(배점)		평가항목	배점	점수
근무태도(10)	근무사항	▪ 출석, 결석, 지각, 조퇴 등	5	
	태도	▪ 성실성, 근면성, 친절성, 적극성, 예절 등	5	
자질(15)	목표설정 및 계획수립	▪ 실습목표 설정 ▪ 실습세부계획 수립 등	5	
	가치관	▪ 평생교육에 대한 가치관 및 신념 ▪ 실습생으로서의 자세와 역할 등	5	
	관계형성	▪ 기관 내 직원들과의 협조적인 대인관계 ▪ 동료실습생과의 관계 ▪ 평생학습 네트워크체제 이해 등	5	
학습지도 능력(50)	필수항목 — 기관이해 (오리엔 테이션)	▪ 실습 기관의 평생교육 관련 주요업무 이해 ▪ 실습 기관의 주요 학습자 및 프로그램 이해 ▪ 구체적 실습목표 설정 및 일정별 세부계획 수립	10	
	모의 프로그램 개발(II)	▪ 평생교육 프로그램 개발	15	
		▪ 평생교육 프로그램 홍보 및 마케팅	5	
	선택항목 (택1) — 실습 기관 관련 법 및 정책 이해와 기관 분석	▪ 평생교육법 및 관련 정책 파악하기 ▪ 실습 기관의 SWOT 분석을 통한 전략 도출	20	
	교육 프로그램 운영 지원	▪ 학습자 관리 및 지원 ▪ 강사, 학습동아리 등 인적DB 관리 및 지원 ▪ 학습정보DB 관리 및 지원 ▪ 학습시설·매체 관리 및 지원 ▪ 프로그램 관리·운영 및 모니터링 ▪ 프로그램 만족도 조사 지원(결과분석 수행 등)		
	유관기관 방문 및 관련행사 참석	▪ 유관기관 프로그램 조사 및 분석을 위한 방문 ▪ 평생학습 관련 행사(지역축제, 박람회 등)		

연구조사 활동(15)	필수 항목	모의 프로그램 개발(I)	▪ 실습 기관의 주요 프로그램 조사 및 분석 ▪ 학습자 요구분석(실습 기관 학습자 대상)	15	
학급경영 및 사무처리능력 (10)	필수 항목	행정업무	▪ 기안 및 공문서의 모의작성 여부 ▪ 사업예산(안) 편성	10	
총 점				100	

※ 「[참고 3] 평생교육 현장실습 프로그램」의 실습 내용을 바탕으로 실습생을 평가하고, 「평생교육 현장실습 평가서」에 평가점수를 반영하시기 바랍니다.

* 선택항목 부분은 실습 내용으로 택 1하여 실시한 항목만을 기재하고 평가하도록 합니다.

【양식 9】 평생교육 현장실습 평가서

평생교육 현장실습 평가서

1. 실습 기관명:
2. 실습 기간:　　　년　월　일 ~　　년　월　일(　주, 총　시간)
3. 실습 지도자:

직명	성명	담당	내용	비고
(소속부서명 포함 기재)		(담당업무 기재)	(주요업무 상세 기재)	(평생교육사 자격소지 사항 및 평생교육 관련 경력 기재)

4. 실습 내용:

제1주	제2주	제3주	제4주

5. 실습상황

실습생 성명	학과명	근무태도 (10%)	자질 (15%)	학습지도 능력 (50%)	연구조사 활동 (15%)	학급경영 및 사무처리 능력 (10%)	총평 (100%)	비고

위 사실을 증명함

년　　　월　　　일

실습 기관의 장 〔직인〕

평생교육사 관련 평생교육법

01 평생교육사 관련 평생교육법(법률)

평생교육법

[시행 2021. 12. 9.] [법률 제18195호, 2021. 6. 8., 일부개정]

교육부(평생직업교육기획과) 044-203-6364

제4장 평생교육사

제24조(평생교육사) ① 교육부장관은 평생교육 전문인력을 양성하기 위하여 다음 각 호의 어느 하나에 해당하는 사람에게 평생교육사의 자격을 부여하며, 자격을 부여받은 사람에게는 자격증을 발급하여야 한다. <개정 2008. 2. 29., 2009. 5. 8., 2013. 3. 23., 2019. 12. 3., 2021. 3. 23.>

1. 「고등교육법」 제2조에 따른 학교(이하 "대학"이라 한다) 또는 이와 같은 수준 이상의 학력이 있다고 인정되는 기관에서 교육부령으로 정하는 평생교육 관련 교과목을 일정 학점 이상 이수하고 학위를 취득한 사람

2. 「학점인정 등에 관한 법률」 제3조 제1항에 따라 평가인정을 받은 학습과정을 운

영하는 교육훈련기관(이하 "학점은행기관"이라 한다)에서 교육부령으로 정하는 평생교육 관련 교과목을 일정 학점 이상 이수하고 학위를 취득한 사람

3. 대학을 졸업한 사람 또는 이와 같은 수준 이상의 학력이 있다고 인정되는 사람으로서 대학 또는 이와 같은 수준 이상의 학력이 있다고 인정되는 기관, 제25조에 따른 평생교육사 양성기관, 학점은행기관에서 교육부령으로 정하는 평생교육 관련 교과목을 일정 학점 이상 이수한 사람

4. 그 밖에 대통령령으로 정하는 자격요건을 갖춘 사람

② 평생교육사는 평생교육의 기획·진행·분석·평가 및 교수업무를 수행한다.

③ 다음 각 호의 어느 하나에 해당하는 사람은 평생교육사가 될 수 없다. <개정 2016. 5. 29., 2021. 3. 23.>

1. 제24조의2에 따라 자격이 취소된 후 그 자격이 취소된 날부터 3년이 지나지 아니한 사람(제28조 제2항 제1호에 해당하여 자격이 취소된 경우는 제외한다)

2. 제28조 제2항 제1호부터 제5호까지의 어느 하나에 해당하는 사람

④ 평생교육사의 등급, 직무범위, 이수과정, 연수 및 자격증의 교부절차 등에 필요한 사항은 대통령령으로 정한다.

⑤ 제1항에 따라 발급받은 자격증은 다른 사람에게 빌려주거나 빌려서는 아니 되며, 이를 알선하여서도 아니 된다. <신설 2019. 12. 3.>

⑥ 교육부장관은 제1항에 따른 평생교육사의 자격증을 교부 또는 재교부 받으려는 사람에게 교육부령으로 정하는 바에 따라 수수료를 받을 수 있다. <신설 2009. 5. 8., 2013. 3. 23., 2019. 12. 3., 2021. 3. 23.>

제24조의2(평생교육사의 자격취소) 교육부장관은 평생교육사가 다음 각 호의 어느 하나에 해당하는 경우에는 그 자격을 취소하여야 한다. <개정 2019. 12. 3.>

1. 거짓이나 그 밖의 부정한 방법으로 평생교육사의 자격을 취득한 경우

2. 다른 사람에게 평생교육사의 명의를 사용하게 한 경우

3. 제24조 제3항 제2호의 결격사유에 해당하게 된 경우

4. 제24조 제5항을 위반하여 자격증을 빌려준 경우

[본조신설 2016. 5. 29.]

제25조(평생교육사 양성기관) ① 교육부장관은 평생교육사의 양성과 연수에 필요한 시설·교육과정·교원 등을 고려하여 대통령령으로 정하는 바에 따라 평생교육기관

을 평생교육사 양성기관으로 지정할 수 있다. <개정 2008. 2. 29., 2013. 3. 23.>

② 삭제 <2013. 5. 22.>

제26조(평생교육사의 배치 및 채용) ① 평생교육기관에는 제24조 제1항에 따른 평생교육사를 배치하여야 한다.

②「유아교육법」,「초·중등교육법」및「고등교육법」에 따른 유치원 및 학교의 장은 평생교육프로그램 운영에 필요할 때에는 평생교육사를 채용할 수 있다. <개정 2021. 3. 23.>

③ 제20조에 따른 시·도평생교육진흥원, 제20조의2에 따른 장애인평생교육시설 및 제21조에 따른 시·군·구평생학습관에 평생교육사를 배치하여야 한다. <개정 2016. 5. 29.>

④ 제1항부터 제3항까지의 규정에 따른 평생교육사의 배치대상기관 및 배치기준은 대통령령으로 정한다.

제26조의2(실태조사) ① 교육부장관은 평생교육사의 배치 현황, 보수 수준 및 지급 실태 등에 관하여 3년마다 조사하여야 한다.

② 제1항에 따른 조사의 방법과 내용 등에 필요한 사항은 대통령령으로 정한다.

[본조신설 2023. 4. 18.]

[시행일: 2024. 4. 19.] 제26조의2

제27조(평생교육사 채용에 대한 경비보조) 국가 및 지방자치단체는 제26조 제2항에 따른 평생교육 프로그램 운영 및 평생교육사 채용에 사용되는 경비 등을 보조할 수 있다.

　　부칙 <제18195호, 2021. 6. 8.>

제1조(시행일) 이 법은 공포 후 6개월이 경과한 날부터 시행한다.

제2조(장애인 평생학습도시 지정에 관한 경과조치) 이 법 시행 당시 종전의 제15조에 따라 지정된 평생학습도시 중 장애인 평생학습도시는 제15조의2의 개정규정에 따라 지정된 것으로 본다.

평생교육법 시행규칙

[시행 2022. 9. 16.] [교육부령 제279호, 2022. 9. 16., 일부개정]

교육부(평생직업교육기획과) 044-203-6364

제6조(평생교육사 자격증의 수여 등) ① 영 제20조 제1항에 따른 평생교육사 자격증 발급신청서는 별지 제1호의7서식에 따른다. <개정 2011. 1. 27., 2017. 12. 29., 2021. 12. 9.>

② 영 제20조 제1항에서 "교육부령으로 정하는 서류"란 다음 각 호의 서류를 말한다. <개정 2008. 3. 4., 2010. 8. 19., 2013. 3. 23., 2013. 11. 22.>

1. 최종학력 증명서

2. 이수기관 성적증명서(별표 1의 평생교육사 관련 과목 이수 여부를 확인할 수 있는 성적증명서를 말한다)

3. 경력증명서(현장실습이 면제되는 사람만 해당한다)

4. 별지 제2호서식의 평생교육 현장실습 평가서(현장실습이 면제되는 사람은 제외한다)

4의2. 「가족관계의 등록 등에 관한 법률」에 따른 신청인의 기본증명서

5. 그 밖에 평생교육사 자격증명에 필요한 서류

③ 삭제 <2010. 8. 19.>

④ 진흥원은 제1항에 따른 평생교육사 자격증 발급신청서를 검토하여 평생교육사 자격요건에 맞는 경우에는 별지 제3호서식의 평생교육사 자격증을 교부하고, 이를 별지 제4호서식의 평생교육사 자격증 발급대장에 적어야 한다. <개정 2008. 3. 4., 2013. 3. 23., 2013. 11. 22., 2014. 7. 28., 2016. 8. 10., 2019. 10. 24., 2021. 12. 9.>

제7조(평생교육사 자격증의 재발급) ① 영 제20조 제2항에 따른 평생교육사 자격증 재발급신청서는 별지 제5호서식에 따른다.

② 영 제20조 제2항에서 "교육부령으로 정하는 서류"란 다음 각 호의 서류를 말한

다. <개정 2010. 8. 19., 2013. 3. 23.>

1. 평생교육사 자격증(훼손되거나 기재사항이 변경된 경우에만 해당한다)

2. 「가족관계의 등록 등에 관한 법률」에 따른 신청인의 기본증명서(성명을 정정하는 경우에만 해당한다)

③ 진흥원은 제1항에 따른 평생교육사 자격증 재발급신청서를 받으면 「전자정부법」 제36조 제1항에 따른 행정정보의 공동이용을 통하여 신청인의 주민등록표 초본(주민등록번호를 정정하는 경우에만 해당한다)의 내용을 확인하여야 한다. 다만, 신청인이 확인에 동의하지 아니하는 경우에는 해당 서류를 첨부하도록 하여야 한다. <개정 2010. 8. 19., 2013. 3. 23., 2013. 11. 22.>

부칙 <제279호, 2022. 9. 16.>

이 규칙은 공포한 날부터 시행한다.

참고문헌

1장_ 이은정

교육과학기술부(2008). 2008 평생교육법, 평생교육법시행령, 평생교육법시행규칙 해설자료.
　　교육과학기술부.
교육과학기술부, 평생교육진흥원(2009). 2008 평생교육백서(제11호). 평생교육진흥원.
교육과학기술부, 평생교육진흥원(2010). 2009 평생교육백서(제12호). 평생교육진흥원.
교육과학기술부, 평생교육진흥원(2011). 2010 평생교육백서(제13호). 평생교육진흥원.
교육부, 국가평생교육진흥원(2013). 2011·2012 평생교육백서(제14·15호 합본). 국가평생
　　교육진흥원.
교육부, 국가평생교육진흥원(2014). 2013 평생교육백서(제16호). 국가평생교육진흥원.
교육부, 국가평생교육진흥원(2018). 2017 평생교육백서(제17호). 국가평생교육진흥원.
교육부, 국가평생교육진흥원(2019). 2018 평생교육백서(제18호). 국가평생교육진흥원.
교육부, 국가평생교육진흥원(2020). 2019 평생교육백서(제19호). 국가평생교육진흥원.
교육부, 국가평생교육진흥원(2021). 2020 평생교육백서(제20호). 국가평생교육진흥원.
교육부, 국가평생교육진흥원(2022). 2021 평생교육백서(제21호). 국가평생교육진흥원.
교육부, 국가평생교육진흥원(2023). 2022 평생교육백서(제22호). 국가평생교육진흥원.
교육부, 한국교육개발원(2022). 2022 교육통계 분석자료집(평생교육통계편). 한국교육개발원.
　　수탁통계자료 CSM 2022-08
대통령자문교육개혁위원회(1995). 신교육체제 수립을 위한 교육개혁 방안. 교육개혁위원회.
변종임, 최돈민, 이덕난, 이세정, 고영상, 위영은(2014). 100세 시대 평생교육체제 구축을 위
　　한 평생교육법 정비방안 연구. 교육부.
최운실, 송성국, 최라영, 조미경, 이주석(2021). 평생교육론. 공동체.

2장_ 이은정

강대중, 김한별, 김현수, 한숭희, 현영섭(2017). 평생교육사 자격제도 발전방안 연구. 국가평
　　생교육진흥원.
교육부, 국가평생교육진흥원(2023). 2022 평생교육백서(제22호). 국가평생교육진흥원.

김진화, 김한별, 고영화, 김소현, 성수현, 박새봄(2008). 평생교육사 직무모델 개발 및 타당
    화 연구. 평생교육학연구. 14(1), pp.1－31.
국가평생교육진흥원(2011). ISSUE PAPER 평생교육사 배치활성화 방안 연구.
국가평생교육진흥원(2022). 평생교육사 자격취득 안내자료. 국가평생교육진흥원.
권두승(1999). 사회교육담당자 효능감 척도개방과 그 시사점. 사회교육학연구, 5(1).
변종임, 이범수, 채재은, 김현수, 박진영(2015). 평생교육사 자격제도 개선방안 연구. 국가평
    생교육진흥원.
이해주, 윤여각, 이규선, 정민승(2023). 평생교육실습. 한국방송통신대학교출판문화원.
현영섭(2011). 평생교육사의 전문성 제고를 위한 직무와 역량개발. 제11차 평생교육정책포
    럼 자료집,pp.7－26. 국가평생교육진흥원.
현영섭(2017). 평생교육 담당자 연구동향: 1998년－2016년 국내 학술지 게재 논문을 대상
    으로. Andragogy Today, 20(1), pp.65－93.
Knowles, M. S. (1989). The Making of an Adult Educator: An Autobiographical Journey.
    San Francisco: Jossey－Bass.

3장_ 이은정

교육부(2015). 「평생교육실습」 과목 운영지침. 교육부.
국가평생교육진흥원(2022). 평생교육사 자격취득 안내자료.
양병찬(2018). 평생교육사 현장실습의 이해와 지도. [2018년 평생교육사 자격제도 관계자
    직무연수] 평생교육사 현장실습 기관 담당자 연수 자료집, pp.1~8.
평생교육진흥원(2009). 평생교육 현장실습 매뉴얼. 평생교육진흥원.

4장_ 김선희

김동일(2020). 평생교육실습 이론과 실제. 정민사.
김종표, 정은희, 허현자, 민경화, 신의현(2016). 평생교육 현장실습. 양서원.
오명숙(2019). 평생교육 현장실습. 학지사.
양병찬(2018), 평생교육사 현장실습의 이해와 지도. 국가평생교육진흥원.
이해주, 윤여각, 이규선, 정민승(2023). 평생교육실습. 한국방송통신대학교출판문화원.
국가평생교육진흥원(2009). 평생교육 현장실습 운영매뉴얼.
국가평생교육진흥원(2022). 평생교육사 자격취득 안내자료
    https://lledu.nile.or.kr/practice/info

5장_ 김선희

국가평생교육진흥원(2009). 평생교육현장실습 운영매뉴얼.

국가평생교육진흥원(2022). 평생교육사 자격취득 안내자료.

김종표, 정은희, 허현자, 민경화, 신의현(2016). 평생교육현장실습. 양서원.

오명숙(2019). 평생교육현장실습. 학지사.

Covey, S. R. (2017). 성공하는 사람들의 7가지 습관(김경섭 역). 경기: 김영사.

https://lledu.nile.or.kr/practice/info

https://webzine.glovis.net/4424/

http://www.yejeol.or.kr/book/book_3_s2.php

https://www.daily.co.kr/life3130206386#lifeback

https://www.jobkorea.co.kr/goodjob/tip/view?News_No=14297&schCtgr=0&TS_XML=

6장_ 한수정

마스크 스틱도른, 야코프 슈나이더 등 저. (2012). 서비스 디자인 교과서. 이봉원, 정민주 공역(pp, 27). 파주: 안그라픽스

Design Council. (n.d.) Framework for Innovation. Retrieved from

https://www.designcouncil.org.uk/our-resources/framework-for-innovation/

elearning Industry. (2021). 8Steps To Shorten Training Time By Up To 60%. Retrieved from https://elearningindustry.com/tips-implement-sam-model-in-elearning

Sites, R., & Green, A. (2014). Leaving ADDIE for SAM field guide: Guidelines and templates for developing the best learning experiences. American Society for Training and Development.

7장_ 한수정

송해덕, 신서경. (2010). BSC관점에서 과학기술계 정부출연연구교육기관 성과측정 평가체계 개발. 평생교육·HRD연구, 6(2), 1-20.

정영미, 노영희. (2022). PEST-3Cs-SWOT 방법론을 적용한 사서 계속교육 기관의 전략과제 도출에 관한 연구. 한국도서관·정보학회지, 53(3), 343-376.

8장_ 현영섭

교육부(2015). 평생교육실습 과목 운영 지침. <https://lledu.nile.or.kr/pds/practice/563>
    에서 2023년 5월 25일 검색.
국가직무능력표준(2023). 평생교육 현장실습관리.
    <https://www.ncs.go.kr/unity/hmn01/hmn0101/ncsResultSearch.do?dutySvcNo=S
    VC201600720&ncsClCd=0402020215_16v1&ncsLclasCd=04&ncsMclasCd=02&ncs
    SclasCd=02&ncsSubdCd=02&ncsCompeUnitCd=15&doCompeUnit=true&output
    =ncsRsnInfo>에서 2023년 6월 13일 검색.
국가평생교육진흥원(2023). 평생교육사 자격제도 운영.
    <https://lledu.nile.or.kr/practice/info>에서 2023년 5월 25일 검색.

9장_ 현영섭

경기도평생교육진흥원(2019). 경기도 생애주기별 평생학습 정책연구. 경기: 경기도평생교육
    진흥원.
고용노동부(2021). 2021년 플랫폼 종사자, 취업자의 8.5%인 220만 명.
    <https://www.moel.go.kr/news/enews/report/enewsView.do?news_seq=12928>
    에서 2022년 8월 31일 검색.
교육부 (2018). 제4차 평생교육진흥기본계획 ('18~'22). 세종 : 교육부.
국가평생교육진흥원(2023). 평생교육사 자격제도 운영.
    <https://www.nile.or.kr/usr/wap/detail.do?app=13309&seq=33&lang=ko>에서
    2023년 6월 15일 검색.
권인탁, 정민승, 김진화, 현영섭(2021). 제5차 평생교육진흥기본계획 마련을 위한 비전 및
    주요과제 설정 연구. 전북: 교육부·전북대학교.
김도균(2021). 팬데믹 국면의 '고용주 없는 노동자'에 관한 연구. 사회과학논집, 52(2),
    163–186.
보건복지부(2022). OECD 보건통계 2022.
    <https://blog.naver.com/mohw2016/222831488914>에서 2023년 3월 27일 검색.
서울특별시평생교육진흥원(2022). 서울시 평생교육진흥원 성과목표 체계 개발 연구. 서울:
    서울특별시평생교육진흥원.
위키백과(2023). 탄소발자국.
    <https://ko.wikipedia.org/wiki/%ED%83%84%EC%86%8C_%EB%B0%9C%EC%9E

%90%EA%B5%AD〉에서 2023년 3월 31일 검색.

저출산고령사회위원회(2022). 인구구조 변화와 대응방안. 2022년 12월 28일 보도자료. 〈https://www.korea.kr/news/pressReleaseView.do?newsId=156545172〉에서 2023년 4월 5일 검색.

지속가능발전포털(2023). 지속가능발전목표(UN−SDGs). 〈http://ncsd.go.kr/unsdgs?content=2〉에서 2023년 3월 31일 검색.

통계청(2020). 2019년 생활시간 조사 결과. 〈http://www.google.com/url?sa=t&rct=j&q=&esrc=s&source=web&cd=&ved=2ahUKEwjXq7OkwKfvAhXsKqYKHcY_DpYQFjAEegQICRAD&url=http%3A%2F%2Fkostat.go.kr%2Fportal%2Fkorea%2Fkor_nw%2F1%2F6%2F1%2Findex.board%3Fbmode%3Ddownload%26bSeq%3D%26aSeq%3D384161%26ord%3D2&usg=AOvVaw3H6wqO9−tMdKxZRC0QUb7w〉에서 2021년 3월 11일 검색.

한국경제연구원(2021). 주요국 고령화 현황 및 대응책 비교 보조자료. 〈http://www.keri.org/web/www/news_02?p_p_id=EXT_BBS&p_p_lifecycle=0&p_p_state=normal&p_p_mode=view&_EXT_BBS_struts_action=%2Fext%2Fbbs%2Fview_message&_EXT_BBS_messageId=356132〉에서 2021년 3월 15일 검색.

한국고용정보원(2016). 기술변화에 따라 일자리 영향 연구. 충북: 한국고용정보원.

한국교육개발원(2022a). 2022 한국 성인의 평생학습실태. 〈https://kess.kedi.re.kr/index〉에서 2023년 6월 14일 검색.

한국교육개발원(2022b). 2022 평생교육통계자료집. 〈https://kess.kedi.re.kr/index〉에서 2023년 6월 14일 검색.

현영섭(2017). 나노디그리: MOOC의 새로운 동향. 서울: 국가평생교육진흥원.

현영섭(2018). 평생교육사의 배치기준 설정을 위한 적정인력 산정요인 및 산정기준 분석. 한국교육문제연구, 36(3), 53−82.

현영섭(2022). 유튜브 평생학습강사의 반무임노동 특성과 교육자로서의 고민. 평생학습사회, 18(3), 116−154.

현영섭, 신현석, 오석영, 강현주(2020). 취약계층 인적자원개발정책 기초연구. 서울: 고려대 HRD정책연구소.

B2U(2020). Crossing the chasm in the technology adoption life cycle. 〈https://www.business−to−you.com/crossing−the−chasm−technology−adoption−life−cycle/〉에서 2023년 3월 15일 검색.

Garter(2020). While five new AI solutions enter this year's Hype Cycle for AI, the democratization of AI and the industrialization of AI megatrends dominate the AI landscape in 2020. 〈https://www.gartner.com/smarterwithgartner/2−megatrends−dominate−the−gartner−hype−cycle−for−artificial−intelligence−2020/〉에서 2022년 11월 17일 검색.

Gratton, L.(2011). The Shift: The future of work is already here. 조성숙 역(2012). 일의 미래: 1년 후 나는 어디서 누구와 어떤 일을 하고 있을까. 경기: 생각연구소.

Shell International Limited(2005). The Shell Global Scenarios to 2025. <https://rjohnwilliams.files.wordpress.com/2016/02/shell−global−scenarios2025summary2005.pdf>에서 2023년 5월 18일 검색.

van Doorn, N. (2017). Platform labor: On the gendered and racialized exploitation of low−income service work in the 'on−demand' economy. Information, Communication & Society, 20(6), 898−914.

Wiki(2022). 양극화. <https://namu.wiki/w/%EC%96%91%EA%B7%B9%ED%99%94>에서 2022년 9월 20일 검색.

찾아보기

공저자 약력

현 영 섭
경북대 교육학과 교수
고려대 박사
한국교육개발원 연구위원 역임
국가평생교육진흥위원 역임

한 수 정
연세대 교육대학원 교수
Texas A&M 대학 박사
Human Resource Development Review
저널 부편집장 역임
前 미국 보이시주립대학 교수

김 선 희
명지전문대학 청소년교육상담과 교수
오하이오주립대학 박사

이 은 정
성신여대 전임연구원
숭실대 박사
前 한국교육개발원,
서울특별시평생교육진흥원

평생교육사 필수과목 2
평생교육실습

초판발행	2023년 9월 15일
지은이	현영섭·김선희·한수정·이은정
펴낸이	노 현
편 집	배근하
기획/마케팅	허승훈
표지디자인	이수빈
제 작	고철민·조영환
펴낸곳	㈜ 피와이메이트
	서울특별시 금천구 가산디지털2로 53 한라시그마밸리 210호(가산동)
	등록 2014. 2. 12. 제2018-000080호
전 화	02)733-6771
f a x	02)736-4818
e-mail	pys@pybook.co.kr
homepage	www.pybook.co.kr
ISBN	979-11-6519-450-5 94370
	979-11-6519-407-9(세트)

정 가   19,000원

박영스토리는 박영사와 함께하는 브랜드입니다.